Ein Zauberer unter Geistern

Harry Houdini

Writat

Diese Ausgabe erschien im Jahr 2023

ISBN: 9789358810769

Herausgegeben von
Writat
E-Mail: info@writat.com

Nach unseren Informationen ist dieses Buch gemeinfrei. Dieses Buch ist eine Reproduktion eines wichtigen historischen Werkes. Alpha Editions verwendet die beste Technologie, um historische Werke in der gleichen Weise zu reproduzieren, wie sie erstmals veröffentlicht wurden, um ihre ursprüngliche Natur zu bewahren. Alle sichtbaren Markierungen oder Zahlen wurden absichtlich belassen, um ihre wahre Form zu bewahren.

Inhalt

EINFÜHRUNG ....- 1 -
VORWORT ....- 8 -
KAPITEL I DIE BEGRÜNDER DES MODERNEN
SPIRITUALISMUS ....- 9 -
KAPITEL II DIE DAVENPORT BROTHERS ....- 23 -
KAPITEL III DANIEL DUNGLAS HOME ....- 38 -
KAPITEL IV PALLADINO ....- 48 -
KAPITEL V ANN O'DELIA DISS DEBAR ....- 60 -
KAPITEL VI DR. SLADE UND SEINE GEIST-SLATES .- 70 -
KAPITEL VII SCHIEFERSCHREIBEN UND ANDERE
METHODEN ....- 87 -
KAPITEL VIII GEISTEFOTOGRAFIE ....- 101 -
KAPITEL IX SIR ARTHUR CONAN DOYLE ....- 118 -
KAPITEL X WARUM ECTOPLASMA? ....- 138 -
KAPITEL XI NEBENPRODUKTE DES SPIRITUALISMUS .- 149 -
KAPITEL XII UNTERSUCHUNGEN – KLUG UND ANDERS ....- 157 -
KAPITEL XIII WIE MEDIEN
INFORMATIONEN ERHALTEN ....- 176 -
KAPITEL XIV WAS SIE GLAUBEN MÜSSEN,
UM SPIRITUALIST ZU SEIN ....- 185 -
KAPITEL XV MAGIER ALS BETRUGSERKENNER
- ....- 195 -
KAPITEL XVI SCHLUSSFOLGERUNG ....- 212 -
ANHANG ....- 216 -

FUSSNOTEN

EINFÜHRUNG

SEIT meiner frühen Karriere als mystischer Entertainer interessiere ich mich für Spiritualismus als Teil der Kategorie Mystik, und nebenbei zu meiner eigenen Phase der Mystery-Shows habe ich mich mit Medien verbunden, mich der Masse angeschlossen und Séancen abgehalten ein unabhängiges Medium, um die Wahrheit zu ergründen. Damals wusste ich die Tatsache zu schätzen, dass ich meine Klienten überraschte, aber obwohl ich mir der Tatsache bewusst war, dass ich sie *täuschte*, erkannte oder verstand ich weder die Ernsthaftigkeit der Spielerei mit solch heiliger Sentimentalität noch das verhängnisvolle Ergebnis, das unweigerlich daraus folgte. Für mich war es ein Scherz. Ich war ein Mystifizierer und als solcher wurde mein Ehrgeiz befriedigt und meine Liebe zu einer milden Empfindung befriedigt. Nachdem ich mich eingehend damit befasst hatte, wurde mir klar, wie ernst das Ganze war. Als meine Erfahrung reifer wurde, wurde mir klar, wie ernst es ist, mit der heiligen Ehrfurcht, die der Durchschnittsmensch dem Verstorbenen entgegenbringt, leichtfertig umzugehen, und als ich persönlich von ähnlichem Kummer geplagt wurde, war ich betrübt darüber, dass ich das jemals hätte tun sollen Ich hatte mich einer solchen Frivolität schuldig gemacht und erkannte zum ersten Mal, dass sie an ein Verbrechen grenzte.

Dadurch wurde meine eigene Geisteshaltung wesentlich plastischer. Auch ich hätte gerne einen großen Teil meines irdischen Besitzes für den Trost eines Wortes von meinen geliebten Verstorbenen abgegeben – nur eines Wortes, von dem ich sicher war, dass es wirklich von ihnen gegeben worden war – und so wurde mir das volle Bewusstsein dafür gebracht Ich erkannte die Heiligkeit des Gedankens und war zutiefst daran interessiert, herauszufinden, ob die Rückkehr durch den Geist von jemandem, der die Grenze überschritten hatte und der seitdem mein ganzes Herz und meine Seele und die geistige Kraft, die ich besitze, diesem Bemühen gewidmet habe, eine mögliche Realität sei . In dieser Gemütsverfassung begann ich mit aller Ernsthaftigkeit eine neue Linie psychischer Forschung, und von da an bis heute habe ich nie einen Séance-Raum betreten, außer mit einem offenen Geist, der aufrichtig darauf bedacht war, zu erfahren, ob Interkommunikation im Bereich der Möglichkeiten liegt und mit einem Bereitschaft, jede Demonstration zu akzeptieren, die eine Offenbarung der Wahrheit erweist.

Es ist diese Frage nach der Wahrheit oder Falschheit der Kommunikation zwischen Toten und Lebenden, die mehr als alles andere meine Aufmerksamkeit beansprucht und der ich jahrelange Forschung und gewissenhaftes Studium gewidmet habe. Sir Arthur Conan Doyle sagt in einem seiner Vorträge:

„Wenn es an der Tür klopft, hält man nicht inne, sondern geht weiter, um zu sehen, was die Ursache ist, und geht der Sache nach, und früher oder später stellt man fest, dass eine Nachricht überbracht wird ... "

Also habe ich mich auf den Weg gemacht, um die Stöße zu untersuchen, aber als Ergebnis meiner Bemühungen muss ich gestehen, dass ich weiter als je zuvor vom Glauben an die Echtheit der Manifestationen des Geistes entfernt bin, und nach 25 Jahren eifriger Forschung und Bemühungen erkläre ich, dass nichts geschehen ist offenbart, um mich davon zu überzeugen, dass eine gegenseitige Kommunikation zwischen den Geistern der Verstorbenen und denen, die noch im Fleisch sind, hergestellt wurde.

Ich habe mit vierzehn verschiedenen Personen Vereinbarungen getroffen, dass derjenige von uns, der zuerst starb, mit dem anderen kommunizieren würde, wenn es möglich wäre, aber ich habe nie ein Wort erhalten. Der erste dieser Pakte wurde vor mehr als 25 Jahren angefertigt, und ich bin mir sicher, dass jemand, der mich hätte erreichen können , dies auch getan hätte. Eine Vereinbarung wurde mit meinem Privatsekretär getroffen, dem verstorbenen John W. Sargent, einem Mann im reifen Alter. Wir fühlten uns sehr verbunden. Am Tag vor seiner Operation sagte er zu mir:

„Houdini, das könnte das Ende sein. Wenn ja, werde ich mich bei Ihnen melden, egal, was auf der anderen Seite passiert, vorausgesetzt, ich kann Sie auf irgendeine Weise erreichen. Und wenn ich kommen kann, wirst du wissen, dass ich es bin, denn ich werde es so stark wollen, dass du dich nicht irren kannst."

Er starb am nächsten Tag. Das war vor mehr als drei Jahren und es gab keine Anzeichen dafür. Ich habe gewartet und zugesehen, in dem Glauben, dass, wenn irgendjemand jemals eine Nachricht hätte senden können , er der Mann gewesen wäre. Und ich weiß, dass unsere Gedanken so nah beieinander waren, dass ich das Signal erhalten hätte, dass mein Freund mich anrufen wollte. Niemand könnte mir vorwerfen, dass ich nicht bereit wäre, ein solches Zeichen anzunehmen, denn es wäre die größte Erleuchtung gewesen, die ich auf dieser Welt hätte bekommen können.

Sir Arthur Conan Doyle, ein aufrichtiger und überzeugter Anhänger von Geisterphänomenen, dessen Kenntnis ich schätze, weist mich darauf hin, dass ich keine überzeugenden Ergebnisse erzielen kann, weil ich ein Skeptiker bin, und ich möchte daher klarstellen, dass ich kein Spötter bin. Ich glaube fest an ein höchstes Wesen und daran, dass es ein Jenseits gibt. Deshalb ist es seit ihrem Weggang von dieser Erde meine letzte Pflicht, die heiligen Ruhestätten meiner innig geliebten Eltern zu besuchen und sie um Schutz und stillen Segen durch den allmächtigen Allmächtigen zu bitten. Der allererste Ort, den ich besuche, wenn ich von einer Reise zurückkomme, ist dieser heilige Ort. Beide haben mir in diesem Leben unzählige Male treu versprochen, dass sie es tun würden, wenn sie mir aus ihren Gräbern oder aus dem Großen Jenseits helfen und mich beschützen könnten. Mein Geist war immer offen und empfänglich und bereit zu glauben. Bei der Teilnahme an Séancen habe ich mir immer ehrenhaft vorgenommen, alle profanen Gedanken so weit wie möglich aus meinem Kopf zu verbannen. Ich verspreche mir außerdem, mich zu konzentrieren. Ich habe meine ganze Seele, mein ganzes Gehirn und mein ganzes Denken so weit überzeugt, dass das Medium meine Aufmerksamkeit so sehr auf sich zieht, dass ich mich am Ende genauso erschöpft fühle wie das Medium, das den Anwesenden die Auswirkungen großer Anspannung zeigt, unabhängig von der Ursache. Man muss also sehen, dass ich kein Skeptiker bin. Es war jedoch meine Lebensaufgabe, Probleme zu erfinden und öffentlich zu präsentieren, deren Geheimnisse nicht einmal die Mitglieder des Zauberberufs entdecken konnten und deren Auswirkungen sich für die Wissenschaftler als ebenso unerklärlich erwiesen haben wie jedes andere Wunder der Welt Medien, und ich behaupte, dass meine jahrelangen Untersuchungen, soweit es die Aufdeckung von Tricks betrifft, produktiver waren als die gleiche Zeit ähnlicher Arbeit eines Wissenschaftlers; dass mein Ruf als „ Mystifizierer der Mystifizierer " mich dazu befähigt, unter die Oberfläche jedes mir vorgelegten Mysteriumsproblems zu blicken, und dass es angesichts meiner durch dreißig Jahre Erfahrung in den Bereichen Mysterium und Okkultismus geschulten Augen nicht verwunderlich ist, dass ich diese sehe sogenannte Phänomene aus einem anderen Blickwinkel als der gewöhnliche Laie oder sogar der erfahrene Forscher.

Ein denkwürdiger Vorfall in meinem Leben, der zeigt, wie wenig die Welt insgesamt die Methoden versteht, mit denen meine Geheimnisse entstehen, und auch zeigt, wie leicht es selbst einem großen Intellektuellen fällt, angesichts eines Geheimnisses, das er nicht ergründen kann, daraus den Schluss zu ziehen Es handelt sich um etwas Übernatürliches, das mit Madame Sarah Bernhardt zu tun hat.

Während eines meiner verschiedenen Engagements in Paris hatte sie meine Auftritte miterlebt und wollte unbedingt einen meiner Outdoor-Heldentaten sehen. Als wir beide gleichzeitig in Boston spielten, gab ich aus guter Kameradschaft einen besonderen Auftritt in meinem Hotel zu ihrem Vorteil ein paar zusätzliche Experimente hinzufügen. Als wir auf dem Weg zu meiner Vorführung im Auto saßen, legte sie sanft ihren Arm um meine Schulter und sagte mit dieser wunderbaren Sprechstimme, mit der sie begabt war und die Tausende von Zuhörern begeistert hat, jetzt aber für immer verstummt ist Mich:

„Houdini, du machst so wunderbare Dinge. Könnten Sie nicht – könnten Sie mir mein Bein zurückbringen?"

Ich sah sie erschrocken an und antwortete, da ich kein schelmisches Funkeln in ihren Augen erkennen konnte:

„Mein Gott, Madame, sicherlich nicht; Sie können nicht ernst sein. Du weißt, dass meine Kräfte begrenzt sind und du verlangst tatsächlich von mir, das Unmögliche zu tun."

„Ja", sagte sie und beugte sich näher zu mir, „aber du schaffst das Unmögliche."

Wir sahen uns an; sie, die vom Reisen erschöpfte, erfahrene Frau von Welt; Ich, die bescheidene Mystifiziererin, war verblüfft und wie vom Donner gerührt über das außergewöhnliche, unbeabsichtigte Kompliment, das sie mir machte. Dann fragte ich:

„Machst du Witze?"

„ Mais non, Houdini, j'ai jamais été plus sèrieux dans ma vie ", 1 antwortete sie und schüttelte langsam den Kopf.

„Madame, Sie übertreiben meine Fähigkeiten", sagte ich ihr.

Jedes der Wunder moderner wissenschaftlicher Errungenschaften wie Telefon, Radio, Flugmaschine, Radium usw. wurde einst als unmöglich eingestuft und als übernatürliche, wenn nicht spirituelle Manifestationen angesehen. Ähnliche Mysterien, jedoch schwächer im Prinzip und konstruktiver im Detail, waren die Instrumente, die von der Priesterschaft antiker religiöser Kulte eingesetzt wurden, um die Masse unintelligenter Wesen in Knechtschaft zu halten.

Es ist nicht ungewöhnlich, dass das Auge oder das Ohr einem einen Streich spielt, aber wenn solche Illusionen und Wahnvorstellungen für die Geisterformen der Verstorbenen und Stimmen der Toten gehalten werden, anstatt sie als subjektive Phänomene zu erkennen, die durch eine physische Ursache der Situation verursacht werden nimmt einen ernsten Aspekt an. Es ist diese Übertragung einer inneren Reaktion auf ein äußeres Objekt, die praktisch alles ausmacht, was nötig ist, um in die Kategorie der „Hellseher" eingeordnet zu werden, die die Priester und Geistlichen des Spiritualismus repräsentieren.

Bekümmerte Verwandte fangen schon beim geringsten Wort auf, das andeuten könnte, dass der Geist, den sie suchen, mit ihnen in Verbindung steht. Schon ein kleines Zeichen, das ihre wartende Fantasie anregt, zerstört alle gewöhnliche Vorsicht und sie bekehren sich. Dann beginnen sie, alle Arten natürlicher Ereignisse als Ergebnisse des Eingreifens des Geistes zu akzeptieren. Dieser Geisteszustand führt zu vielen Unglücken, einschließlich Selbstmorden von Menschen, die glauben, dass sie mit ihren geliebten Menschen jenseits aller Grenzen glücklich werden. Als ich 1919 in Europa eine durch den Weltkrieg unterbrochene Verlobung beendete, war ich beeindruckt von der Sehnsucht trauernder Eltern nach dem Trost eines Wortes des verstorbenen Jungen, und mein Wunsch nach der Wahrheit wuchs mit neuer Kraft. Mir wurde mitgeteilt, dass die „Medien"-Begeisterung in Berlin so groß geworden ist, dass die trauernden Bewohner große Geldsummen ausgegeben haben in der Hoffnung, Medien zu entdecken, die ihnen „einen Blick hinter den Schleier garantieren". Mit tiefstem Interesse und Besorgnis habe ich beobachtet, wie diese große Welle des Spiritualismus in den letzten Monaten über die Welt hinwegfegte, und erkannte, dass sie Menschen mit neurotischem Temperament, insbesondere solche, die unter Trauer leiden, so stark im Griff hat, dass sie zu einer solchen geworden ist Bedrohung für Gesundheit und geistige Gesundheit.

Professor George M. Robertson, bedeutender Psychopathologe und Oberarzt des Royal Edinburgh Mental Hospital, machte die Gefahr des Wahnsinns, die aus dem starken Glauben an den Spiritualismus bei Neurotikern resultiert, zum Thema eines Teils seines Jahresberichts im Jahr 1920. Er sagt:

„Diejenigen, die während des Krieges Trauer erlitten haben und diese in den Tagen der Masseneinsätze und unter dem Druck kriegerischer Aktivitäten, wie des Roten Kreuzes und anderer Arbeiten, mit Gleichmut ertragen haben, finden es jetzt viel schwieriger, dies zu ertragen, obwohl die Zeit vergangen ist." Einige sind seit Kriegsende zusammengebrochen. Viele haben sich, um ihre Gefühle zu trösten, für den Spiritualismus interessiert. Seitdem Dr. Charles Mercier im Vorwort seines Buches „Spiritualismus und Sir Oliver Lodge" meine Warnung vor der Gefahr zitiert hat, dass neurotische Menschen sich auf praktische Untersuchungen spiritistischer Art einlassen, habe ich viele Anfragen erhalten, mehr zu diesem Thema zu sagen. Ich habe wenig hinzuzufügen, außer die damals gemachte Aussage zu bekräftigen.

„Ich halte weder Sir Arthur Conan Doyle noch Sir Oliver Lodge für sichere Richter, deren Meinung zu diesem schwierigen und wichtigen Thema angesichts ihrer Trauer und ihrer unbewussten Wünsche akzeptiert werden sollte. Wenn der Wunsch der Vater des Gedankens ist, ist er die Mutter der Halluzination der Sinne.

„Die Tricks, die das Gehirn spielen kann, ohne spiritistische Hilfsmittel in Anspruch zu nehmen, sind einfach erstaunlich, und nur diejenigen, die sich sowohl mit der Krankheitspsychologie als auch mit der normalen Psychologie befasst haben, erkennen die volle Wahrheit hiervon."

Mit großer Neugier habe ich die Artikel führender Wissenschaftler zum Thema psychischer Phänomene gelesen, insbesondere die von Sir Arthur Conan Doyle und Sir Oliver Lodge, in denen sie ihre jeweiligen Konversionen zum Glauben an die Kommunikation mit den Toten diskutierten. Für mich besteht kein Zweifel daran, dass einige dieser Wissenschaftler in ihrem Glauben aufrichtig sind, aber leider ist es genau diese *Aufrichtigkeit, die dazu führt*, dass Tausende zu Konvertiten werden. Die Tatsache, dass sie *Wissenschaftler* sind, verleiht ihnen keine besondere Gabe, die besondere Art von Betrug aufzudecken, die von Medien begangen wird, und hindert sie auch nicht daran, getäuscht zu werden, insbesondere wenn sie durch Trauer in ihrem Glauben gestärkt werden, für die verschiedenen Bücher und Die Aufzeichnungen zu diesem Thema sind voll von Täuschungen gegenüber namhaften Wissenschaftlern, die versucht haben, bedeutende Medien zu untersuchen. Es ist vollkommen vernünftig anzunehmen, dass ich ein- oder zweimal durch eine neue Illusion getäuscht werde, aber wenn mein Geist, der jahrelang so intensiv darauf trainiert wurde, mysteriöse Effekte zu erfinden, getäuscht werden kann, wie viel empfänglicher muss dann der gewöhnliche Beobachter sein.

Während meiner letzten Auslandsreise im Jahr 1919 nahm ich an über hundert Séancen teil, deren einziges Ziel eine ehrliche Untersuchung war; Diese Séancen wurden von bekannten Medien in Frankreich und England geleitet. Zusätzlich zur Teilnahme an diesen Sitzungen verbrachte ich viel Zeit damit, mich mit Personen zu unterhalten, die sich besonders mit dem Spiritualismus identifizieren. Im Laufe meiner intensiven Recherchen bin ich den meisten berühmten Medien unserer Zeit begegnet. Ich habe mich den von ihnen auferlegten Bedingungen und den religiös erwarteten Ergebnissen unterworfen, aber ich bezweifle immer noch jeden sogenannten Beweis für die Existenz von Geistern, die in irgendeiner Weise körperlich oder geistig am Wohlergehen sterblicher Menschen interessiert sind. Es liegt nicht im Zuständigkeitsbereich dieses Buches, das das Ergebnis meiner jahrelangen Forschung ist, alle historischen Details zu jedem erwähnten Medium anzugeben, obwohl in jedem einzelnen Fall genügend Angaben gemacht werden, um meine Behauptungen zu belegen, die jeweils auf einem basieren gründliches Studium der Aufzeichnungen, ebenso wie meine Aussagen, von denen viele durch in meinem Besitz befindliche dokumentarische Beweise gestützt werden.

Ich habe einen Großteil meines Lebens mit Studium und Forschung verbracht. In den letzten dreißig Jahren habe ich jedes einzelne Stück Literatur zum Thema Spiritualismus gelesen, das ich finden konnte. Ich habe eine der größten Bibliotheken der Welt über psychische Phänomene, Spiritualismus, Magie, Hexerei, Dämonologie, böse Geister usw. angesammelt, wobei einige der Materialien bis ins Jahr 1489 zurückreichen, und ich bezweifle, dass irgendjemand auf der Welt dies getan hat Eine so vollständige Bibliothek über den modernen Spiritualismus, aber nichts, was ich jemals über die sogenannten spiritistischen Phänomene gelesen habe, hat mich als echt beeindruckt. Es ist wahr, dass einige der Dinge, die ich las, mystifizierend wirkten, aber ich frage mich, ob das der Fall wäre, wenn sie unter anderen Umständen, unter *Testbedingungen* und vor erfahrenen Mystifizierern und aufgeschlossenen Komitees reproduziert würden . Bei mir handelte es sich nicht um eine Untersuchung, die nur ein paar Tage, Wochen oder Monate dauerte, sondern eine, die sich über dreißig Jahre erstreckte, und in diesen dreißig Jahren habe ich keinen einzigen Vorfall gefunden, der den Eindruck von Echtheit geweckt hätte. Hätte es eine echte, reine Demonstration gegeben, an der man arbeiten könnte, eine, die nicht nach Betrug stank, eine, die nicht von irdischen Mächten reproduziert werden könnte, dann gäbe es etwas für eine Grundlage, aber bis zum jetzigen Zeitpunkt alles, was ich untersucht habe war das Ergebnis verblendeter Gehirne oder solcher, die zu aktiv und intensiv bereit waren zu glauben.

HOUDINI.

VORWORT

GERNE würde ich den Spiritualismus annehmen, wenn er seine Behauptungen beweisen könnte, aber ich bin nicht bereit, mich von den betrügerischen Zumutungen sogenannter Hellseher täuschen zu lassen oder die Beweise, die mir bisher vorgelegt wurden, als heilige Realität zu akzeptieren.

Der kindische Glaube der Alten an Dämonologie und Hexerei; Der Aberglaube der Zivilisierten und Unzivilisierten und diese wunderbaren Mysterien vergangener Zeiten werden alle vom erwachsenen Verstand der gegenwärtigen Generation ausgelacht; Dennoch werden wir von einigen Wissenschaftlern und Gelehrten in aller Ernsthaftigkeit aufgefordert, die von ihren Lieblingsmedien erstellten Aussagen als absolute Wahrheit zu akzeptieren, bei denen sich bisher gezeigt hat, dass sie nichts weiter als eine mehr oder weniger aufwändige Konstruktion sind einer Fiktion, die auf einem sehr dürftigen Fundament ruht, oder besser gesagt, auf absolut keinem Fundament.

Nicht nur gebildete Männer und Frauen mit emotionaler Sehnsucht nach einer Gewissheit über die weitere Existenz ihrer verstorbenen Angehörigen, sondern Menschen aller Phasen und Lebenslagen haben sich völlig dem Glauben an die monströseste Fiktion hingegeben, die nur von einem einzigen Zeugen bestätigt wird des sogenannten Phänomens, und das auch dann, wenn das Medium, durch das sich das Phänomen präsentiert haben sollte, immer wieder beim Schummeln erwischt wurde.

Ich glaube an ein Jenseits und es könnte mir kein größerer Segen geschenkt werden als die Gelegenheit, noch einmal mit meiner heiligen Mutter zu sprechen, die mich mit offenen Armen erwartet, um mich willkommen zu heißen, so wie sie es tat, als ich hier eintrat alltägliche Sphäre.

H.
Frühling, 1924.

KAPITEL I
DIE BEGRÜNDER DES MODERNEN SPIRITUALISMUS

DIE Geschichte der sogenannten modernen Geistermanifestationen reicht bis ins Jahr 1848 zurück, im „einsamen Bauernhaus" von John D. Fox und seiner Frau im Dorf Hydesville im Bundesstaat New York, und dreht sich um ihre beiden kleinen Mädchen Margaret, acht, und Kate, eineinhalb Jahre jünger. Schon als Kind erfolgreich ausgebeutet; okkulte Kräfte werden ihm zugeschrieben; Als „The Fox Sisters" wurden sie weltberühmt – ihre Bilanz ist ausnahmslos eine der interessantesten in der Geschichte des Spiritualismus.

John Fox und seine Frau gehörten offenbar zu den „guten, ehrlichen", aber geistig nicht besonders begabten Bauern. Von den beiden war die Frau die „einfältigere", und als die „nervöse, abergläubische Frau" anfing, ungewöhnliche Geräusche zu hören, die sie sich nicht erklären konnte und die in irgendeiner seltsamen Weise mit ihren Kindern zusammenzuhängen schienen, schloss sie einmal, dass die Geräusche „unnatürlich" seien und begann darüber nachzudenken. Ihre Ängste wuchsen mit der anhaltenden Wiederholung der geheimnisvollen Geräusche, und schon bald zog sie einige der Nachbarn in ihr Vertrauen. Sie waren ebenso verwirrt wie die Mutter, das Haus der Fox wurde verdächtig und die Nachbarschaft machte es sich zur Aufgabe, das Rätsel zu lösen.

Klopfen " bekannt wurden und denen, obwohl die Kinder jegliches Wissen über ihre Entstehung vehement leugneten, regelmäßig ein unheimlicher Code antwortete Fragen , die den beiden Mädchen gestellt wurden. Die Möglichkeit einer Doppelzüngigkeit bei solchen Kindern kam in Hydesville niemandem in den Sinn , so dass die schüchterne Andeutung eines „körperlosen Geistes" bald zur Theorie wurde. Jemand fragte die Mädchen, ob in dem Haus jemals ein Mord begangen worden sei. Die bedrohlichen Geräusche des Codes antworteten mit Ja und sofort wurde die Theorie zu einer bewiesenen Tatsache, und in ihren Köpfen blitzte die Vision einer Persönlichkeit in der Geisterwelt auf, die mit groben Mitteln, die etwas an Telegraphie erinnerten, versuchte, um den Menschen den Nutzen seines umfassenderen Wissens zu vermitteln, wobei die ganze Angelegenheit auf irgendeine unklare Weise mit zwei kleinen Mädchen zusammenhängt.

In diesem kritischen Moment kam eine verheiratete Tochter von John D. Fox und seiner Frau zu Besuch nach Hydesville . Sie ist 23 Jahre älter als die kleine Margaret und ganz anders als Vater oder Mutter. Sie scheint die Möglichkeiten der „okkulten" Kräfte ihrer kleinen Schwestern sofort erkannt zu haben und die Angelegenheiten der Familie Fox vollständig unter ihre

Kontrolle gebracht zu haben einmal. Ihr erster Schritt bestand darin, eine „Gesellschaft der Spiritualisten" zu gründen und Menschenmengen zu ermutigen, ins Haus zu kommen, um die Kinder zu sehen. Hydesville wurde fast über Nacht berühmt. Die Nachricht von den eigenartigen „Rappings" verbreitete sich blitzschnell und wurde bald zu einem spannenden Gesprächsthema, nicht nur in den Vereinigten Staaten, sondern auch in England, Frankreich, Italien und Deutschland. Von Frauen wie Harriet Martineau und Elizabeth Barrett Browning hieß es, sie hätten ihre ganze Aufmerksamkeit darauf verwendet, und Männer mit dem stärksten Intellekt und Willen seien „in den Maschen gefangen, die es im zeitgenössischen Denken gesponnen hatte".

Hydesville wurde für die Operationen von Mrs. Fish, der älteren Schwester, sehr schnell zu klein, und bald erscheint sie mit den Mädchen in Rochester, stellt ihre Heldentaten öffentlich vor großer Menschenmenge für Geld zur Schau und erzielt dabei zwischen einhundert und hundertfünfzig Dollar pro Nacht an Gewinn, den sie einsteckte. Von Rochester aus brachte sie sie nach New York City, und später machten die Mädchen eine Tour durch die Städte der Vereinigten Staaten und zogen die „prominentesten Theologen, Ärzte und Berufstätigen aller Art sowie überall große Menschenmengen" an. Es gibt keine Aufzeichnungen darüber, dass die Mädchen jemals unter der Obhut von Mrs. Fish standen, nachdem sie New York City verlassen hatten, obwohl sie sie ständig bedrohte und Margaret ihr Leben lang Angst hatte.

Als die große Tour vorbei war, ging Kate, gesponsert von Horace Greeley, zur Schule und Margaret, die sich gerade zu einer attraktiven jungen Frau entwickelte und dazu bestimmt war, das berühmtere der beiden Medien zu werden, begann eine Reihe von Séancen in Räumen, die von ihr und ihrer Mutter bewohnt wurden im Union Hotel in Philadelphia. Dort trat an einem Tag im Jahr 1853 in der Person von Dr. Elisha Kent Kane, dem bekannten Polarforscher, Romantik in ihr Leben.

Er hatte eine bemerkenswerte Karriere hinter sich. Zugehörigkeit zu einer der aristokratischsten Familien in Philadelphia; der Sohn eines Richters; gutaussehend; immer noch unter vierunddreißig; Nachdem er vor mehr als zehn Jahren sein Studium an der University of Pennsylvania abgeschlossen hatte, war er mit Commodore Parker als „Chirurg der Botschaft" nach China gereist, hatte sich später beurlauben lassen und reiste zu Fuß durch Griechenland, ging den Nil hinauf, bereiste Indien, Ceylon, die Südseeinseln und sogar „den Himalaya gewagt". Der Mexikanische Krieg hatte ihm die Gelegenheit geboten, „Sporen für seine Tapferkeit zu gewinnen". und danach hatte er sich einer Hilfsexpedition angeschlossen, die sich 1850 auf die Suche nach Sir John Franklin machte. 2

Dieser weitgereiste, erfahrene Mann von Welt fühlte sich sofort und unwiderstehlich von dem jungen Medium angezogen. Es entstand eine Bekanntschaft und es dauerte nicht lange, bis Doktor Kane beschloss, dass sie trotz aller Hindernisse seine Frau sein sollte. Trotz der Bemühungen seiner Familie traf er bald Vorkehrungen, um Margaret eine Ausbildung zu ermöglichen, und sie wurde bei einem Hauslehrer in einem ruhigen Vorort von Philadelphia untergebracht, wo eine Tante des Arztes sie beaufsichtigen konnte und wo zusätzlich zu ihren anderen auch eine Aufsicht über sie stattfinden konnte Durch ihr Studium sollte sie Französisch, Deutsch und Italienisch sowie Vokal- und Instrumentalmusik beherrschen. Ihre Ferien verbrachte sie bei einer Schwester von Senator Cockrell. Etwa drei oder vier Jahre lang war sie auf diese Weise vor der Welt geschützt, während der Arzt alles in seiner Macht Stehende tat, um alles, was mit Spiritualismus und „ Rappen " zu tun hatte, aus ihrem Kopf zu verbannen. Dann kam die Wende.

Der Gesundheitszustand des Arztes war durch die Exposition in der Arktis geschädigt und er beschloss, ins Ausland zu gehen. Anlässlich seiner Hochzeit mit Margaret hatte es weder eine standesamtliche noch eine religiöse Zeremonie gegeben, doch kurz bevor er auslief, erklärte er im Beisein ihrer Mutter und anderer Zeugen, dass sie Ehemann und Ehefrau seien. Sein Gesundheitszustand verschlechterte sich in London und er reiste von dort nach Westindien, wo Margaret und ihre Mutter sich ihm anschließen sollten. Ihre Vorbereitungen für die Reise wurden jedoch durch die Ankündigung seines Todes in Havanna am 16. Februar in den Papieren unterbrochen , 1857. Margaret wurde durch den Schlag niedergeschlagen. Es folgte eine lange Krankheit, und als sie sich endlich erholte, musste sie der Welt nicht nur ohne Freunde und allein gegenüberstehen, sondern auch mittellos, denn aufgrund eines Kompromisses war sie nicht am Nachlass des Arztes beteiligt. Enttäuscht, entmutigt und verbittert kehrte sie zu ihrem Spiritualismus und ihren „ Rappen " zurück. Dreißig Jahre lang wanderte sie von Ort zu Ort und hielt Séancen ab. Dreißig Jahre lang litt sie unter den Qualen der Reue und des schlechten Gesundheitszustands. Sie glaubte, dass sie „in die Hölle" getrieben wurde. Sie verabscheute das, was sie war, und versuchte manchmal, ihre Sorgen in Wein zu ertränken. Dreißig Jahre lang lebte sie in ständiger Angst vor ihrer älteren Schwester. Dann fand Margaret Kane vorübergehenden Trost in der katholischen Kirche. Doch es dauerte noch weitere Monate des Kampfes, bis sie endlich den Mut fand, die Geschichte der weltberühmten „ Rappen " in einem unterzeichneten Geständnis zu erzählen, das sie im Oktober 1888 der Presse vorlegte. 3

„Ich tue das", sagte sie, „weil ich es für meine Pflicht, eine heilige Sache, eine heilige Mission halte, es aufzudecken (Spiritualismus). Ich möchte den Tag sehen, an dem es völlig abgeschafft ist. Nachdem ich es enthüllt habe , hoffe ich, dass dem Spiritualismus der Todesstoß versetzt wird. Ich war der Erste auf diesem Gebiet und ich habe das Recht, es offenzulegen. 4

„Meine Schwester Katie und ich waren noch sehr kleine Kinder, als dieser schreckliche Betrug begann. Ich war erst acht, nur anderthalb Jahre älter als sie. Wir waren sehr schelmische Kinder und versuchten lediglich, unserer lieben Mutter Angst zu machen, die eine sehr gute Frau war und sich sehr leicht fürchten ließ.

abends zu Bett gingen, banden wir einen Apfel an eine Schnur und bewegten die Schnur auf und ab, sodass der Apfel auf den Boden stieß, oder wir ließen den Apfel auf den Boden fallen und machten jedes Mal ein seltsames Geräusch es würde sich erholen. Mutter hörte sich das eine Zeit lang an. Sie würde es nicht verstehen und vermutete nicht, dass wir zu einem Trick fähig wären, weil wir so jung waren.

„ Endlich hielt sie es nicht mehr aus und sie rief die Nachbarn an und erzählte ihnen davon. Dies brachte uns dazu, einen Weg zu finden, die Raps effektiver zu gestalten. Wenn ich darüber nachdenke, denke ich, dass es eine überaus wunderbare Entdeckung war, eine sehr wunderbare Sache, dass Kinder eine solche Entdeckung machen konnten, und das alles nur aus dem Wunsch heraus, Unheil zu stiften. 5

„Unsere älteste Schwester war dreiundzwanzig Jahre alt, als ich geboren wurde. Sie war in Rochester, als diese Tricks begannen, kam aber nach Hydesville , dem kleinen Dorf im Zentrum von New York, in dem wir geboren wurden und lebten.

„Alle Nachbarn in der Umgebung wurden, wie ich bereits sagte, hinzugezogen, um diesen Kundgebungen beizuwohnen. Es kamen so viele Leute ins Haus, dass wir den Apfeltrick nur anwenden konnten, wenn wir im Bett lagen und das Zimmer dunkel war. Selbst dann konnten wir es kaum schaffen, also blieb uns nur das Klopfen auf das Bettgestell.

„Und so haben wir angefangen. Zuerst nur als Trick, um die Mutter zu erschrecken, und dann, als so viele Leute kamen, um uns Kinder zu sehen, hatten wir selbst Angst und waren aus Selbsterhaltungsgründen gezwungen, so weiterzumachen. Niemand verdächtigte uns eines Tricks, weil wir so kleine Kinder waren. Wir wurden von meiner Schwester absichtlich und von unserer Mutter unabsichtlich geführt. Wir hörten sie oft sagen:

„'Ist das ein körperloser Geist, der von meinen lieben Kindern Besitz ergriffen hat?'

„Das steigerte unseren Spaß und wir machten weiter. Alle Nachbarn dachten, da sei etwas und wollten herausfinden, was es sei. Sie waren davon überzeugt, dass in dem Haus jemand ermordet worden war. Sie fragten durch uns die Geister danach, und wir klopften einen an, weil der Geist mit „Ja" antwortete, nicht drei, wie wir es später taten. Sie kamen zu dem Schluss, dass der Mord im Haus begangen worden sein muss. Sie durchstreiften das ganze umliegende Land und versuchten, die Namen der Menschen zu finden, die früher in dem Haus gelebt hatten. Schließlich fanden sie einen Mann namens Bell und sagten, dass dieser arme, unschuldige Mann im Haus einen Mord begangen habe und dass die Geräusche vom Geist der ermordeten Person stammten. Der arme Bell wurde von der ganzen Gemeinde gemieden und als Mörder angesehen. 6

"Frau. Underhill, meine älteste Schwester, nahm Katie und mich mit nach Rochester. Dort entdeckten wir eine neue Art, Raps zu machen. Meine Schwester Katie war die erste, die beobachtete, dass sie durch Bewegungen mit den Fingern bestimmte Geräusche mit den Knöcheln und Gelenken erzeugen konnte und dass der gleiche Effekt mit den Zehen erzielt werden konnte. Als wir herausfanden, dass wir mit unseren Füßen klopfen konnten – zuerst mit einem Fuß und dann mit beiden –, übten wir so lange, bis wir dies problemlos konnten, wenn der Raum dunkel war.

„Wie die meisten verwirrenden Dinge ist es erstaunlich, wie einfach es zu bewerkstelligen ist, wenn man es klar erkennt. Die Schläge sind einfach das Ergebnis einer perfekten Kontrolle der Beinmuskulatur unterhalb des Knies, die die Sehnen des Fußes steuert und eine Wirkung der Zehen- und Knöchelknochen ermöglicht, die allgemein nicht bekannt ist. Eine solch perfekte Kontrolle ist nur möglich, wenn einem Kind schon in jungen Jahren sorgfältig und kontinuierlich beigebracht wird, die Muskeln zu trainieren, die in späteren Jahren steif werden. Ein Kind mit zwölf ist fast zu alt. Unter Kontrolle der Fußmuskulatur können die Zehen ohne für das Auge wahrnehmbare Bewegung auf den Boden gebracht werden. Tatsächlich kann der ganze Fuß zum Klopfen gebracht werden , indem nur die Muskeln unterhalb des Knies beansprucht werden. Das ist also die einfache Erklärung der gesamten Methode des Klopfens und Klopfens.

„In Rochester gab Mrs. Underhill Ausstellungen. Es kamen Menschenmengen, die uns besuchten, und sie verdiente zwischen 100 und 150 Dollar pro Nacht. Das hat sie eingesteckt. Von allen Teilen der Welt kamen Gruppen, um uns zu sehen. Viele waren überzeugt, sobald sie ein wenig Rap hörten. Auf alle Fragen haben wir durch Raps geantwortet. Wir wussten anhand bestimmter Zeichen, die uns Mrs. Underhill während der Séance gab, wann wir „Ja" oder „Nein" sagen mussten.

„Viele Menschen denken beim Hören des Klopfens sofort, dass die Geister sie berühren. Es ist eine sehr verbreitete Täuschung. Vor einigen Jahren, als ich in der Forty-Second Street wohnte, kamen einige sehr wohlhabende Leute zu mir und ich habe für sie ein paar Rappen gemacht. Ich ließ den Geist auf dem Stuhl klopfen und eine der Damen schrie:

„'Ich spüre, wie der Geist mir auf die Schulter klopft.'

„Natürlich war das reine Einbildung.

„Katie und ich wurden wie Lämmer herumgeführt. Wir reisten von Rochester nach New York und dann durch die ganzen Vereinigten Staaten. Wir zogen riesige Menschenmengen an. Ich erinnere mich besonders an Cincinnati. Wir machten Halt am Burnett House. Die Räume waren von morgens bis abends überfüllt und wir wurden von diesen alten Kerlen aufgefordert, unsere Rappen zu zeigen, obwohl wir draußen an der frischen Luft hätten spielen sollen.

„Von den Anfängen im Jahr 1848 bis zum heutigen Tag hat niemand irgendeinen Trick in Bezug auf unsere Methoden geahnt. Es hat nie eine Entdeckung gegeben. 7 Aber als die Welt weise wurde und die Wissenschaft begann, Nachforschungen anzustellen, begannen wir, unsere Experimente an unser Publikum anzupassen. Unsere Sitzungen fanden in einem Raum statt. In der Mitte stand ein Tisch und wir standen alle darum herum.

„Was *die Geister* angeht, haben weder meine Schwester noch ich darüber nachgedacht. Ich weiß, dass es für den Verstorbenen keine Rückkehr in dieses Leben gibt. Viele Leute haben mir gesagt, dass so etwas möglich sei und schienen so fest daran zu glauben, dass ich versucht habe, es zu erkennen, und ich habe es in jeder Form versucht und weiß, dass es nicht möglich ist.

„Nach meiner Heirat ließ Dr. Kane mich nicht mehr auf mein altes Leben zurückblicken – er wollte, dass ich es vergesse. Aber als ich arm war, nach seinem Tod, wurde ich erneut dorthin getrieben, und ich möchte deutlich sagen, dass ich dieser Frau, meiner Schwester, mein ganzes Unglück verdanke. Ich habe sie immer wieder gefragt:

„'Jetzt, wo du reich bist, warum rettest du nicht deine Seele?'

„Aber bei meinen Worten geriet sie in Leidenschaft. Sie wollte eine neue Religion gründen und erzählte mir, dass sie Botschaften von Geistern erhalten habe. Sie wusste, dass wir Menschen betrügen, aber sie versuchte, uns glauben zu machen, dass Geister existierten. Sie erzählte uns, dass vor unserer Geburt Geister in ihr Zimmer kamen und ihr sagten, dass wir zu großen Dingen bestimmt seien.

„Ja, ich werde den Spiritualismus von seinen Grundlagen her entlarven. Ich habe die Idee schon seit vielen Jahren im Kopf, bin aber noch nie zu einem Entschluss gekommen. Ich habe Tag und Nacht daran gedacht. Ich verabscheue das, was ich gewesen bin. Ich sagte immer zu denen, die wollten, dass ich eine Séance gebe:

„‚Du treibst mich in die Hölle.'

„Dann würde ich am nächsten Tag meine Reue in Wein ertränken. Ich war zu ehrlich, um ein „Medium" zu bleiben. Deshalb habe ich meine Ausstellungen aufgegeben. Ich habe so viel erbärmliche Täuschung gesehen! Jeden Morgen meines Lebens habe ich es vor mir. Wenn ich aufwache, grübele ich darüber. Deshalb bin ich bereit zu behaupten, dass Spiritualismus ein Betrug der schlimmsten Art ist. Ich hatte ein Leben voller Kummer, ich war arm und krank, aber ich betrachte es als meine Pflicht, eine heilige Sache, eine heilige Mission, dies aufzudecken. Ich möchte den Tag sehen, an dem es völlig abgeschafft ist. Nachdem meine Schwester Katie und ich es enthüllt haben , hoffe ich, dass dem Spiritualismus der Todesstoß versetzt wird.

„Ich möchte nicht, dass verstanden wird, dass die katholische Kirche mir geraten hat, diese öffentlichen Enthüllungen und Geständnisse abzulegen. Es ist meine eigene Idee. Meine eigene Mission. Ich hätte es schon vor langer Zeit getan, wenn ich das nötige Geld und den Mut dazu gehabt hätte. Ich konnte niemanden finden, der mir helfen konnte – ich war zu schüchtern, um danach zu fragen.

„Ich bin jetzt sehr arm. Ich beabsichtige jedoch, den Spiritualismus zu entlarven, weil ich denke, dass es meine heilige Pflicht ist. Wenn ich es nicht kann, wer kann es dann? Wer war der Anfang davon? Zumindest hoffe ich, die Zahl der acht Millionen Spiritualisten im Land zu verringern. Ich gehe hinein wie in einen heiligen Krieg. Ich warte ängstlich und furchtlos auf den Moment, in dem ich der Welt durch persönliche Demonstration zeigen kann, dass jeglicher Spiritualismus ein Betrug und eine Täuschung ist. Es handelt sich um einen Zweig der Taschenspielertricks, der jedoch sorgfältig studiert werden muss, um Perfektion zu erlangen. Niemand außer einem Kind in jungen Jahren hätte jemals die Fähigkeit erlangt und so weitverbreitetes Böses angerichtet wie ich.

JOHN D. FOX UND SEINE FRAU

DAS FUCHSHAUS IN HYDESVILLE

„Ich vertraue darauf, dass diese feierliche Aussage von mir, der ersten und erfolgreichsten dieser Täuschung, das schnelle Wachstum des Spiritualismus bremsen und beweisen wird, dass alles Betrug, Heuchelei und Täuschung ist.

(Unterzeichnet) „Margaret Fox Kane." 8

Mrs. Kanes „Geständnis" wurde am 21. Oktober 1888 in der Sonntagsausgabe der New York *World veröffentlicht* . Es waren Vorkehrungen getroffen worden, dass sie dort eine öffentliche Demonstration und Darstellung der sogenannten „ wunderbaren " spiritistischen „Phänomene" geben würde Abend an der Academy of Music in New York. Um die „Versuche" bestimmter Medien, sie zu „entführen", zu vereiteln, wurde sie unterdessen in ihrem Hotel streng bewacht, wo sie tagsüber von Zeitungsleuten interviewt wurde. Da sie damit rechnete, dass sie ihr Zimmer verlassen würde, um nur Fragen zu beantworten, stimmte sie dennoch bereitwillig zu, einige Beweise dafür zu liefern, „wie der Trick gemacht wurde", um alles in ihrer Macht stehende zu tun, um „die Enthüllung zu vervollständigen und die völlige Absurdität der von den Medien aufgestellten Behauptungen zu demonstrieren". dass sie trotz ihrer Ablehnung spirituelle Kraft besaß." Der *Weltreporter* berichtete über diese private Demonstration wie folgt:

„‚Jetzt', sagte Mrs. Kane, ‚ich werde vor diesen Falttüren stehen und Sie können so nah stehen, wie Sie möchten, und ich werde jeden „Geist" heraufbeschwören, den Sie wünschen, und alle Fragen beantworten." Ein Rap bedeutet „Nein" und drei Raps bedeuten „Ja". Sind Sie bereit?'

„'Ist Napoleon Bonaparte anwesend?' fragte der Reporter und beobachtete Mrs. Kane genau. Drei Raps (ja).

„‚Kennt er mich? Ich meine, hat er mich jemals getroffen und sich mit mir unterhalten? Drei Raps.

„‚Das ist seltsam, nicht wahr', bemerkte Mrs. Kane lächelnd, ‚angesichts der Tatsache, dass er vor Ihrer Geburt gestorben sein muss? Versuchen Sie es erneut.'

„'Ist Abraham Lincoln anwesend?' Drei Raps.

„' Nun, Sie sehen, die „Geister" sind sehr zuvorkommend.'

„‚Wird Harrison gewählt?' Ein lauter Klopf (nein).

„‚Wird Präsident Cleveland eine weitere Amtszeit bekommen?' Drei Raps."

In dieser Nacht strömten etwa zweitausend oder mehr Menschen in die Musikakademie, um der sensationellen Enthüllung beizuwohnen. Die meisten von ihnen waren nüchterne, vernünftige Menschen, die die Ankündigung „mit Freude begrüßten", dass eine der berühmten Fox-Schwestern „ihren Anteil an spiritistischem Humbuggerie reinstecken" würde. Aber bestimmte Teile des Hauses waren voller ausgesprochener Spiritualisten, Männer und Frauen, die alle Bemühungen, die Öffentlichkeit zu desillusionieren, als persönliche Beleidigungen ansahen, und als vor Mrs. Kanes Auftritt Dr. C. M. Richmond, ein bekannter New Yorker Zahnarzt, anwesend war Nachdem sie zwanzig Jahre und Tausende von Dollar damit verbracht hatte, mediale Tricks und Tricks zu untersuchen, die vollständigen Methoden zu ihrer Herstellung zu erklären und in vollem Licht zu demonstrieren, wurde diese spiritistische Gruppe entschieden feindselig, und als Mrs. Kane schließlich vor das große Publikum trat, um „mündlich zu gestehen, was sie hatte". „Ich habe bereits in gedruckter Form gestanden", sie litt unter einer zu großen nervösen Anspannung, um irgendeine „intelligente Äußerung" zu machen. Als die Verantwortlichen der Angelegenheit sofort erkannten, dass eine Adresse nicht in Frage kam, schlugen sie ihr vor, sofort eine Demonstration der „Vergewaltigungen " zu geben. Eine der New Yorker Zeitungen veröffentlichte am nächsten Morgen die folgende Beschreibung des Geschehens. 9

„Aber auch wenn ihre Zunge ihre Kraft verloren hatte, blieb dies bei ihrem übernatürlichen Zehengelenk der Fall. Vor ihr wurde ein einfacher Holzhocker oder Tisch aufgestellt, der auf vier kurzen Beinen ruhte und die Eigenschaften eines Resonanzbodens hatte. Sie zog ihren Schuh aus und stellte ihren rechten Fuß auf diesen kleinen Tisch.

„Das ganze Haus wurde atemlos still und wurde mit einer Reihe kleiner, kurzer, scharfer Schläge belohnt – jenen geheimnisvollen Geräuschen, die seit vierzig Jahren Hunderttausende Menschen in diesem Land und in Europa erschrecken und verwirren.

Klopfgeräusche eine Untersuchung ihres Fußes durchgeführt hatte, kam sie ohne zu zögern zu dem Schluss, dass die Geräusche durch die Bewegung des ersten Gelenks ihres großen Zehs erzeugt wurden."

„Die Demonstration war perfekt und vollständig und nur die hoffnungslos voreingenommensten und bigotten Fanatiker des Spiritualismus konnten der unwiderstehlichen Kraft dieser alltäglichen Erklärung und Darstellung, wie Geister- Rappen entstehen, widerstehen."

Die Enthüllung erregte große Aufmerksamkeit. Von überallher strömten Briefe herein, in denen um Bestätigung, Erklärung oder Ablehnung gebeten wurde. Der Rest des Medienstammes deutete naiv an, dass es gut sei, einen Betrug aufzudecken, wenn es sich um einen Betrug handelte, aber natürlich waren *sie* echt. Viele, die an den Spiritualismus geglaubt hatten, schrieben äußerst erbärmlich. In einer dieser Schriften aus San Francisco heißt es:

„Ich habe an das Phänomen von Anfang an durch Sie und Ihre Schwester geglaubt und seitdem daran geglaubt, dass es wahr ist.

„Ich bin jetzt einundachtzig Jahre alt und habe natürlich nur eine kurze Zeit, um auf dieser Welt zu bleiben, und es ist mir ein großes Anliegen, durch Sie zu erfahren, ob ich die ganze Zeit über in einer Angelegenheit von lebenswichtigem Interesse für uns getäuscht wurde alle." 10

Aber vielleicht drückt keiner von allen besser aus, was für ein Schlag die Enthüllung für Tausende war, die die Botschaften der mysteriösen Raps als echt akzeptiert hatten, oder beschreibt die Wirkung des Spiritualismus auf viele, die sich davon angezogen fühlen, anschaulicher als das Folgende von einer Frau aus Boston . 11

„Hunderttausende haben durch Dich und Dich allein geglaubt. Hunderttausende fragen Sie eifrig, ob all das herrliche Licht, von dem sie glaubten, Sie hätten es ihnen gegeben, nur das falsche Flackern einer gewöhnlichen Kerze des Betrugs war.

„Wenn Sie, wie Sie sagen, von Kindheit an gezwungen waren, diesem Betrug nachzugehen, kann ich Ihnen vergeben, und ich bin sicher, Gott wird es tun; denn er weist die wahrhaft Reumütigen nicht zurück. Ich werde dir keinen Vorwurf machen. Ich bin sicher, dass Sie so viel gelitten haben, wie jede Strafe, ob menschlich oder göttlich, Ihnen Leid zufügen könnte. Die Enthüllungen, die Sie machen, nehmen mir alles, was ich am meisten geschätzt habe. Jetzt bleibt mir nichts anderes übrig, als auf die Realität der Ruhe zu hoffen, die uns der Tod verspricht.

„Vielleicht ist es besser, die Täuschung endlich durch ein einziges Wort zu beseitigen, und zwar durch das Wort ‚Betrug'."

LEAH FUCHS FISCH

KATIE FOX JENCKEN

MARGARET FOX KANE

ELISHA KENT KANE, MD

„Ich weiß, dass die Verfolgung dieses schattenhaften Glaubens Auswirkungen auf mein Gehirn hat und dass ich nicht mehr mein altes Ich bin. Ich habe innerhalb weniger Jahre Tausende und Abertausende von Dollar ausgegeben, um die „mediale" Intelligenz zu besänftigen . Es ist wahr, dass ich noch nie eine Nachricht oder ein Zeichen eines Wortes erhalten habe, das nicht eine immer noch unbefriedigte Sehnsucht in meinem Herzen hinterlassen hätte, das Gefühl, dass es doch nicht wirklich mein geliebter Mensch war, der zu mir sprach, oder wenn es so war war mein geliebter Mensch, dass er sich verändert hatte, dass ich ihn kaum kannte und er mich kaum kannte. Aber das muss die wahre Intuition gewesen sein. Es ist schließlich besser, dass die Täuschung vorbei ist, denn wenn ich so weitergemacht hätte, wäre ich sicher verrückt geworden. Das ständige Suchen, die häufige vorgetäuschte Reaktion, die unbefriedigende Bedeutung, das Gefühl der Distanz und Veränderung zwischen mir und meinem geliebten Menschen – oh! es war schrecklich, schrecklich!

„Derjenige, der verdurstet und dem jemals der süße Kelch von den Lippen gerissen wird, gerade als der erste Tropfen sie berührt – der allein kann wissen, was in Wirklichkeit das Gleichnis dieser spiritistischen Folter ist."

„Gott segne dich, denn ich denke, dass du jetzt die Wahrheit sprichst. Zumindest hast du meine Vergebung, und ich glaube, dass Tausende andere dir vergeben werden, denn die Sühne, die zur rechten Zeit erbracht wird, löscht einen Großteil des Makels der frühen Sünde aus."

Margaret Kanes „Geständnis" brachte ihr nicht die Erleichterung oder die Freunde, auf die sie gehofft hatte, noch beendete es ihre Verbindung zum Spiritualismus, denn obwohl sie froh gewesen wäre, es endgültig aufzugeben, war ihre Theateraufführung ein finanzieller Misserfolg und schon vorher Lange war sie niedergeschlagen und wieder unterwegs, und erneut griff sie auf den Spiritualismus als Lebensunterhalt zurück und gab in einer Reihe von Städten in den Vereinigten Staaten Séancen und mediale Treffen; aber ihre Fähigkeit, die Öffentlichkeit zu täuschen, war verschwunden. Nachdem sie einmal die Täuschung gestanden hatte, konnte sie die Öffentlichkeit mit keiner noch so großen Überzeugungskraft davon überzeugen, dass sie echt war, und statt der Tausenden, die in ihren jüngeren Jahren zu ihr strömten, nahm sie nie mehr als eine Handvoll an ihren Treffen teil. Ihre einzigen Freunde waren Spiritualisten, denn seltsamerweise glaubten einige von ihnen immer noch an sie, selbst als sie den Spiritualismus aufdeckte, und glaubten, sie sei in die Hände böser Geister geraten, als sie gestand, dass sie eine Betrügerin war.

Einige Zeit nach dem Geständnis wurde ein „Widerruf" verbreitet, der angeblich von Frau Kane stammte. Ich konnte nie einen Beweis für die Echtheit finden, aber mein Freund, Herr W. S. Davis, der sie gut kannte, teilte mir mit, dass sie es geschafft hat – dass sie es tun musste oder verhungern musste. Es war jedoch nicht ganz freiwillig, da Herr Newton (damals Präsident der Ersten Gesellschaft der Spiritualisten) sie davon überzeugte, dass es in ihrem Interesse und auch im Interesse des Spiritualismus wäre, dies zu tun. Das machte jedoch kaum einen Unterschied, denn die Karriere der unglücklichen Frau war fast zu Ende. Häufig von Alkohol überwältigt, von Entbehrungen und Elend gezwungen, starb sie am 8. März 1895, weniger als sieben Jahre nachdem sie in einem überfüllten Theater gestanden und absichtlich die Methode gezeigt hatte, die Raps zu machen, für die sie berühmt geworden war vier Jahrzehnte.

Die Fox Sisters nutzten den Spiritualismus nur als Mittel, um „zu bekommen, solange das Erhalten gut war". Zum Glück für die breite Öffentlichkeit erhielt der Spiritualismus durch das Geständnis von Margaret Fox Kane einen schweren Aufschwung; Es gab ein Ende mit dem „Fox-Betrug" und eine unermessliche Menge an Blutgeld und Kummer wurde den armen, fehlgeleiteten Seelen erspart, die sich so leicht durch einen einfachen physischen Trick täuschen ließen.

KAPITEL II
DIE DAVENPORT BRÜDER

SOLCHE Beweise für Geister wie das einfache „ Rappen " der Fox Sisters wichen bald ausgefeilteren „Manifestationen" und mit dem Erscheinen von Ira Erastus Davenport und seinem Bruder William Henry Harrison Davenport, die zusammenarbeiteten und als „Davenport Brothers" bekannt sind, „Diese Manifestationen wurden zu komplizierten Ausstellungen, bei denen ein Schrank, Seiltricks, Glocken sowie verschiedene Hörner und Musikinstrumente zum Einsatz kamen. Diese Brüder galten und werden immer noch als unbestreitbare Beweise für die Realität und Echtheit medialer Phänomene angesehen, und das öffentliche Interesse am Spiritualismus wurde durch die enorme Sensation und Diskussion, die ihre Demonstrationen hervorriefen, stark angeregt, stellte jedoch eine interessante Reihe von Umständen dar Ich bin im Besitz von Fakten, die mehr als ausreichen, um zu widerlegen, dass sie spirituelle Macht besitzen oder auch nur behaupten.

Während vieler Jahre, in denen ich den Spiritualismus studiert habe, ging ich davon aus, dass beide Davenports tot waren, und als mein Freund Harry Kellar mir einige seiner frühen Erfahrungen und Nöte erzählte, erzählte er mir, dass er einst mit ihnen in Verbindung gebracht worden war Zeit und dass Ira Davenport noch lebte, war ich wirklich überrascht. Ich nahm sofort Kontakt mit ihm auf, und es entwickelte sich eine angenehme Bekanntschaft, die bis zu seinem Tod andauerte und mir viele historische Informationen über die Brüder lieferte, die nie in gedruckter Form erschienen sind.

Bisher waren alle veröffentlichten Berichte über die Taten der Davenport Brothers vage, spekulativ, ohne tatsächliches Wissen und irreführend, da die Autoren Opfer von Wahnvorstellungen waren. Die hier gegebenen Informationen basieren jedoch auf einer langen Korrespondenz mit Ira Davenport sowie einem Er gab mir kurz vor seinem Tod ein offenherziges Geständnis, in dem er alle meine Fragen vorbehaltlos beantwortete und mir anbot, mir auf jede erdenkliche Weise zu helfen, da er wollte, dass meine Aussagen in dem Buch über Spiritualismus, von dem er wusste, dass ich es schrieb, korrekt waren .

Die Davenport Brothers waren einander ergeben und als William 1877 während ihres Aufenthalts in Australien starb, war Ira, der überlebende Bruder, völlig verärgert. Er unternahm einen schwachen Versuch, sich wieder zurechtzufinden, aber der „Geist" fehlte und er kehrte entmutigt zurück, um den Rest seiner Tage in Frieden und Stille zu Hause zu verbringen. Als ich Anfang 1910 für Harry Rickards in Australien spielte, suchte ich nach dem Grab von William Davenport und fand es traurig vernachlässigt. Ich ließ es in Ordnung bringen, frische Blumen darauf pflanzen und die Steinarbeiten reparieren. 13 Auf dieser Reise traf ich auch William M. Fay von „Davenport Brothers and Fay", der mir viele interessante Dinge über die Brüder erzählte, und nach meiner Rückkehr nach Amerika war eines der ersten Dinge, die ich tat, nach Maysville zu fahren , Chautauqua County, New York, um Ira Davenport einen Besuch abzustatten. Er traf mich am Bahnhof und brachte mich zu seinem Haus, einem außergewöhnlich glücklichen und erholsamen Haus, das von der zweiten Mrs. Davenport geleitet wird, nachdem die erste im Kindbett gestorben war.

Diese zweite Ehe war äußerst romantisch. Während einer Séance, die die Brüder in Paris 14 gaben, bemerkte Ira ein auffallend schönes belgisches Mädchen, das ihn aufmerksam beobachtete. Nach der Aufführung gelang es ihm, sie zu treffen, musste jedoch feststellen, dass sie kein Wort Englisch sprach. Sein Französisch beschränkte sich auf das übliche Table d'hôte-Vokabular eines durchschnittlichen amerikanischen Touristen mit zwei oder drei Wörtern. Er rief seinen Dolmetscher an und bat durch ihn das Mädchen, seine Frau zu werden. Verwirrt von solch einem kühnen Vorschlag, errötete sie tief, schlug die Augen nieder, hob sie dann langsam und blickte direkt in Iras Augen. Es kam zu einem kurzen Austausch der Bewunderung, und die Intuition ihrer Frau muss tief und richtig gewesen sein, denn sie stimmte sofort zu, diesen Amerikaner zu heiraten, der sie so unkonventionell gebeten hatte, seine Frau zu sein, eine Entscheidung, die sie nie bereuen musste, denn das waren sie auch ein außergewöhnlich glückliches Paar. 15

In der ruhigen Atmosphäre seiner Veranda blätterten wir die Zeit zurück, während Mr. Davenport im Rückblick die Prüfungen, Schlachten, Lobpreisungen und den Applaus von vor langer Zeit noch einmal durchlebte. Unter anderem sprachen wir über die magischen Mysterienkünstler anderer Tage, was ihn dazu veranlasste, sehr großzügig zu sagen:

„Houdini, du weißt mehr über die Oldtimer und meine Argumente als ich, der ich diese schwierigen Zeiten durchlebt habe."

Er sagte, dass er in mir einen ehemaligen Meister des Handwerks erkannte und deshalb offen sprach und nicht zögerte, mir die Geheimnisse seiner Leistungen zu verraten. Wir diskutierten und analysierten die Aussagen in seinen Briefen an mich und er gab offen zu, dass die Arbeit der Davenport Brothers mit völlig natürlichen Mitteln vollbracht wurde und zu der Klasse von Leistungen gehörte, die gemeinhin „körperlicher Geschicklichkeit" zugeschrieben werden. Nicht ein einziges Mal gab es auch nur die geringste Andeutung, dass der Spiritualismus für ihn von Belang war, stattdessen bezeichnete er seine Arbeit als schlichte Effekthascherei.

Für mich war es ein unvergesslicher Tag und endete nicht mit dem Sonnenuntergang, denn wir unterhielten uns bis tief in die Nacht, 16 ich mit Notizbuch in der Hand, er mit einem langen Stück Seil, der mich in die

Geheimnisse des echten „Davenport" einweihte Krawatte", die Tausende zum Glauben an den Spiritualismus bekehrte und der Ursprung 17 der Seilbinde-Stunts war, die der spiritistischen Diskussion im Zusammenhang mit den Brüdern einen solchen Anstoß gaben. Obwohl viele Versuche unternommen wurden, es nachzuahmen, war nach meinem besten Wissen und Gewissen niemand, nicht einmal die magische Bruderschaft, jemals in der Lage, die Methode dieser berühmten Seiltricks zu entdecken, da das Geheimnis so sorgfältig gehütet wurde wie das von Ira Davenport Kinder wussten es nicht. Ich habe es getestet und halte es für einen der besten Seilbinder, die es heute gibt, für Verwendungszwecke, wie sie daraus gemacht wurden, und ich erkläre es nur, weil ich es aktenkundig machen möchte, wenn ich schließlich ins Jenseits übergehe der Öffentlichkeit die *Vorgehensweise,* die wie folgt war.

Auf beiden Seiten des von Davenports 18 verwendeten Schranks war eine Bank eingebaut, durch die in geringem Abstand zwei Löcher gebohrt worden waren. Die Brüder setzten sich auf diesen Bänken einander gegenüber und stellten ihre Füße direkt vor sich auf den Boden. Das Ende eines Seils wurde dicht an den Knien um die Beine eines der Brüder gelegt und festgebunden. Das Seil wurde dann mehrmals um die Beine gewickelt, an den Knöcheln befestigt, der verbleibende Teil wurde direkt über den Schrank zu den Knöcheln des anderen Bruders getragen, befestigt, um seine Beine geschlungen und an den Knien festgebunden. Anschließend wurde ein kürzeres Stück Seil an jedes ihrer Handgelenke gebunden, wobei die Knoten neben dem Puls lagen. Diese Seile wurden durch die Löcher gefädelt und die Handgelenke zu den Bänken heruntergezogen, und die Enden der Seile wurden an den Knöcheln befestigt.

Ihre Methode, sich zu befreien, war vergleichsweise einfach. Während einer seine Füße ausstreckte, zog der andere seine nach innen und sorgte so dafür, dass die Handgelenksseile ausreichend locker waren, um ihre Hände aus den Schlaufen ziehen zu können. 19 Der zweite Bruder wurde durch Umkehrung der Klage freigelassen.

Nachdem die Demonstrationen abgeschlossen waren, schlüpften die Brüder wieder in die Schlaufen, aus denen sie sie gezogen hatten, stellten ihre Füße in die ursprüngliche Position und waren bereit für die Untersuchung. Beim Öffnen des Kabinetts wirkten die Seile genauso gespannt wie beim Anlegen durch das Komitee.

Um die häufig aufgestellte Behauptung zu widerlegen, dass die Davenports ihre Bänke verlassen hätten, um bestimmte Demonstrationen durchzuführen, forderten sie die Untersuchungsausschüsse auf, Blätter unter ihre Füße zu legen und sie mit Bleistift oder Buntstift zu markieren, sodass es scheinbar unmöglich sei, einen Fuß unbemerkt zu bewegen. Aber das beeinträchtigte oder behinderte ihre Leistung in keiner Weise, denn Ira erzählte mir, dass sie ihre Füße mitsamt Papier und allem gleiten ließen und trotzdem die Füße innerhalb der Markierungen hielten, eine Methode, die ich als praktisch bezeichnen kann, da ich sie erfolgreich ausprobiert habe . 20

Aufgrund des Vorteils der Zusammenarbeit war es einfach unmöglich, beide Brüder so zu gewinnen, dass sie nicht die erwarteten Ergebnisse erzielten. Wenn einer in Schwierigkeiten war, war der andere immer bereit, zu Hilfe zu kommen, denn ganz gleich, wie fest das Komitee sie auch fesselte, einer war mit Sicherheit lockerer gefesselt als der andere und hatte eine Hand frei, um herüberzugreifen und zu helfen.

„Die Chance, uns beide gleichzeitig festzuhalten, lag bei eins zu zwanzig Millionen", erzählte mir Ira. 21

Der strengste Test der Davenports war als „The Tie Around the Neck" bekannt. Das wurde mir auch von Ira erklärt. Ein Komitee aus drei Personen wurde einberufen , von denen eine eine Frau war und aus diesem Grund am wenigsten verdächtigt wurde, obwohl sie in Wirklichkeit eine Konföderierte war. 22 Sie und die Davenports wurden abwechselnd um den Hals gefesselt. Die Frau befreite sich, indem sie das Seil durchtrennte. 23 Sie versteckte die Stücke in ihren Pumphosen, führte ihren Teil der Manifestationen durch und fesselte sich mit einem doppelten Stück Seil. Niemand war klüger, denn unsere fünf Sinne sind auf so seltsame Weise miteinander verbunden, dass das Komitee, das während solch düsterer Taten sein Augenlicht verloren hatte, offenbar auch seine Denkkraft verloren hatte.

Die ersten öffentlichen Auftritte der Davenports fanden in einem großen Saal mit Sitzreihen für das Publikum und einer kleinen erhöhten Plattform statt, die als Bühne diente. Jemand, der die Möglichkeit der Hilfe von Besuchern oder Verbündeten im Publikum verhindern wollte, fragte, ob es möglich sei, die Kundgebungen in einem Schrank stattfinden zu lassen. Als wir eine positive Antwort erhielten , wurde eines mit Öffnungen gebaut, die groß genug waren, um „die Hände des Geistes hineinzuführen". Dieser Schrank war ein entscheidender Vorteil für die Brüder , da er ihnen die Möglichkeit gab, in völliger Dunkelheit zu arbeiten, was ein wesentliches Element ihrer Leistung war. Der Schrank wurde verbessert, indem eine große Kiste in der Mitte der Bühne aufgestellt wurde, und so entstand nach und nach der Schrank 24 , wie wir ihn heute kennen.

Während dieses ereignisreichen Besuchs bestritt Ira nachdrücklich viele der absurden Geschichten und Volksglauben über die Brüder, darunter den „Mehltest", den „Schnupftabaktest"25 und Geschichten wie die Behauptung, dass er als Junge zu Hause eine Seance gegeben habe für seine Eltern und während der Levitation wurde 26 angehoben, bis sein Kopf die Decke berührte und sowohl Latten als auch Gips zerbrach; dass er einst über eine

Distanz von dreitausend Yards über den Niagara River schweben ließ, und dass er 1859 mit spirituellen Mitteln aus einem Gefängnis in Oswego, New York, entkommen konnte.

ihnen ins Kabinett gehen wollte, darauf bestanden, dass auch er gefesselt wurde, um zu verhindern, dass das Publikum ihn für ihn hielt war ein Konföderierter. Er war sowohl an einer Bank als auch an jedem der Davenports befestigt und völlig hilflos, denn während sich einer löste, belastete der andere die Seile an den Füßen des Komiteemitglieds, die ihn festhielten.

Er erzählte mir auch, dass sie es gewohnt seien, Plätze in der ersten Reihe für ihre Freunde zu reservieren, um sich vor Einbrüchen zu schützen. In privaten Kreisen führten sie allen Anwesenden eine Kordel durch Knopflöcher, angeblich um „Absprachen mit dem Medium zu verhindern", in Wirklichkeit aber zum Schutz vor einem überraschenden Anfall. Sie hörten einmal, dass die Pinkerton-Detektivagentur damit beauftragt worden war, sie zu fangen, und um jeder Einmischung wirksam vorzubeugen, ließen sie einen Verbündeten eine Bärenfalle einschmuggeln und nachdem der Séance-Raum abgedunkelt worden war, stellten sie die Falle im Gang auf.

Ich machte Ira auf einen Ausschnitt aus der London *Post*, einer konservativen Zeitung, über die „Dunklen Seancen" aufmerksam, in dem es hieß:

„Die Musikinstrumente, Glocken usw. wurden auf den Tisch gelegt; Anschließend wurden die Brüder Davenport an Händen und Füßen gefesselt und mit Seilen sicher an die Stühle gefesselt. Es bildete sich eine Kommunikationskette (wenn auch keine kreisförmige), und sobald die Lichter gelöscht wurden, *schienen die Musikinstrumente durch den Raum getragen zu werden. Der Luftstrom, den sie bei ihrer schnellen Fahrt verursachten, war auf den Gesichtern aller Anwesenden zu spüren.*

„Die Glocken wurden laut geläutet; Die Trompeten schlugen auf den Boden, *und das Tamburin schien mit aller Kraft durch den Raum zu rennen. Gleichzeitig wurden Funken beobachtet, die von Süden nach Westen wanderten. Mehrere Personen riefen aus, dass sie von den Instrumenten berührt worden seien, was einmal so deutlich wurde, dass ein Herr einen Schlag auf das Nasenorgan erhielt, der die Haut aufriss und einige Blutstropfen austreten ließ.*"

Nachdem ich es zu Ende gelesen hatte, rief Ira aus:

„Seltsam, wie sich die Leute Dinge im Dunkeln vorstellen! Die Musikinstrumente haben unsere Hände nie verlassen, und doch hätten viele Zuschauer geschworen, sie hätten sie über ihren Köpfen fliegen hören." 27

Ira Davenport lehnte in seinem Gespräch mit mir entschieden die spirituelle Macht ab und sagte wiederholt, dass er und sein Bruder nie behaupteten, Medien zu sein, oder vorgaben, dass ihre Arbeit spiritistisch sei. Er gab jedoch zu, dass seine Eltern in dem Glauben starben, dass die Jungen übermenschliche Kräfte hätten. In diesem Zusammenhang erzählte er mir von einer Familie namens Kidder, in der die Jungen spiritistische Medialität vortäuschten. Die Mutter, eine einfache Frau, die sich leicht in die Irre führen ließ, wurde eine überzeugte Gläubige. Nach einer Weile hatten die Jungs genug von dem Spiel, das sie spielten, und gestanden ihr, dass alles eine Fälschung war. Der Schock der Desillusionierung machte sie fast wahnsinnig und Ira sagte, es sei die Angst vor einem ähnlichen Ergebnis gewesen, die ihn davon abgehalten habe, seinem Vater die wahre Natur ihrer Arbeit zu gestehen. Als der Vater die Jungen also aufforderte, Tests für ihn durchzuführen, erklärten sie, dass die Geister „nein" sagten und erklärten, dass sie nur tun könnten, was die *Geister* verlangten.

selbst keine spirituellen Kräfte beanspruchten, erlaubten sie dennoch anderen, sie in ihrem Namen zu beanspruchen. Einer der ersten, der dies tat, war J. B. Ferguson, der auch als „Mr.", „Rev." und „Dr." bekannt war, aber ich weiß nicht, wie seine Titel zu ihm kamen oder was sie repräsentierten. Wenn ich mich nicht irre, war er Pfarrer der Unitarischen Kirche. Er reiste mit den Davenports als Dozent, eine Position, die später von Thomas L. Nichols übernommen wurde. Ferguson glaubte fest daran, dass alles, was die Davenports erreichten, mit Hilfe von Geistern geschah. Dass sowohl Ferguson als auch Nichols an den Spiritualismus glaubten, zeigen ihre Schriften. Keiner von ihnen war desillusioniert von den spirituellen Kräften der Brüder, das Geheimnis der Manifestationen wurde ihnen aus religiösen Gründen vorenthalten. Ihre Bemerkungen blieben ihrem eigenen Ermessen überlassen, da die Davenports es für besser hielten, die ganze Angelegenheit dem Publikum zu überlassen, nachdem es die Ausstellung gesehen hatte. Dann noch mit einem Geistlichen als Dozenten, der aufrichtig an die Phänomene glaubte, zu denen viele gezwungen wurden, was dazu beitrug, die Kassen zu füllen, die Ausgaben zu decken und die Publizität zu erhöhen, was ein notwendiger Teil des Spiels war.

IRA ERASTUS DAVENPORT UND HOUDINI, AUFGENOMMEN
AM 5. JULI 1911. DAS LETZTE FOTO DES ALTEN
SCHAUSTELLERS

In einem der Briefe, die Ira mir schrieb, heißt es:

„Wir haben nie öffentlich unseren Glauben an den Spiritualismus bekräftigt, den wir als nichts, was die Öffentlichkeit etwas anging, ansahen; Wir boten unsere Unterhaltung auch nicht als Ergebnis von

Taschenspielertricks oder andererseits als Spiritualismus an. Wir ließen unsere Freunde und Feinde das so gut sie konnten untereinander regeln, aber leider waren wir oft Opfer ihrer Meinungsverschiedenheiten."

In einem Brief, den Ira vom 19. Januar 1909 aus Maysville schrieb und den ich in Europa erhielt, heißt es:

„Sie dürfen es nicht versäumen, mir die Ehre eines Besuchs zu erweisen, wenn Sie nach Amerika zurückkehren, obwohl zwei Jahre eine ziemlich lange Zeit sind, und in der Zwischenzeit lassen Sie mich bitte von Ihnen hören, wann immer sich der ‚Geist' bewegt.

„Was die Zukunft angeht, denke ich, dass die Möglichkeiten, die Sie in Ihrer Reichweite haben, nahezu grenzenlos sind, großartiges Neuland, ganz im Süden Mittelamerikas, Mexikos, Australiens, Neuseelands, Indiens, Spaniens, Portugals und Afrikas." 28

„Mein alter Reisegefährte, William M. Fay, erzählte mir vor vier Jahren bei einem Besuch aus Australien, dass er und Harry Kellar in etwa acht Monaten in Südamerika und Mexiko über 40.000 US-Dollar einkassierten, und das waren dreißig – vor vier Jahren, und dass sich die Möglichkeiten jetzt erheblich verbessert haben, wie zum Beispiel *Eisenbahnen anstelle von Maultieren*, Bevölkerungswachstum und Fortschritte in der Zivilisation in diesen rückständigen Ländern. Er sagt, es wäre jetzt eine vergnügliche Reise zu dem, was es war, als er und Kellar auf dem Maultier reisen mussten. Er war sehr begeistert von der Idee, eine weitere Tour zu machen, und wir hätten es getan, wenn ihm seine Ärzte aufgrund des schlechten Gesundheitszustands und der geschwächten körperlichen Verfassung dringend davon abgeraten hätten. Er lebt derzeit in Melbourne, Australien, wo er sich 1877, kurz nach dem Tod meines Bruders am 1. Juli 1877, mit seiner Familie dort niedergelassen hat. Trotz seiner angenehmen Umgebung und seines großen Vermögens ist er überhaupt nicht zufrieden; Nachdem ein Mann ein normaler „*Weltenbummler*" geworden ist, halte ich es nicht für möglich, dass er sich niederlassen und ein ruhiges, eintöniges Leben führen kann. Ich möchte an dieser Stelle sagen, dass unsere erste Tour durch Europa vier Jahre gedauert hat dieses Land am 26. August 1864, Rückkehr am 29. September 1868. Unsere zweite Reise dauerte über drei Jahre, wir verließen dieses Land am 22. März 1874 und kehrten am 20. Oktober 1877 zurück, vier Monate nach dem Tod meines Bruders."

Als die Davenports in Liverpool ausstellten, kam es zu einem ziemlichen Aufruhr 29, der sich nicht nur gegen sie richtete, sondern auch einige politische Unruhen auslöste. Ich zitiere Iras Bericht darüber aus einem Brief an mich vom 19. Januar 1909.

[Handwritten letter facsimile:]

> Mayville Jan 19th 1909.
>
> Mr Harry Houdini
>
> Dear Sir.
>
> I was most agreeably surprised on my return to Mayville from Buffalo by receiving your letter of Dec 12. mailed at Liverpool. I had been several weeks in Buffalo
>
> ———————————————
>
> You must not fail to do me the honor of a visit when you return to America, although two years is quite a long time, and in the meantime please let one hear from you whenever the spirit moves you, regarding the future I think the possibilities within your grasp are almost boundless, splendid new territory, all South and Central America, Mexico, Australia, New Zealand, India, Spain, Portugal and Africa.
>
> ———————————————
>
> We never in public affirmed our belief in spiritualism, that we regarded as no business of the public, nor did we offer our entertainments as the results of sleight of hand, nor on the other hand as spiritualism, we let our friends and foes settle that as best they could between themselves, but unfortunately we were often the victims of their disagreements. You will find enclosed in this letter a few clippings referring to my daughter also a poem on the death of my Brother.
> Hoping to hear from you soon and wishing you all kinds of good luck I remain
>
> Yours truly
>
> Ira E. Davenport

Faksimile von Teilen eines Briefes, den IRA E. DAVENPORT an HOUDINI geschrieben hat

„Nun ja, was Liverpool betrifft, habe ich sehr lebhafte Erinnerungen, und nach vierundvierzig Jahren sind sie weit davon entfernt, ‚Schauplätze mystifizierter Ereignisse' zu sein, sie waren das Ergebnis eigenartiger Kombinationen, unglücklicher Umstände, beruflicher Eifersucht, religiöser

Vorurteile , *Anti - Das amerikanische Gefühl* , mit ein paar anderen beunruhigenden Elementen, einschließlich des „Fenianismus", 30 der zu dieser Zeit die öffentliche Aufmerksamkeit erregte, entwickelte sich zu einer *Weißglut* , die in einer der spektakulärsten Darbietungen des „englischen Fairplays" gipfelte. das jemals einer anerkennenden englischen Öffentlichkeit präsentiert wurde ... Während wir in Liverpool und einigen anderen Städten Englands waren, konnten wir nicht auf der Straße erscheinen, ohne von drohenden Menschenmengen mit Ausrufen wie „Yankee Doodle" oder „John Brown's Body" begrüßt zu werden ,' ‚Barnum's Humbug', ‚Yankee Swindle', , Fegi Mermaid' und viele andere nette Dinge, die zu zahlreich sind, um sie alle aufzuzählen ...

„Ich denke, meine Erfahrung in Liverpool ist das herausragendste Beispiel für ‚Fair Play', das jemals einem amerikanischen Bürger gezeigt wurde, und ein widerwärtiges Beispiel für alle Ausländer dafür, wie der durchschnittliche Engländer Dinge zu Hause macht . " .. Es war allgemein bekannt, dass wir Männer aus dem Norden waren, und die Welt weiß, wie sehr die Engländer mit dem Aufstand der Sklavenhalter sympathisierten, und sie ließen keine Gelegenheit aus, zu zeigen, was sie damals zu diesem Thema dachten. Während wir so taten, als seien ihre brutalen Feindseligkeitsbekundungen darauf zurückzuführen, dass wir uns weigerten, einen bestimmten Knoten zu knüpfen, bestand unser einziges Vergehen darin, dass wir uns der Folter widersetzten, auf die Gefahr hin, dauerhaft verstümmelt oder lebenslang verkrüppelt zu werden ... Unser Der Appell an die damalige britische Öffentlichkeit ist eine schlichte wahrheitsgetreue Darstellung der Tatsachen in Bezug auf die Unruhen in Liverpool, Huddersfield und Leeds, die mehrere englische Zeitungen fairerweise veröffentlichen durften. Ganz England schien wegen der Zerstörung von Schränken verrückt geworden zu sein, und spekulative Scharfschützen ernteten eine reiche Ernte mit dem Verkauf gefälschter Stücke zerschlagener Davenport-Schränke. Es wurde genug Holz in kleinen Stücken verkauft, um zehnmal so viele Schränke herzustellen, wie die Davenport Brothers jemals während ihrer öffentlichen Karriere verwendeten ... Obwohl ich jetzt in meinem 70. Lebensjahr bin, würde ich keinen Moment zögern, mich der Öffentlichkeit von Liverpool zu stellen , Huddersfield und Leeds, und versuchen Sie erneut, Schlussfolgerungen mit ihnen zu ziehen, und ziehen Sie keine Grenzen oder Einschränkungen, außer denen, jemanden lebenslang zu foltern oder zu verstümmeln ... Ich werde immer große Freude an Ihrem Erfolg empfinden, insbesondere daran, alles zu meistern und zu überwinden in der Natur von Feindseligkeit und Opposition. Ich erinnere mich, dass ich vor einiger Zeit eine Mitteilung über den Tod von Dr. Slade gesehen habe. Ich lernte ihn 1860 kennen. Er lebte damals im Bundesstaat Michigan."

Der obige Auszug zeigt den Mut und den Mut eines echten Schaustellers im Alter von siebzig Jahren, der immer noch bereit ist, sich mit einer auf Naturgesetzen basierenden Unterhaltung auseinanderzusetzen.

Die Davenport Brothers hatten bei ihren Auftritten in Manchester, England, die Ehre, von zwei berühmten Schauspielern, Sir Henry Irving und Edward A. Sothern, die im Theatre Royal auftraten, öffentlich nachgeahmt und verspottet zu werden . Mit einigen Freunden hatten sie einen Auftritt der Davenport Brothers gesehen und beschlossen, etwas aufzudecken, was Irving als „beschämende Betrügerei" bezeichnete. Mit der Unterstützung dieser Männer gab er in einem beliebten Club eine private Aufführung zur Nachahmung der Davenport-Séance und war so erfolgreich, dass er gebeten wurde, sie in einem großen Saal zu wiederholen. So füllte sich am Samstag, dem 25. Februar 1865, der Bibliothekssaal des Manchester Athenæum mit einem Publikum, das eingeladen war, Zeuge „einer Darstellung ‚übernatürlicher Philosophie' in einer privaten Séance à la Davenport zu werden, die von einigen bekannten Mitgliedern der Theaterbranche veranstaltet wurde." in der Stadt spielen.

Eine Perücke, ein Bart, ein Halstuch, ein eng zugeknöpfter Gehrock und kunstvolles Make-up verwandelten Irving so völlig, dass er wie das genaue Doppel von Dr. Ferguson aussah. Mit seinem unnachahmlichen Charme nahm Irving die würdevolle Miene und die charakteristischen Gesten des Arztes an und imitierte seinen ehrwürdigen Tonfall. Er hielt eine interessante und halb scherzhafte Ansprache mit gerade genug Ernsthaftigkeit, um den alten Arzt scharf zu persiflieren, und erhielt am Ende tosenden Applaus von ihm begeistertes Publikum. 31

Irving und seine Freunde ahmten dann die Manifestationen mit bemerkenswerter Genauigkeit nach. „Die ‚Brüder' wurden an Händen und Füßen gefesselt, in einen Schrank gelegt und begannen sofort mit ihren Manifestationen. Seltsame Geräusche waren zu hören, Hände wurden durch die Öffnung im Schrank sichtbar, Musikinstrumente schwebten in der Luft und die Trompete wurde mehrmals weggeworfen. Als die Türen geöffnet wurden, zeigte sich, dass die Brüder fest gefesselt waren. Sie reproduzierten jeden Effekt der Aufführungen, begleitet von passenden Bemerkungen und entzückenden Witzen von Irving."

Am Ende der Séance erhielten die Darsteller ein Dankesvotum, und das Publikum jubelte Irving wiederholt zu. Die Manchester-Zeitungen waren mehrere Tage lang mit Berichten und Briefen über die Irving-Seance gefüllt, und als Reaktion auf viele dringende Anfragen wurde sie eine Woche später in der Free Trade Hall wiederholt, aber das Nettoergebnis der Enthüllung Irvings war der Verlust seiner Engagement am Theatre Royal, da er sich weigerte, dessen Erfolg durch abendliche Aufführungen im Theater zu nutzen.

Wie sehr sich die Menschen von den Davenport-Ausstellungen täuschen ließen, geht aus der folgenden Passage aus D. C. Donovans „Evidences of Spiritualism" hervor. Als Mitglied des freiwilligen Untersuchungsausschusses war es ihm gestattet worden, während der Kundgebungen mit den Brüdern im Kabinett zu sitzen. In seinem Erfahrungsbericht sagt er:

„Während ich drinnen war, wurden mehrere Arme durch die Öffnungen ausgestreckt und von Personen draußen deutlich gesehen. Es ist nun sicher, dass dies nicht die Waffen der Brüder waren, denn sie hätten die Öffnungen nicht erreichen können, ohne von ihren Sitzen aufzustehen, und wenn sie das getan hätten, hätte ich es sofort entdeckt; außerdem hätten sie, wenn ihre Hände frei gewesen wären, nicht sechs Instrumente auf einmal spielen können und hätten noch Hände übrig, mit denen sie mein Gesicht und meine Hände berühren und an meinen Haaren ziehen könnten. Einige meiner Freunde versuchen mich davon zu überzeugen, dass die Davenports tatsächlich umgezogen sind, dass ich es aber im Dunkeln nicht bemerkt habe. Dunkelheit ist jedoch, obwohl sie für das Sehen äußerst ungünstig ist, für das Fühlen ganz und gar nicht ungünstig, und ich hatte meine Hände auf ihren Schultern, wo man die geringste Muskelbewegung hätte bemerken können."

Angesichts dessen, was Ira Davenport mir über ihre Manipulationen erzählte, kann ich den obigen Bericht nicht lesen, ohne Mitleid mit Herrn Donovan zu empfinden, der, wenn sein Glaube echt war, den höchsten Punkt der Wahnvorstellung erreicht hatte.

Aufgrund der besonderen Qualifikation und der Fähigkeit von Magiern, Betrug aufzudecken, ist es nicht verwunderlich, dass spiritistische Veröffentlichungen jedes von ihnen kommende Wort, das der Sache des Spiritualismus zuträglich ist, eifrig aufgreifen. Mit dem Kommentar: „Es lohnt sich, es zu bewahren und neben das von Belachini, dem deutschen Zauberer, zu stellen, als Antwort auf die unserer Gegner, die in Unwissenheit über Taschenspielertricks behaupten, unsere Phänomene hätten diesen Charakter."
„Der Spiritualist" vom 9. September 1881, zitiert aus der Pariser „*Revue Spirits*" die folgende Aussage von E. Jacobs, einem französischen Prestidigitator:

„In Bezug auf Phänomene, die sich 1865 in Paris durch die Brüder Davenport ereigneten, halte ich es für meine Pflicht, dies aufzuzeigen, trotz der mehr oder weniger vertrauenswürdigen Behauptungen der französischen und englischen Journalisten und trotz der törichten Eifersüchteleien unwissender Zauberer die Bösgläubigkeit der einen Partei und die Schikanen der anderen hervorzuheben ... Alles, was gegen diese amerikanischen Medien gesagt oder getan wurde, ist absolut unglaubwürdig. Wenn wir etwas richtig beurteilen wollen, müssen wir es verstehen, und weder die Journalisten noch die Zauberer verfügen über die elementarsten Kenntnisse der Wissenschaft, die diese Phänomene beherrscht. Als angesehener Prestidigitator und aufrichtiger Spiritualist bestätige ich, dass die von den beiden Brüdern dargelegten medialen Fakten absolut wahr waren und in jeder Hinsicht zur spiritistischen Ordnung der Dinge gehören ... Die Herren Henri Robin und Robert Houdin, als sie es versuchten Diese besagten Taten nachzuahmen, hat der Öffentlichkeit nie etwas anderes präsentiert als eine kindische und fast groteske Parodie der besagten Phänomene, und es wäre eine unwissende und hartnäckige Person, die die von diesen Herren dargelegte Frage ernst nehmen könnte. Wenn, wie ich Grund zur Hoffnung habe, die psychischen Studien, denen ich mich jetzt widme, Erfolg haben, werde ich in der Lage sein, die gewaltige Grenzlinie, die mediale Phänomene von eigentlichen Beschwörungen trennt, klar (und zwar durch öffentliche Demonstration) festzustellen , und dann ist eine Zweideutigkeit nicht mehr möglich, und die Personen werden den Beweisen nachgeben oder sie durch Vorherbestimmung leugnen.

(Unterzeichnet) „E. Jacobs. 32

„Experimentator und Präsident der Konferenz für psychologische Studien in Paris."

Dion Boucicault, ein in Amerika und gleichermaßen in Europa bekannter irischer Dramatiker und Schauspieler, empfing die Davenports in seinem Haus in London (1865), wo er sich sicher war, dass der Raum nicht zu betrügerischen Ergebnissen beitragen konnte. Anwesend waren 23 Freunde, hochrangige und prominente Männer, darunter Geistliche und Ärzte. Er gab nicht an, ob es welche gab, die gläubig waren, aus seinen Schriften geht jedoch hervor, dass es keine gab. Wie in anderen Fällen wurden die größtmöglichen Vorsichtsmaßnahmen getroffen, um die Bedingungen für die Ermittler so akzeptabel wie möglich zu gestalten. Dennoch kam es zu den üblichen Erscheinungen, und Herr Boucicault verfasste ausführliche Berichte über Einzelheiten und als Abschluss seines Berichts schrieb er:

„Am Ende der Séance fand ein allgemeines Gespräch über das statt, was wir gehört und gesehen hatten. Lord Bury wies darauf hin, dass die allgemeine Meinung anscheinend darin besteht, dass wir den Brüdern Davenport und Herrn W. Fay versichern sollten, dass die anwesenden Herren nach einem sehr strengen Verfahren und einer strengen Prüfung ihrer Verfahren zu keinem anderen Schluss kommen könnten, als zu dem, was es gab keine Spur von Betrug in irgendeiner Form, und sicherlich gab es weder Konföderierte noch Maschinen, und alle, die Zeuge der Ergebnisse gewesen waren, würden in der Gesellschaft, in der sie sich bewegten, frei erklären, dass, sofern ihre Ermittlungen es ihnen ermöglichten, sich eine Meinung zu bilden, die Phänomene, die in ihrer Gegenwart stattgefunden hatten, waren nicht das Ergebnis einer Taschenspielertrickserei. Dieser Vorschlag wurde von allen Anwesenden umgehend angenommen.

„Manche Leute denken, dass das Erfordernis der Dunkelheit auf Betrug schließen lässt. Ist eine dunkle Kammer im Prozess der Fotografie nicht unerlässlich? Und was würden wir ihm antworten, der sagen würde: „Ich glaube, Fotografie ist ein Humbug – machen Sie alles im Licht, und wir werden das Gegenteil glauben"? Es ist wahr, dass wir wissen, warum Dunkelheit für die Entstehung der Sonnenbilder notwendig ist; und wenn Wissenschaftler diese Phänomene einer Analyse unterziehen, werden wir herausfinden, warum Dunkelheit für solche Manifestationen wesentlich ist. Es ist ein Thema, das wissenschaftliche Männer nicht mit Verachtung behandeln dürfen. – Ich bin usw.

„Dion Boucicault."

Richard Francis Burton, bedeutender englischer Reisender, Autor und Übersetzer von „*Tausendundeine Nacht*", schrieb an Dr. Ferguson, Dozent und Manager der Davenport Brothers:

„Ich habe einen großen Teil meines Lebens in orientalischen Ländern verbracht und dort viele Zauberer gesehen . Wenn mich irgendetwas zu diesem gewaltigen Sprung „von der Materie zum Geist" veranlassen würde, dann ist es die völlige und völlige Unvernunft der Gründe, durch die die „Manifestationen" erklärt werden."

Nicht nur in England ließen sich fähige Männer völlig von der Leistung der Davenports täuschen. Auch die Franzosen beeilten sich, nachdem sie die Ausstellung gesehen hatten, ihre positive Meinung schriftlich niederzulegen. Hamilton, ein bekannter Experte in der Kunst des Taschenspiels und Schwiegersohn von Robert Houdin, dem berühmten Zauberer, schrieb:

„Die Herren. Davenport, – Gestern hatte ich das Vergnügen, bei der Séance dabei zu sein, die Sie gegeben haben, und ich bin davon überzeugt, dass Eifersucht allein der Grund für den Aufschrei gegen Sie war. Die dabei entstandenen Phänomene übertrafen meine Erwartungen und Ihre Experimente waren für mich von großem Interesse. Ich halte es für meine Pflicht, hinzuzufügen, dass diese Phänomene unerklärlich sind, und zwar umso mehr für solche Personen, die glaubten, Ihr angebliches Geheimnis erraten zu können, und die tatsächlich weit davon entfernt sind, die Wahrheit zu entdecken.

„Hamilton."

M. Rhys, Hersteller von Beschwörungsgeräten und selbst Erfinder von Tricks, schrieb an die Davenports:

„... Ich bin ziemlich erstaunt von einer Ihrer Séancen zurückgekehrt. Da ich eine Person bin, die sich viele Jahre lang mit der Herstellung von Instrumenten für Taschenspieldarbietungen beschäftigt, wird meine Aussage, die ich unter gebührender Berücksichtigung der Treue und geleitet von dem Wissen, das mir durch langjährige Erfahrung vermittelt wurde, abgegeben habe, für Sie, wie ich vertraue, von gewissem Wert sein. ... Mir wurde erlaubt, Ihr Kabinett und Ihre Instrumente ... mit größter Sorgfalt zu untersuchen, konnte aber nichts finden, was einen berechtigten Verdacht rechtfertigen könnte. Von diesem Moment an hatte ich das Gefühl, dass die Unterstellungen, die über Sie gemacht wurden, falsch und böswillig waren."

Dies sind nur einige der unzähligen Fälle, in denen Männer mit Bildung, Wissen und Erfahrung von der Leistung der Davenport Brothers getäuscht wurden, so wie es Männer heute mit meinen Vorträgen tun und wenn der Leser das Geständnis von Ira Erastus berücksichtigt Davenport 33 zu mir im Jahr 1909 und die Tatsache, dass er mir seine vollständige Methode zur Manipulation von Séancen beigebracht hat, kann er sich dann eine Vorstellung davon machen, inwieweit die intelligentesten Geister durch das, was ihnen als Phänomen erscheint, aber für mich, in die Irre geführt werden können , bloße Probleme, die einer klaren Erklärung zugänglich sind.

KAPITEL III
DANIEL DUNGLAS HOME

NACH den ersten Séancen der „Fox Sisters" im Jahr 1848 schossen im ganzen Land Medien wie Pilze aus dem Boden, aber von dieser Schar gab es nicht mehr als ein Dutzend, deren Arbeit trotz wiederholter Enthüllungen immer noch als Beweis angeführt wird des Spiritualismus, und deren Namen einen festen Platz im Zusammenhang mit seiner Entwicklung und Geschichte gefunden haben. Einer der auffälligsten und am meisten gelobten seiner Art und Generation war Daniel Dunglas Home. Er war der Vorläufer der Medien, deren Stärke darin besteht, die Leichtgläubigkeit des Subjekts zu verfälschen. Ein neues und fruchtbares Feld wurde eröffnet, und von dieser Zeit bis zum heutigen Tag gab es zahlreiche Fälle, in denen Medien als direkte Folge der Anwendung seiner Methoden in die Fänge des Gesetzes gerieten, aber Home hatte Eigenschaften, die es in vielen Fällen weit zu bewahren galt ihn aus der Klemme. Äußerlich ein liebenswerter Charakter mit einer magnetischen Persönlichkeit und einer großen Vorliebe für Kinder; höflich, fesselnd bis zum letzten Grad, eine gute Kommode, die gern Schmuck zur Schau stellt; Mit einem Anschein von schlechter Gesundheit, der Sympathie hervorrief, und mit einer Annahme von Frömmigkeit und Hingabe an etablierte Formen religiöser Verehrung kam er problemlos zurecht und fand Gunst bei vielen, die ihn unter anderen Umständen verschmäht hätten, und das auch, so seltsam es auch sein mag scheint trotz hartnäckiger *Gerüchte* über Unmoral in seinem Privatleben.

Home trug dazu bei, seinen Ruf aufzubauen, indem er für seine medialen Dienste keine Gebühren verlangte. Die Behauptung, er habe für seine Sitzungen keine Gebühren angenommen, mag ganz richtig sein oder auch nicht, Tatsache bleibt jedoch, dass die Geister gut zu ihm waren und reichlich und üppig für seine zeitlichen Bedürfnisse sorgten und er von der Gabe seiner Gaben lebte Spiritualistische Freunde, die miteinander zu konkurrieren schienen, wenn es darum ging, ihn über längere Zeiträume in ihren Häusern zu beherbergen und ihn mit Geschenken zu überhäufen, eine Praxis, die in Amerika begann und in England und auf dem Kontinent in einem Ausmaß fortgesetzt wurde, das ein Leben in positivem Luxus ermöglichte.

Es wird deutlich darauf hingewiesen, dass die Geschenke, die Home erhielt, in vielen Fällen von den *Geistern vorgeschlagen* wurden, die er anrief, und sein Geistführer scheint immer ein scharfes Auge auf sein Bedürfnis nach irdischer Nahrung gehabt zu haben, sogar bis zu dem Punkt, dass er seine Person zufriedenstellend mit Schmuck schmückte. Dies geschah immer , wenn es nötig war, und da er persönlich nicht dafür verantwortlich gemacht werden konnte, was böse Geister tun könnten, und da sie bei der Auswahl der

Opfer ein gutes Urteilsvermögen an den Tag legten, wurde nichts darüber gesagt und er entging dem Gefängnisschicksal von Ann O'Delia Diss Debar.

Sein frühes Leben verbrachte er in Connecticut, aber ob im Haus seiner Tante in Waterford oder bei seiner Mutter im zwölf Meilen entfernten Norwich, ist eine Frage, aber sicher ist, dass er nach dem Tod seiner Mutter zu der Tante ging. Das war, als er siebzehn war, zwei Jahre nachdem die „Fox Sisters" ihre Karriere im Staat New York begonnen hatten. Wie viel er von ihnen gehört hatte, ist ungewiss, daran besteht kein Zweifel, und es ist nicht verwunderlich, dass ein junger Mann mit seinen Eigenschaften sie nachahmen möchte. Auch seine Mutter hatte den Ruf, über das sogenannte „zweite Gesicht" zu verfügen, und möglicherweise hatte er Eigenschaften geerbt, die dazu beitrugen, das Leben als Medium für ihn attraktiv erscheinen zu lassen. Jedenfalls erprobte er seine medialen Kräfte mit der Unterstützung des Geistes seiner Mutter in den Häusern der Nachbarn mit solchem Erfolg, dass er schon bald seiner Tante verkündete, dass er sich als *professioneller Spiritualist* niederlassen wollte . Die Dame, eine gläubige Trinitarierin, war so schockiert und verstört, erzählt er uns, dass sie „in ihrer unkontrollierbaren Wut einen Stuhl ergriff und ihn nach mir warf". Doch so sehr ihr die Idee, dass der junge Mann ein Medium werden könnte, auch missfiel, erregten seine Auftritte bald so viel Aufmerksamkeit, dass sie sich damit abfinden konnte, dass er ihr Zuhause in Norwich verließ, um nach Willimantic, Connecticut, zu gehen, wo er seine lebenslange Lebensgewohnheit begann die Fülle an Freunden und Betrügern. Seine ersten Heldentaten waren von der einfachsten Art, wie sie zum Repertoire jedes umherziehenden Nebenschauspielers gehören, aber sein Erfolg scheint sofort eingetreten zu sein. Ein Grund dafür war, dass Home, obwohl die Medien als Klasse ein fauler Haufen waren, ein unermüdlicher Arbeiter und ein unerschütterlicher Egoist war und seine persönlichen Qualitäten viel dazu beitrugen, Misstrauen zu entkräften und Vertrauen in die Köpfe seiner Betrüger zu erwecken.

Wo er seine frühe Ausbildung erhielt, erscheint nicht, aber die Aufzeichnungen sind voller Hinweise auf eine beträchtliche Intellektualität. Er behauptete, in New York Medizin studiert und einen Abschluss gemacht zu haben, praktizierte jedoch nie. In seinen späteren Jahren richtete er ein Atelier in Italien ein [34] und widmete sich zwischen Séancen der Bildhauerei und „verkaufte Büsten zu Preisen, die in keinem Verhältnis zu ihren künstlerischen Werten standen". Er studierte auch Sprechkunst und soll viele erfolgreiche Vorträge gehalten haben. [35] Ihm wurde auch das Verdienst zuteil, ein ziemlicher Musiker zu sein und mehrere Instrumente zu spielen, was teilweise seinen Akkordeon-Trick erklärt. Trotz alledem war er ein bedeutender Linguist und konnte zuletzt die meisten modernen Sprachen sprechen. Er war der Autor von zwei prätentiösen Büchern [36], deren Hauptzweck offenbar darin bestand, den Eindruck zu erwecken, dass *Home*, *während alle anderen Medien zeitweise betrügten, bei allen Gelegenheiten strikt ehrlich war* , und als Beweis wurde gesagt, dass er nie bloßgestellt und nie empfangen wurde ein Honorar für seine Sitzungen. Dennoch wurde ihm vor Gericht ein Betrugsvorwurf nachgewiesen. 37 Es mag wahr sein oder auch nicht, dass er nie vollständig entlarvt wurde, aber viele seiner Manifestationen erwiesen sich als betrügerisch und jede einzelne davon kann von modernen Zauberern unter den gleichen Bedingungen nachgeahmt werden. Der Hauptgrund dafür, dass er nie *vollständig* entlarvt wurde, war, dass er keine öffentlichen Sitzungen gab und immer als Gast der Familie auftrat, in der er lebte, und wie ein Schriftsteller es ausdrückte: „Man würde genauso wenig daran denken, den Gast seines Gastgebers zu kritisieren wie er." der Wein seines Gastgebers.

Einmal nahm Robert Browning, der Dichter, an einer von Homes Séancen teil. Er war etwas beunruhigt über das Interesse seiner Frau am Spiritualismus, und als sich ein Gesicht materialisierte, das angeblich das eines Sohnes war, der im Säuglingsalter gestorben war, ergriff Browning den angeblich materialisierten Kopf und entdeckte, dass es sich um den nackten Fuß von Mr. Home *handelte*. Browning hatte übrigens noch nie einen kleinen Sohn verloren. Der noch lebende Sohn, R. Barrett Browning, schrieb in einem Brief an die London *Times* vom 5. Dezember 1902 über diesen Vorfall: „Home wurde bei einem vulgären Betrug entdeckt." Im selben Brief erzählt er von der Veränderung des Glaubens seiner Mutter, nachdem sie von einem „ *vertrauten Freund* " getäuscht worden war, und seine Schlussworte waren: „Der Schmerz der Enttäuschung war groß, aber ihre Augen wurden geöffnet und sie sah klar."

seiner Jugend und Unerfahrenheit gelang es ihm, viele prominente Persönlichkeiten von der Echtheit seiner Phänomene zu überzeugen, darunter Männer wie Richter Edmonds, William Cullen Bryant und Bischof Clarke von Rhode Island. Im Frühjahr 1855 sammelte ein Bewundererkomitee einen ausreichenden Geldbetrag, um ihn nach England zu schicken und dort ein angenehmes Leben zu führen. Er trug ein Empfehlungsschreiben an einen Mann mit wissenschaftlichem Geschmack namens Cox bei sich, der Eigentümer von Cox's Hotel in der Jermyn Street war und durch dessen Einfluss er Treffen mit Lord Brougham, Sir David Brewster und Robert Owen arrangieren konnte , T. A. Trollope, Sir E. Bulwer Lytton und andere ebenso prominente Personen.

Nach nur ein paar Monaten Aufenthalt in England ging Home nach Italien, angeblich aus gesundheitlichen Gründen, und lebte die nächsten vier Jahre auf dem Kontinent, reiste von Ort zu Ort, lebte in Luxus und wurde fast ständig in den Häusern von „ „Freunde", bei denen es sich in fast allen Fällen um angesehene und wohlhabende Personen handelte. Es scheint ihm kaum Schwierigkeiten bereitet zu haben, dem Königshaus und dem Adel auf intime Weise zu begegnen, zu seinen Gönnern gehörten sogar der Kaiser und die Kaiserin von Frankreich sowie der Zar von Russland. Von dieser Kundschaft erhielt er viele und wertvolle Geschenke. Am russischen Hof mit seiner Neigung zum Okkultismus wurde er besonders willkommen geheißen und lebte wochenlang im Palast des Zaren, ähnlich wie bei den ähnlichen Karrieren von Washington Irving Bishop, Mons. Phillipi und Rasputin. Während seines Aufenthalts in Russland lernte er eine schöne junge Dame von Rang kennen und heiratete sie mit Zustimmung des Zaren. 39

Zuhause hatte zu dieser Zeit bereits begonnen, jene Vorliebe für Edelsteine zu zeigen, die schließlich so ausgeprägt wurde, dass ein englischer Schriftsteller einige Jahre später in seiner Beschreibung über ihn sagte:

„Aber das herausragende Merkmal des Mannes waren schließlich seine Juwelen. Am Mittelfinger der linken Hand trug er einen riesigen Solitär, der bei jeder Bewegung kaiserlichen Glanz erstrahlen ließ; darüber ein Saphir von enormer Größe; Auf der anderen Seite befanden sich ein großer gelber Diamant und ein prächtiger Rubin in Brillantfassungen."

Aber das waren noch nicht alle, denn der Autor fügt eine Liste weiterer Exemplare aus Homes Besitz hinzu, um die jede Frau eines Multimillionärs leicht neidisch werden würde. Angesichts dieser Vorliebe für Juwelen ist ein Vorfall interessant, der sich kurz vor Homes Verlassen des russischen Hofes ereignete. Die Geschichte wurde mir von Stuart Cumberland erzählt. Ich habe gehört, wie er es anderen wiederholt hat, und er erzählt es auch in seinem Buch „That Other World", aus dem ich zitiere.

„Während seines Aufenthalts in Petrograd – so versicherte mir zumindest ein berühmter Diplomat, als ich dort war – vollbrachte Home vor dem Gericht eine Entmaterialisierungsleistung, die ihn, wenn er nicht in hohen Positionen genossen worden wäre, möglicherweise geschmälert hätte Freiheit für eine gewisse Zeit.

„Er hatte eine prächtige Reihe Smaragde entmaterialisiert, die er den „lieben Geistern" zum Zweck der Prüfung geliehen hatte; Doch bis zu seinem Abschied von der Séance hatten sich die Smaragde aus irgendeinem okkulten Grund geweigert, zum Vorschein zu kommen und dem vertrauensvollen Besitzer zurückgegeben zu werden. Sie befanden sich natürlich im Geisterland und erregten die Aufmerksamkeit der Gespenster, die offenbar eine Vorliebe für wertvolle Juwelen hatten. Aber der Polizeichef hatte nicht den Glauben an geistliche Rechtschaffenheit, der am Hofe allgemein akzeptiert wurde, und bevor er den Palast verließ, wurde Home durchsucht, und – so kam mir die Geschichte – wurden die entmaterialisierten Smaragde gefunden, die sich in seiner Rocktasche materialisierten. Sie waren natürlich von einem bösen Geist dorthin gebracht worden, aber der Polizeichef machte dem Medium klar, dass das Klima in der russischen Hauptstadt möglicherweise nicht gut für seine Gesundheit sei – dass eine frühe Abreise ihr wahrscheinlich zugute kommen würde. Home verstand den Hinweis und seinen frühen Abgang. Ich glaube, er hat bis zu seinem Tod die Einmischung des bösen Geistes (oder der Polizei) bereut. Es wäre viel zufriedenstellender gewesen, wenn die Juwelen entmaterialisiert im Geisterland geblieben wären und nach Belieben und ohne störende Polizei materialisiert worden wären, denn sie, die Juwelen, waren von großem irdischen Wert."

DANIEL DUNGLAS ZUHAUSE

Das Jahr 1859 kehrte nach England zurück und markierte den Beginn der Zeit seines größten Erfolgs. Nur wenige Jahre später wagte er sein größtes finanzielles Unterfangen. Er hatte sich in der Sloane Street in London als Sekretär des sogenannten „Spirituellen Athenæums" etabliert. Eines Tages, Ende 1866, kam eine Witwe namens Jane Lyon zu ihm, die unbedingt seiner Gesellschaft beitreten wollte. Sie war fünfundsiebzig Jahre alt und ihr Mann hatte ihr nicht nur selbst Vermögen, sondern auch reichlich Vermögen hinterlassen. Bevor sie Home besuchte, hatte sie sein Buch gelesen, daran geglaubt und darüber hinaus eine Reihe ungewöhnlicher Träume gehabt. Das Medium hatte keine Schwierigkeiten, einen Weg zu finden, ihr den Beitritt zum Athenæum zu ermöglichen , und sie erzählte, dass der Geist ihres Mannes später bei diesem ersten Treffen „durch Home mit ihr kommuniziert und ihr Taschentuch geknotet" habe. Nur kommt nicht alles zum Vorschein, was der Geist ihres Mannes ihr bei diesem Interview sagte, aber es reichte aus, um sie davon zu überzeugen, ihm 24.000 Pfund zu geben. Die Geister interessierten sich sehr für Mrs. Lyons Angelegenheiten und im November verbrannte Home auf ihre Anweisung hin ihr Testament und gab ihm bald weitere sechstausend Pfund.

Die Zuneigung zwischen der 75-jährigen Witwe und der 33-jährigen Frau wuchs immer stärker, und schon bald schlug ihr der Geist ihres Mannes vor, Home als ihren Sohn zu adoptieren, „denn er würde ihr ein großer Trost sein". Der Vorschlag wurde sofort umgesetzt und das Medium begann, sich Daniel Home Lyon zu nennen. Der Geist vergaß auch nicht die Bedürfnisse eines Sohnes, was nahelegte, dass ein Taschengeld von siebenhundert Pfund pro Jahr ungefähr richtig wäre. Im Januar (1867) übertrug Frau Lyon Home eine Hypothek in Höhe von dreißigtausend Pfund und behielt sich lediglich die Zinsen als Rente vor. Erst einen Monat später machte sie sich Sorgen und konsultierte einen Anwalt, der ihr versicherte, dass man ihr aufgedrängt worden sei, aber sie war erst überzeugt, als sie die Geister durch ein zwölfjähriges Mädchen, die Tochter eines Blumenmediums mit Namen, befragt hatte von Murray. Wie dieses Mädchen berichtete, schienen sogar die Geister zu glauben, dass Frau Lyon um sechzigtausend Pfund geraubt worden sei, und forderte dementsprechend die Rückgabe von Home. Er ignorierte die Forderung, bot aber an, die Hypothek zurückzuzahlen, wenn sie ihm den unbestrittenen Besitz der ersten dreißigtausend Pfund überlassen und ihm gestatten würde, den Namen Lyon fallen zu lassen. Sie würde damit nicht einverstanden sein. Home wurde festgenommen und ein Verfahren auf Wiedergutmachung eingeleitet. Der Rechtsstreit war langwierig und endete schließlich im Mai 1868 mit einem Urteil zugunsten von Frau Lyon. Das Gericht entschied, dass die Übertragung von Geld und Urkunde durch *Betrug* erfolgt sei und daher nichtig sei. In seinen Schlussbemerkungen bezog sich der Vizekanzler auf Frau Lyon als eine alte Dame mit einem Geist, der „ *von Wahnvorstellungen erfüllt* " sei, und charakterisierte den Spiritualismus den Beweisen zufolge als „ein System schelmischen Unsinns, das gut geeignet ist, die Eitelen und Schwachen zu täuschen". , die Dummen und die Abergläubischen." 40

Ungeachtet dessen setzte Home seine mediale Tätigkeit fort und hielt zwischen 1870 und 1872 mehrere Sitzungen mit Sir William Crookes ab, 41 der so beeindruckt war, dass er ihn als „einen der liebenswertesten Männer –

dessen vollkommene Echtheit über jeden Verdacht erhaben war" bezeichnete Meinung, die in auffallendem Gegensatz zum Urteil im Fall von Frau Lyon steht, die aber zeigt, wie gründlich und leicht die Anhänger des Spiritualismus getäuscht und in die Irre geführt werden. *Kein* Medium ist *jemals* dem Verdacht der Gläubigen ausgesetzt, und die Aussage von Sir William Crookes bestärkt den Glauben, dass selbst Wissenschaftler nicht immer vor dem Einfluss persönlicher *Anziehungskraft gefeit sind*. Er wird auch mit den Worten zitiert:

„Was die Betrugstheorie angeht, ist es offensichtlich, dass diese Theorie nur einen sehr kleinen Teil der beobachteten Fakten erklären kann. Ich bin bereit zuzugeben, dass einige sogenannte Medien, von denen die Öffentlichkeit viel gehört hat, arrogante Betrüger sind, die die öffentliche Nachfrage nach spiritueller Begeisterung ausgenutzt haben, um ihre Geldbörsen mit leicht verdienten Guineen zu füllen; *während andere, die kein finanzielles Motiv für Betrug haben, scheinbar nur aus dem Wunsch nach Bekanntheit in Versuchung geraten, zu betrügen*."

also, dass sogar Professor Crookes, während er das sogenannte echte Medium verteidigt, im gleichen Atemzug zugibt, dass es betrügerische Praktiker gibt.

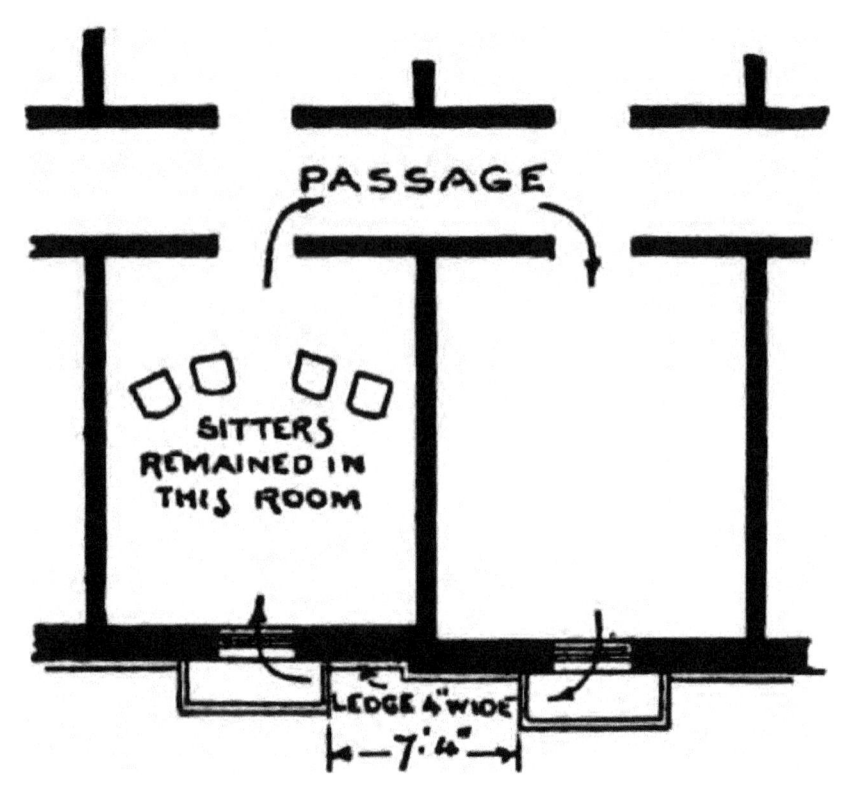

Diagramm, das die Anordnung von Räumen, Fenstern usw. zeigt, in denen das angebliche Kunststück des Hauses, sich zu schweben, stattgefunden hat.

Home erlangte große Berühmtheit für ungewöhnliche Phänomene durch seine angeblichen Levitationshandlungen, bei denen er von dem Stuhl, auf dem er saß, in eine horizontale Position rutschte, dann darum bat, den Stuhl entfernen zu lassen, da er ihn nicht stützte, und dann darunter „schwebte". ein Tisch und eine Rückenlehne, aber sein Meisterwerk, der am häufigsten erwähnte Vorfall, bestand darin, mit den Füßen voran aus einem Fenster zu segeln und in ein anderes, sieben Fuß und vier Zoll entferntes Fenster zu segeln, wobei er mit den Füßen voran in einem angrenzenden Raum landete, wo er „sich hinsetzte". " Lord Adare, ein Beobachter, drückte seine Überraschung darüber aus, dass er durch eine Öffnung von nur 18 Zoll hätte getragen werden können, woraufhin „Home, immer noch entzückt, sagte: ‚Ich werde es dir zeigen', und dann beugte er sich mit dem Rücken zum Fenster vor und *war schoss zuerst mit dem Kopf und mit starrem Körper aus der Öffnung und kehrte dann ganz leise zurück*. 42, 43

Auf diese Weise wurde die Geschichte immer wieder von spiritistischen Schriftstellern und Rednern erzählt und wird bis heute von Sir Arthur Conan Doyle mit so viel Ernsthaftigkeit erzählt, als wäre er Augenzeuge des Ereignisses im grellen Glanz eines Mittags gewesen. Tagessonne.

„Als DD diesen ‚Homerun'" um die Außenseite seines Hauses machte, schien es ihm eher um einen Höhenrekord als um einen Geschwindigkeitsrekord gegangen zu sein, da die drei zuverlässigen (?) Zeugen darin übereinstimmen, dass sich die Fenster, durch die er schwebte, in der Höhe befanden im dritten Stock und entweder sechzig oder achtzig Fuß über dem Boden. Dies würde die Höhe jedes Stockwerks auf 27 bis 27 Fuß erhöhen, doch *hohe Stockwerke* scheinen bei diesen bemerkenswert aufmerksamen Herren eine Spezialität gewesen zu sein.

Im Jahr 1920 machte ich Pläne, dieses Fensterkunststück unter den gleichen Bedingungen wie zu Hause zu wiederholen, und der verstorbene Stuart Cumberland forderte die Spiritualisten offen heraus, dass ich bereit sei, mich einer solchen Prüfung zu unterziehen, aber bevor ich Europa verließ, erhielt ich keine Antwort. Folglich möchte ich zugeben, dass ich in der Lage bin, die gleichen Phänomene (?) auszuführen, vorausgesetzt, dass mir die gleichen Bedingungen und der gleiche Umfang gegeben werden wie bei Home. Ich glaube, dass diejenigen, die das Kunststück miterlebten, es aufrichtig glaubten, aber dass es eine Illusion war und dass sie von Home getäuscht wurden, denn der Geist des Durchschnittsmenschen akzeptiert, was er sieht, und ist nicht bereit, die Gesetze der Physik anzuwenden. egal wie sehr oder wie offensichtlich die Tat den Grundprinzipien widerspricht, von denen unsere Existenz abhängt.

Die Jahre zwischen 1859 und 1872 waren die Jahre des größten Erfolgs von Home. Gegen Ende dieser Zeit ließ seine Popularität jedoch nach und nachdem er zum zweiten Mal eine Dame des russischen Adels geheiratet hatte, gab er die Ausübung seines Berufs auf, brach mit fast allen seinen früheren Freunden und kehrte auf den Kontinent zurück, wo er widmete einen Großteil seiner Zeit dem Schreiben. Er starb 1886 und ist in St. Germain - en - Laye begraben.

Seine aktive Karriere, seine verschiedenen Eskapaden und die direkte Ursache seines Todes44 weisen darauf hin, dass er das Leben eines Heuchlers der tiefsten Linie führte. Wie seltsam, dass diese inspirierten Agenten von „Summerland", diese menschlichen Überbringer von Botschaften, diese Trittsteine ins Jenseits, größtenteils moralische Perverse sind, deren Lieblingsverteidigung die Behauptung ist, dass sie vom Bösen zu solchen Taten gezwungen werden Geister, die von ihnen Besitz ergreifen.

KAPITEL IV
PALLADINO

EUSAPIA PALLADINO, eine Italienerin, hat die erfolgreiche Täuschung von mehr philosophischen und wissenschaftlichen Männern als jedes andere bekannte Medium zu verdanken und wird von einigen als die berühmteste von allen angesehen, ungeachtet der Tatsache, dass sie offenbar nicht den Anspruch erhoben hat, etwas zu produzieren die Klasse von Wundern, die D. D. Home und viele andere behaupten. Auf die Materialisierung griff sie nur selten zurück, und in ihrem Programm von 1892 bis zu ihrem Tod im Jahr 1918 gab es nur sehr wenig Abwechslung. Offenbar begnügte sie sich damit, forschende Wissenschaftler mit dem Schweben und Drehen unbelebter Dinge in Erstaunen zu versetzen. 45

Palladino wurde in einem neapolitanischen Viertel armer Bauern geboren, das starb, als sie noch ein Kind war. Von Natur aus klug, sogar schlau, scheint sich ihr Wahrnehmungsinstinkt schon früh im Leben entwickelt zu haben und während ihrer gesamten Karriere anzuhalten, obwohl sie keine Ausbildung hatte und bis zum Ende kaum lesen oder schreiben konnte.

, als sie gerade einmal dreizehn Jahre alt war (1867) und im Dienst eines Akrobaten oder *Zauberkünstlers* stand, von dem sie ein gewisses Maß an Geschick und Wissen über das Unheimliche erworben haben muss, das ihr möglicherweise innewohnt gepaart mit dem wunderbaren Erfolg, den Home erzielte, und ihr schneller Verstand könnten Visionen eines Wandels von Armut zu jenem Wohlstand eröffnet haben, in dem sie die Belohnung des professionellen Phänomenproduzenten sah, denn sie begann ihre spirituelle Arbeit unmittelbar nach seinen erfolgreichen Operationen in Italien, das trotz des päpstlichen Widerstands dazu diente, den Spiritualismus zu verbreiten. Ihre Rolle muss gut erlernt und ihre Pläne sorgfältig ausgearbeitet worden sein, bevor sie ihr Debüt als vollwertiges Medium gab, denn es gelang ihr von Anfang an, kluge Männer der Wissenschaft zu verblüffen, und obwohl sie als Frau eines kleinen Ladenbesitzers sehr arm war , sie wurde innerhalb von zwanzig Jahren reich, nachdem sie mediale Arbeit aufgenommen hatte.

Sie erregte erst etwa 1880 die Aufmerksamkeit der Öffentlichkeit, als Professor Chiaia , der ihr viel Aufmerksamkeit geschenkt hatte, ohne ihre Methoden zu bemerken, Professor Lombroso, damals der bedeutendste Wissenschaftler Italiens, aufforderte, sie zu untersuchen. Professor Lombroso tat dies, konnte jedoch keine betrügerischen Arbeiten feststellen, obwohl sich seine Entscheidung so lange verzögerte, dass man, als sie schließlich gefällt wurde, behauptete, seine Mentalität sei erheblich geschwächt. 47

Im Jahr 1892 hatte Palladino begonnen, die Aufmerksamkeit von Wissenschaftlern in verschiedenen italienischen Städten auf sich zu ziehen und war auch einigen englischen Spiritualisten aufgefallen, doch erst 1894 ging sie nach Frankreich. Diese Reise wurde durch den Einfluss von Professor Richet zustande gebracht, und Sir Oliver Lodge, Professor Sidgwick und Mr. Myers nahmen an der Veranstaltung teil. Als Lodge und Myers nach England zurückkehrten, weckten sie ihr Interesse an Palladino, indem sie berichteten, dass ihre Phänomene echt seien.

Die erste Enthüllung von Palladino erfolgte 1895 durch Dr. Richard Hodgson. Ein Komitee der English Society for Psychical Research, bestehend aus Hereward Carrington, Hon. Everard Feilding und Wortly W. Baggally, die eine Reihe von Probesitzungen mit Palladino in Italien abgehalten hatten, brachten sie zu einem erneuten Probetraining nach England, und es fand eine weitere Reihe von Sitzungen statt. Schon zu Beginn der Serie wurden verdächtige Bewegungen des Mediums beobachtet. Später schloss sich Dr. Hodgson dem Kreis an und konnte schlüssig zeigen, dass sie durch geschickte Manipulation – reine List – eine Hand freibekam und damit die beobachteten Bewegungen ausführte.

Ihre Methode 48 bestand darin, zunächst zuzulassen, dass eine Hand von der Dargestellten an ihrer Seite (z. B. links) fest gehalten wird und dass die Finger ihrer anderen Hand (rechts) auf denen der Dargestellten rechts von ihr ruhen. Im Laufe einiger schneller, krampfhafter Bewegungen brachte sie die Hände der Dargestellten so nah zusammen, dass eine ihrer eigenen für zwei dienen konnte, indem sie von einem Dargestellten gehalten wurde, während ihre Finger auf der Hand des anderen Dargestellten ruhten, so dass sie (49) zurückblieb (Palladinos) rechte Hand frei, um die gewünschten „Phänomene" hervorzurufen, woraufhin sie wieder in ihre ursprüngliche Position gebracht wurde. Andere ebenso unehrliche Vorgänge wurden beobachtet oder gefolgert.

Alle diese Männer waren erfahrene Séance-Beobachter 50 , aber der Bericht über ihre Schlussfolgerungen zeigt, wie leicht solche Experten durch genau die Tricks getäuscht wurden, die sich später von der New Yorker Zweigstelle der Society for Psychical Research als betrügerisch erwiesen. Die Berichte von Herrn Feilding waren von den dreien die am wenigsten positiven und zeigen, dass bei der Beobachtung der besten Phänomene die Kontrolle nicht vollständig war und dass die stenografischen Notizen mangelhaft waren, und wenn sie am Tag nach der Sitzung gelesen wurden, schienen sie im Vergleich zu einer Erinnerung schwach zu sein der Manifestationen. Dass die Abschlussberichte größtenteils auf diesen Erinnerungen basierten, zeigt die Aussage von Herrn Feilding:

„Wir wurden von unserer vorgeschlagenen farblosen Haltung zu einer fast missionarischen Bekräftigung gezwungen."

Als Palladino 1908 nach Amerika kam, begann sie weltberühmt zu werden und ihr Ruf etablierte sich; Sie war eine kluge Frau mit großer Erfahrung in der Kunst der Irreführung und verfügte über eine bequeme Ausflucht unnachgiebiger Geistführer, wenn ihre eigenen Ressourcen wegen eines übereifrigen Beobachters erschöpft waren. Über zwanzig Jahre lang war sie der Entdeckung entgangen, weil sie die Bedingungen festgelegt hatte, unter denen Tests durchgeführt wurden, und diese daher als wissenschaftliche Untersuchungen lediglich Farcen waren . Aber in New York wurden Bedingungen eingeführt, die sie aus dem einfachen Grund nicht billigte, weil sie nicht wusste, dass sie existierten. Ein weiterer Unterschied bestand darin, dass in New York eine Reihe von Proben abgehalten wurden und jeder Ermittler einem speziellen Teil der Arbeit zugewiesen wurde, um so dem alten Trick vorzubeugen, die Aufmerksamkeit von dem Ort abzulenken, an dem sich plötzlich eine Manifestation entwickelte. Das Ergebnis war Palladinos Untergang.

Bei ihrer Ankunft in New York interessierte sich eine Gruppe von Columbia-Professoren für Palladino und arrangierte eine Reihe von zehn Testsitzungen zu 125 Dollar pro Sitzung. Acht der zehn Sitzungen hatten stattgefunden, und obwohl die Mehrheit der Professoren davon überzeugt war, dass sie betrog, konnten sie es nicht beweisen. Obwohl die Séancen im Geheimen von den Wissenschaftlern durchgeführt wurden, diskutierte einer von ihnen, Professor Dickinson S. Miller, Palladinos besten Trick, die Tischschwebebahn, mit einem Freund von mir, Mr. W. S. Davis, selbst ein ehemaliges Medium, dessen Séancen immer unten aufgeführt wurden Test-Bedingungen. Davis erklärte dem Professor nicht nur die wahrscheinlich von Palladino verwendete Methode, sondern demonstrierte sie auch mit dem Ergebnis, dass der Professor erklärte, dass eine vollständige Enthüllung Palladinos durchgeführt werden sollte, selbst wenn dies zehntausend Dollar kosten würde, und Davis einlud, bei der nächsten Sitzung mitzuhelfen Er gab offen zu, dass er und seine Mitarbeiter nicht in der Lage waren, ordnungsgemäße Ermittlungen einzuleiten.

Davis antwortete, dass Wissenschaftler nicht die Art von Männern seien, mit denen er zusammenarbeiten könne, aber wenn er ihm erlauben würde, ein paar „Flim-flam"-Männer mitzubringen, würde er helfen. Professor Miller stimmte dieser Vereinbarung zu, vorausgesetzt, die Männer wurden als Hochschulprofessoren abgestempelt, da sie andernfalls nicht zugelassen würden. Davis schickte daraufhin John W. Sargent, einen ehemaligen Präsidenten der Society of American Magicians und jahrelang meinen Privatsekretär. Er schickte auch einen anderen Zauberer, James L. Kellogg. Beide stimmten mit Davis überein, dass seine Theorie der Palladino-Methode richtig war. Professor Miller schlug dann vor, dass zur Vervollständigung der Entdeckung und zur Bestätigung aller Beobachtungen zwei weitere Personen ausgewählt werden sollten, die die Füße des Mediums beobachten sollten. Davis wählte dementsprechend Joseph F. Rinn aus , ein weiteres Mitglied der Magiergesellschaft , der bei verschiedenen Enthüllungen von Pseudomedien mitgewirkt hatte, und Professor Miller namens Warner C. Pyne , einen Studenten an der Columbia. Es wurde vereinbart, dass diese beiden bis zur Kopfbedeckung in Schwarz gekleidet und nach der Sitzung im Schutz der Dunkelheit in den Raum geschmuggelt werden sollten und sich unter den Stühlen und dem Tisch ausbreiten sollten, damit ihre Köpfe nahe genug an Palladinos Füßen waren um jede Bewegung zu erkennen. Ich bin meinem Freund Davis für die folgende Insider-Geschichte der Sitzung zu Dank verpflichtet, so wie er sie mir gegeben hat.

„Nach der Ankunft von Eusapia und Mr. Livingston und als beide den Séance-Raum betreten hatten, kamen Rinn und Pyne die Treppe hinunter und versteckten sich im Flur, wo sie auf ihr Zeichen warteten. Als wir uns vorgestellt wurden und nach dem üblichen Gespräch, sagte Eusapia , dass sie beginnen würde. Bevor sie Zeit hatte , ihre Controller auszuwählen, führte Professor Miller Kellogg und mich in die Positionen neben ihr. Sie nahm am schmalen Ende des Tisches Platz und lehnte sich mit dem Rücken dicht an die Schrankvorhänge. (Der Schrank wurde gebildet, indem Vorhänge von der Decke bis zum Boden angebracht wurden, die sich von einer Ecke des Raumes aus erstreckten.) Kellogg saß rechts von ihr und ich saß links von ihr. Eusapia saß dicht am Tisch und ihr schwarzes Kleid berührte die Tischbeine. Sie stellte ihren rechten Fuß auf den Spann von Kelloggs linkem Fuß und ihren linken Fuß auf meinen rechten Fuß, was ihre Garantie dafür war, dass ihre Füße bei der Entstehung der Phänomene keine Rolle spielen würden. Wir haben das Licht zu Beginn der Séance nicht reduziert.

„Der Rest der Gruppe, der um den Tisch saß, legte dann seine Hände auf die Tischoberfläche und bildete die bekannte Kette. Eusapia stampfte auf Kelloggs und meinen Fuß und fragte uns, ob die Kontrolle zufriedenstellend sei, was natürlich der Fall war. Dann zog Eusapia ihre eigenen Hände von unseren weg und bald waren leichte Klopfgeräusche zu hören. *Sie waren solche, die leicht und unmerklich durch Gleiten der Fingerspitzen über die Tischplatte erzeugt werden konnten.*

„Als nächstes wurden wir mit reaktionsschnellen Klopfern belohnt – sie krümmte ihre Hände und schlug ruckartig und krampfhaft mit ihren Fäusten in die Luft, als wir die leichten Geräusche auf dem Holz hörten. Die Ausstellung oben an Bord beanspruchte nicht unsere ganze Aufmerksamkeit. Jeder in der Gruppe interessierte sich für die Theorie, einen Fuß als Hebel zum Anheben des Tisches zu nutzen. Während sie mit ihrer geballten Faust in die Luft schlug, rutschte sie entsprechend mit den Füßen weg, bis wir den

Druck nur noch an den Zehenspitzen unserer Füße spürten, während zuvor der Druck auf den Spann gewirkt hatte. Kellogg und ich vermuteten beide, dass es ihr gelungen war, einen Fuß zu entfernen, und dass sie den anderen dazu zwang, für zwei zu dienen. Von da an bekamen wir heftigere Schläge, als ob sie mit dem Fuß gegen das Tischbein geschlagen hätte.

Eusapia mit der Seite ihres Schuhs auf das Tischbein schlug und so Schläge erzeugte, erreichte sie auch die genaue Position, in der ihr Fuß zum Schweben platziert werden sollte. Wenn sie den Tisch von einer Seite zur anderen schaukelte, brauchte sie nur ihre Fußspitze einen Zentimeter zu wechseln, wenn das linke Bein des Tisches darauf aufsetzen würde, dann musste sie nur noch ihre Fußspitze anheben, während die Ferse auf dem Boden blieb und es folgte entweder eine teilweise oder vollständige Levitation.

„Wir sahen zufrieden aus und Eusapia begann sich zu Hause zu fühlen. Mit einer kleinen Pause wurde das Schaukeln wieder aufgenommen und sie hielt es für sicher, die gesamte Levitation zu riskieren. Sie hielt Kelloggs linke Hand mit der rechten in die Luft und legte meine rechte Hand mit der Handfläche nach unten auf die Tischplatte, direkt über das linke Tischbein. Dann legte sie ihre linke Hand auf meine, wobei die Fingerspitzen etwas über meine Hand ragten und den Tisch berührten. Keine anderen Hände waren daran beteiligt. Dann, nach ein paar teilweisen Schwebebewegungen, hob sich der Tisch in die Luft, wobei jedes Bein den Boden berührte. Es war unsere erste vollständige Levitation. So schön wie alle anderen Aufnahmen und *präsentiert unter hellem Licht*."

Ich fragte Davis, woher er wusste, dass die Levitation betrügerisch war, und er antwortete:

„(1) Während der teilweisen Levitationen hob ich beiläufig meinen linken Fuß, ließ ihn über den rechten Fuß in Richtung Eusapia gleiten und konnte ihr linkes Bein nicht an der Stelle berühren, an der es hätte sein sollen. (2) Ihr schwarzes Kleid berührte das Tischbein und als sie plötzlich ihren Zeh darunter hervorzog, bewegte sich ihr Kleid entsprechend. (3) Durch den Aufprall, den der Tisch machte, als ihm seine eigentliche materielle Stütze entzogen wurde. (4) Durch die Tatsache, dass jeder Jongleur das Kunststück vollbringen kann, wenn er den „*Modus Operandi*" vollständig versteht, wenn auch vielleicht nicht mit der gleichen Fähigkeit. (5) Jeder Anwesende wusste, dass der Tisch oben von Eusapias Hand gehalten wurde, die auf meiner ruhte und sich wiederum über das Tischbein bewegte, vermutlich gehalten von Eusapias Zehe, die eine perfekte menschliche Klammer bildete. 51 (6) Was Rinn und Pyne uns nach der Séance erzählten. Sie sagten, dass sie von ihrer Position unter den Stühlen aus gesehen hätten, wie Eusapia ihren rechten Fuß auf Kelloggs linken und ihren linken Fuß auf meinen rechten setzte. Später sahen sie, wie sie mit ihren auf unsere Füße klopfte, während sie einige

Änderungen an der Position ihrer Füße vornahm. Sie sahen auch, wie sie ihren linken Fuß ein paar Mal wegschob, während ihr rechter umgedreht wurde, um meinen rechten Fuß zu bedecken, der zuvor unter ihrem linken Fuß gewesen war. Sie sahen deutlich, wie Eusapia mit der Seite ihres Fußes auf das Tischbein schlug, um die Schläge zu erzeugen, und sie sahen auch, wie sie ihren Zeh unter das Tischbein schob und den Tisch durch Hebelkraft nach oben drückte." 52

Während seiner Erzählung bat ich Davis, mir zu sagen, ob diese kluge Italienerin, die die Wissenschaftler der Welt getäuscht hatte, nicht misstrauisch war oder nicht spürte, dass sie in ihren Bewegungen überprüft wurde.

„Nein", antwortete er trocken, „einmal während der Séance forderte sie alle auf, aufzustehen. Zwei der Damen folgten in ihrer Unerfahrenheit dem Befehl. Wir hatten zwei Spione unter unseren Stühlen und da wir nicht wollten, dass sie sie sah, musste sofort etwas unternommen werden, also tat ich so, als hätte ich starke Krämpfe in meinen Beinen, und während der Dolmetscher Eusapia davon erzählte, stießen Sargent und Kellogg die Damen an, sich zu setzen nach unten und das Medium nahm dann wieder seinen Platz ein."

Ich werde den Leser nicht mit einer detaillierten Darstellung der Kabinettsphänomene bei dieser Séance bei gedämpftem Licht langweilen, aber es genügt zu sagen, dass Davis und Kellogg sie wie zuvor ausgetrickst haben und in der Lage waren, jede Manifestation zu erklären. Die gesamte Miller-Seance wurde wie geplant so sorgfältig durchgeführt, dass Palladino auf dem Weg zu ihrem Hotel anschließend der Columbia-Studentin, die für sie als Dolmetscherin fungiert hatte, erzählte, dass sie mit dem Abend sehr zufrieden war und dass die Séance eine der schönsten gewesen sei Erfolg der Serie. 54

Ich zitiere mit Genehmigung aus einem Brief, den mir Herr Davis mit Datum vom 22. Juni 1923 geschrieben hat:

„Rupert Hughes sagte vor einiger Zeit in einem Angriff auf den Spiritismus, dass positive Berichte über Palladino eine umfangreiche Literatur darstellten, und er hatte Recht. Die öffentlichen Bibliotheken sowohl in diesem Land als auch in Europa enthalten viele Bücher, in denen behauptet wird, es sei „*wissenschaftlich* nachgewiesen" worden, dass Eusapia eine gewisse okkulte Kraft besitzt.

„Vermutlich werden Generationen über Jahrhunderte hinweg von diesen Büchern beeinflusst sein. Sie dienen nur dazu, Aberglauben und Unwissenheit zu schüren, und es ist eine Schande, dass sie in Umlauf gebracht werden dürfen. Eusapia war eine der größten Mountebanken der Welt. Ihre Betrüger waren unsere besten Gelehrten – sie gehörten nicht zum Pöbel. Sie war der größte Betrüger, den der moderne Spiritismus hervorgebracht hat, und sie hat mehr Wissenschaftler getäuscht als jedes andere Medium. In dieser Hinsicht ist D. D. Home nicht mit ihr vergleichbar. Die *wichtige Lehre aus diesem Fall* ist, dass sogenannte „wissenschaftliche" Aussagen nahezu wertlos sind. Das ist eine wichtige pädagogische Tatsache und eine wertvolle Lektion für die breite Öffentlichkeit."

Herr Davis hat völlig recht mit seiner Einschätzung der Ernsthaftigkeit der möglichen Gefahr und des Schadens für das Lesepublikum durch die Auswirkungen der grob falsch eingesetzten Energie der prominenten Wissenschaftler, die Eusapia Palladino so uneingeschränkt als wahre Wundertäterin gepriesen haben, und der Gastgeber von spiritistischen Enthusiasten, die ihre veröffentlichten Aussagen wiederholt haben. Sogar Sir Arthur Conan Doyle lobt Home und Palladino uneingeschränkt als Schutzheilige seiner psychischen Religion (?). Er akzeptiert als Beweis die Tatsache, dass diese gelehrten Wissenschaftler ihr Waterloo erreichten, als sie versuchten, die einfachen Tricks von Betrügern zu ergründen, und wie alle anderen Spiritualisten weigert er sich, die positiven Beweise für die Täuschung zu akzeptieren, die von in der Wissenschaft der Magie geschulten Männern erbracht wurde, die zuweilen ist scheinbar ebenso unerklärlich wie die tiefergehenden Themen der Naturwissenschaften.

Der Leser sollte bedenken, dass *die Aufrichtigkeit von Herrn Davis* genauso groß ist wie die von Sir Arthur. *Aufrichtigkeit* ist Sir Arthurs starker Magnet und der Leser sollte der *Aufrichtigkeit* seines Gegners ebenso viel Bedeutung beimessen. Wir müssen auch die Tatsache berücksichtigen, dass Herr Davis einst selbst ein *Medium war* und viel Gelegenheit hatte, die Qualifikationen von Wissenschaftlern als okkulte Forscher zu beobachten. Wir müssen auch die Methoden zur Durchführung der Sitzungen beachten, bei denen so unterschiedliche Ergebnisse erzielt wurden. Diejenigen, die nur mit Wissenschaftlern als Beobachtern festgehalten wurden, standen unter der vollständigen Kontrolle des Mediums und alle seine Bedingungen wurden eingehalten, aber in New York ging es praktisch darum, Feuer mit Feuer zu bekämpfen. Es ist sprichwörtlich: „Es braucht einen Schurken, um einen Schurken zu fangen" – nur so ist ein Betrüger besser in der Lage, Fallen zu stellen, um Betrügereien aufzudecken, als der ernsthafte Wissenschaftler, der versucht, das Problem mithilfe von Mathematik oder Logik zu lösen. Im Erfolgsfall war der Einsatzplan bis ins kleinste Detail ausgearbeitet, jeder Teilnehmer bekam eine bestimmte Aufgabe zugeteilt und erledigte diese. Es wurden mehrere Proben abgehalten, damit jeder mit seiner Rolle vertraut war. Alle in früheren Sitzungen so strikt eingehaltenen Bedingungen wurden gewahrt und das Ergebnis war eine erfolgreiche Enthüllung.

EUSAPIA PALLADINO UND IHR SEANCE-TISCH

Als Carrington Palladino in dieses Land brachte, gab er bekannt, dass er dies im Interesse der „Wissenschaft" tat. Allerdings durfte die Öffentlichkeit nicht außer Acht gelassen werden, und so wurde die erste Sitzung vor Zeitungsleuten abgehalten. William A. Brady (der Theatermann) nahm den Ehrenplatz ein, was den Anschein erweckte, als hoffte Carrington auf ein Theatergeschäft als Nebenbeschäftigung zu den Séancen mit Wissenschaftlern für einhundertfünfundzwanzig Dollar pro Sitzung. Es ist auch bekannt, dass Carrington einen Vertrag mit einer populären Zeitschrift abschloss, der ihr das ausschließliche Recht einräumte, Berichte über die Séancen zu veröffentlichen, und natürlich sollte Carrington ein großzügiges Honorar erhalten haben. Aber Herr Davis versorgte die *New York Times* 1909 mit zwei Artikeln, in denen er Palladino aufsehenerregend angriff, woraufhin die Zeitschriftenleute ihren Vertrag mit Carrington mit der Begründung kündigten, Davis habe ihre Pläne „eingefroren". Daraufhin drohte Carrington der *Times mit einer Klage auf Schadensersatz in Höhe* von hunderttausend Dollar. Die Drohung wurde fallen gelassen, nachdem Palladino völlig entlarvt worden war und sie sich geweigert hatte, zum Times-Gebäude zu gehen und den von Rinn ausgelobten Preis von zweitausend Dollar zu gewinnen . In allen von Carrington durchgeführten Séancen war das Programm dasselbe und die Phänomene waren von genau demselben Charakter wie in der, die zu Palladinos vollständiger Entlarvung führte. Der Wert von Herrn Carringtons Meinung als Beweis lässt sich anhand von Auszügen aus einem Artikel im *McClure's Magazine* vom Oktober 1909 beurteilen. In diesem Artikel beantwortet er seine eigene Frage „Täuscht Eusapia ihre Ermittler?" indem man sagt:

„Nun, ich kenne den Geisteszustand, der durch ein oder zwei Sitzungen mit Eusapia hervorgerufen wird . Alle bisherigen Erfahrungen werden widerlegt, und der Geist ist nicht in der Lage, die Fakten zu begreifen oder sie als real zu akzeptieren. Es ist nicht in der Lage, sie aufzunehmen. Es bedarf mehrerer Sitzungen, bevor man von der Realität der Phänomene überzeugt ist und von der Tatsache, dass seine Beobachtung nicht falsch ist. Ich persönlich musste sechs Séancen beiwohnen, bevor ich unwiderruflich und endgültig von der Realität überzeugt war. Obwohl ich zuvor nicht in der Lage war, das, was ich sah, mit irgendeiner Betrugs- oder Tricktheorie zu erklären, und obwohl ich ganz sicher war, dass die Tatsachen nicht auf Halluzinationen zurückzuführen waren, konnte ich sie dennoch nicht glauben. Ich hatte das Gefühl, dass es irgendwo eine Lücke geben muss; und ich weiß, dass meine Kollegen genauso empfunden haben wie ich. Aber bei der sechsten Sitzung, als ich das Medium selbst so kontrollierte, dass ich ganz sicher war, wo sich ihr ganzer Körper befand, und als es darüber hinaus hell genug war, um die gesamten Umrisse ihres Körpers klar zu erkennen, – Als sich trotzdem überall um uns herum Phänomene in der verwirrendsten Weise und unter den vollkommensten Testbedingungen abspielten, hatte ich das Gefühl, dass es dazu nichts mehr zu sagen gab; Gewissheit war erreicht; und von der sechsten Sitzung an und für immer werde ich genauso sicher sein, dass diese Phänomene Tatsachen sind und einen Teil – wie sporadisch auch immer – der Natur bilden, so wie ich es bin, als ich diesen Artikel schreibe."

Das Vorstehende zeigt, wie schwankend der Geist von Mr. Carrington war, als er die Palladino-Seancen leitete, und als er nach einem persönlichen Streit mit dem Medium seine Überzeugung zum Ausdruck brachte, hätte er wissen müssen, dass er das Unmögliche redete ; dass niemand Palladino über die Möglichkeit eines Betrugs hinaus kontrollieren und gleichzeitig ihre falschen Schritte aufdecken konnte. Im selben Artikel schreibt er:

„Ich möchte an dieser Stelle anmerken, dass dieses Medium von Zeit zu Zeit in Tricks verwickelt wurde und fast ausnahmslos darauf zurückgreifen wird, es sei denn, es wird durch die Strenge der Kontrolle daran gehindert (d. h. durch den Grad der Gewissheit, die durch das Halten erlangt wird). ihre Hände und Füße). Der Grund dafür ist, dass Eusapia , wohlwissend, dass die Erzeugung echter Phänomene ihre Nervenkräfte erschöpfen wird, auf diese einfachere Methode zurückgreift, wenn ihre Dargestellten leichtgläubig genug sind, dies zuzulassen, um sich vor den schmerzhaften Nachwirkungen eines echten Phänomens zu schützen Seance. Fast jeder Forscher hat schon einmal diesen Betrug entdeckt, der kleinlich und für jeden sorgfältigen Forscher mehr oder weniger offensichtlich ist und darin besteht, eine Hand durch zwei zu ersetzen und mit der verbleibenden freien Hand Phänomene hervorzurufen. Wenn jedoch ausreichende Vorkehrungen getroffen werden, ist es vergleichsweise einfach, ihre Betrugsversuche zu vereiteln; und wenn dies geschieht, entstehen sogenannte echte Phänomene. Viele der Phänomene sind so unglaublich, dass die bei weitem einfachste Erklärung darin besteht, dass bei ihrer Entstehung Betrug im Spiel war; Aber ich kann mit Bestimmtheit sagen (und ich glaube, die Aufzeichnungen werden dies zeigen), dass Betrug während unserer Sitzungen völlig unmöglich war, nicht nur aufgrund der Natur unserer strengen Kontrolle über das Medium, sondern auch wegen der Fülle an Licht. Jede Theorie, die auf der Annahme basiert, dass Konföderierte beschäftigt waren, wird absolut zurückgewiesen: Erstens, weil die Sitzungen in unseren eigenen verschlossenen Räumen im Hotel abgehalten wurden; und zweitens, weil es während der Sitzungen hell genug war, dass wir den gesamten Raum und seine Bewohner sehen konnten. Es ist kaum nötig hinzuzufügen, dass wir den Schrank, den Tisch, die Instrumente und alle Möbelstücke sowohl vor als auch nach jeder Sitzung untersucht haben."

Letzteres scheint genau so zu sein, als würde man von einem Manager erwarten, dass er über die Vorzüge seiner eigenen Show spricht. Ein Verkäufer sollte seine Waren nicht schlecht machen.

Es besteht kein Zweifel daran, dass Palladino dem Betrug ausgesetzt war. 55 In persönlichen Gesprächen mit Hon. Everard Feilding, W. W. Baggally , E. J. Dingwall und Hereward Carrington äußerten jeweils positiv, dass sie sie beim Betrügen erwischt hatten und dass sie wussten, dass sie eine Betrügerin war. Sie behaupteten, dass sie gegen Ende ihrer Karriere ihre okkulten Kräfte verlor und dass sie in Zeiten, in denen die Geister sie im Stich ließen, eher auf Tricks zurückgreifen würde, als ihr Scheitern einzugestehen. Sie hielten sie für ein echtes Medium, weil sie unter Testbedingungen Dinge tat, die sie nicht erklären konnten, und ihr Wissen über Betrug wurde offensichtlich von der Bereitschaft überwältigt, an das Unmögliche zu glauben, nur weil sie nicht in der Lage waren, das Problem zu lösen.

Wenn Sie in ein Kaufhaus gehen und nach einer gut beworbenen Ware fragen und wenn Sie nach Hause kommen, feststellen, dass der Verkäufer „etwas genauso Gutes" ersetzt hat, melden Sie den Verkäufer entweder der Geschäftsführung oder Sie gehen nicht mehr in den Laden ; Wenn Sie zu einem Schneider gehen und er Ihnen einen Anzug verkauft, der „vollständig aus Wolle" besteht, und Sie feststellen, dass der Großteil der „Wolle" auf Baumwollpflanzen gewachsen ist, gehen Sie an diesem Laden vorbei, wenn Sie bereit sind, einen anderen Anzug zu kaufen; Wenn Sie Ihren besten Freund beim Kartenspielen erwischen, weigern Sie sich, jemals wieder mit ihm zu spielen, und eine lebenslange Freundschaft wird zerstört. Aber Palladino betrog in Cambridge, sie betrog in L'Aguélas , und sie betrog in New York, und doch jedes Mal, wenn sie beim Betrügen erwischt wurde, bestätigten die Spiritualisten sie, entschuldigten sie und verziehen ihr. Tatsächlich grenzt ihre Logik manchmal ans Humorvolle.

F. W. H. Myers schrieb 1896 in „Borderland":

„Diese Betrügereien wurden in und außerhalb der echten oder angeblichen Trance praktiziert und waren so geschickt ausgeführt, dass die arme Frau sie lange und sorgfältig praktiziert haben muss."

Palladino wird in diesen wenigen Zeilen zusammengefasst.

Meiner Meinung nach besaß Palladino in ihrer schlauen Blüte vielleicht die Beweglichkeit und das große Geschick in der Irreführung sowie genügend Energie und Nerven, um ihre wissenschaftlichen und ansonsten scharfsinnigen Komiteemitglieder zu verblüffen, aber als die Zeit ihren Tribut forderte, verlor sie wahrscheinlich ihren Elan und ihre Nerven und wurde Sie war nicht in der Lage, ihre „Auftritte" mit dem Erfolg zu präsentieren, den ihre früheren Demonstrationen mit sich brachten.

Mein alter Freund John William Sargent, der am 24. September 1920 starb, gehörte zu dem Komitee , das Palladino schließlich entthronte, und ich glaube nicht mehr, als dass das letzte Wort dieses Kapitels von ihm gesprochen werden sollte.

„ Eusapia Palladino ist tot und ich habe kaum Zweifel daran, dass sie von hier fortgegangen ist, ohne mir die Rolle zu verzeihen, die ich bei der Zerstörung ihres Geschäfts in Amerika übernommen habe, indem ich dabei geholfen habe, ihre kleine Trickkiste aufzudecken. Es ist jedoch eine offene Frage, ob die Aufdeckung ihrer Betrügereien oder tatsächlich einer der Klasse von Sensationsmachern, zu denen sie gehörte, jemals eine Seele vom Glauben an den Spiritismus abgebracht hat; Einige der führenden Zeitungen zeigen in ihren Kommentaren zu ihrem Tod, dass trotz der völligen Aufdeckung ihrer Methoden in den Köpfen vieler intelligenter Menschen immer noch die Überzeugung besteht, dass sie alles andere als eine Betrügerin war. Ich kann nicht verstehen, wie ein vernünftiger Mensch in dieser Frau mehr als eine ziemlich clevere Scharlatanin sehen konnte, deren Erfolg mehr auf der Leichtgläubigkeit ihres Publikums als auf dem Können ihrer Darbietungen beruhte. Worauf beliefen sich all ihre Enthüllungen? Diejenigen, die geglaubt haben, haben weiter geglaubt, und trotz der alten Lehre: „Die Wahrheit ist mächtig und muss siegen", wird der Name Eusapia Palladino noch lange auf den Lippen der Menschen sein, nachdem ihre Enthüller vergessen sind."

KAPITEL V
ANN O'DELIA DISS DEBAR

DAS Kommen und Gehen von Ann O'Delia Diss Debar ist ein Rätsel, denn es gibt keine Aufzeichnungen über ihre Geburt und keine Spur ihres Todes, aber die „Zwischenzeit" lieferte genug Material für ein ganzes Buch und nicht für ein einzelnes Kapitel und gab Sie hatte genügend Gelegenheit, sich sagen zu lassen, dass sie „eines der außergewöhnlichsten falschen Medien und mysteriösen Betrügerinnen war, die die Welt je gekannt hat". Einige haben sie sogar zu den zehn prominentesten und gefährlichsten Kriminellen der Welt gezählt, und ihr Repertoire soll die gesamte Bandbreite von kleinen Vertrauensspielchen bis hin zu aufwändig ausgetüftelten Intrigen gegen die Magnaten der Wall Street umfassen. Berichten zufolge zögerte sie nicht, Unschuldige und Geisteskranke zu schikanieren und hinterließ eine Spur von Kummer, erschöpften Geldbörsen und moralischen Verstößen, die ihresgleichen sucht. Wie viele Großkriminelle entging sie eine Zeit lang der Bestrafung, geriet jedoch schließlich in die Fänge des Gesetzes und verbüßte sowohl hier als auch in England eine Strafe. Das wunderbare Taktgefühl, mit dem sie ihre großen Kräfte dem Zweck der Selbstvergrößerung und des Profits widmete, ist beispiellos, und im Vergleich dazu scheint Cagliostro ein Amateur gewesen zu sein, wenn es um listige Schurken geht. Es wird behauptet, dass ihre Verbrechen von den kleinsten bis zu den größten Verbrechen reichten, wobei die Moral so niedrig war, wie man es sich bei einem Menschen vorstellen kann. Und das Schlimmste von allem war, dass sie diese Bösartigkeit offen zur Schau stellte und keinerlei Anstrengungen unternahm, ihre Entartung zu verbergen.

Nichtsdestotrotz steht ihr Name in der Geschichte des Spiritualismus mindestens zur Hälfte an der Spitze und teilt sich mit Daniel Dunglas Home die Palme für die erfolgreiche Manipulation großer Pläne. Es war nicht ungewöhnlich, dass sie Geschäfte abschloss, die sich auf Hunderttausende Dollar beliefen, und obwohl die beiden schon früh im medialen Bereich tätig waren, glaube ich, dass sie in dieser Hinsicht bis heute ihresgleichen suchen. Möglicherweise hätten alle anderen Medien zusammengenommen den von diesen beiden erzielten Geldbetrag nicht zusammenfassen können.

Ob Home Diss Debar um die Vormachtstellung übertrifft, lässt sich schwer sagen, aber es ist sicher, dass er ihrer Vielseitigkeit „nicht das Wasser reichen konnte". Beide scheinen den Vorteil gehabt zu haben, schulisch zu sein und sich gut mit historischen Überlieferungen und Klassikern auskennen zu können, was ihnen großes Ansehen bei kultivierten Menschen verschaffte, die Türen zum gesellschaftlichen Leben der „Oberen Zehn" öffnete und sie in ihre Reichweite brachte wohlhabende Menschen sowie Gelehrte und Wissenschaftler, die offenbar alle bereit waren, sich täuschen zu lassen und unabsichtlich dabei zu helfen, die Karrieren dieser beiden Abenteurer bis zu ihrem Untergang vor Gericht zu „heulenden Erfolgen" zu machen.

Im Gegensatz zu Home, der in all den Wechselfällen seiner Karriere nie seine Persönlichkeit verleugnete, scheint Diss Debar ihren Namen und ihre Abstammung so oft geändert zu haben, wie sie ihre Operationsbasis wechselte. Auf dem Höhepunkt ihrer Karriere gab sie eine Reihe von Interviews, in denen sie behauptete, die Tochter von König Ludwig I. von Bayern und Lola Montez zu sein, einer spanisch-irischen Tänzerin, die eine spektakuläre und abenteuerliche Karriere hinter sich hatte, die im Laufe der Zeit ganz Europa umfasste Russisches Gericht und später Amerika. Es wird angenommen, dass Diss Debar die Tochter eines politischen Flüchtlings namens Salomen war, der sich in Kentucky niederließ, und dass sie 1849 geboren wurde, obwohl es dafür keine dokumentarischen Beweise gibt. Der Geschichte zufolge wurde sie Editha genannt, und als sie heranwuchs, wurde sie als eigensinniges Kind bekannt, das darauf aus war, das zu tun, was es nicht tun sollte, und völlig gefühllos gegenüber allen einschränkenden Einflüssen der elterlichen Zuneigung. „Manchmal nahm ihre Eigensinnigkeit so außergewöhnliche Wendungen, dass ihre Eltern dachten, sie sei nicht ganz bei Verstand, und den Rat eines Arztes suchten, der sagte, sie sei in Wirklichkeit eine Art Opfer einer unheiligen Leidenschaft, aber sie würde aus ihrem Scheitern herauswachsen sie wurde älter", eine Prophezeiung, die nie wahr wurde.

Als Editha Salomen volljährig wurde, verließ sie ihr Zuhause und ihr Vater verlor mehrere Jahre lang jegliche Spur von ihr. Später stellte er zu seinem großen Erstaunen fest, dass sie sich in Baltimore niederließ, sich in der besten Gesellschaft bewegte und sich als Mitglied der europäischen Aristokratie ausgab. Als „Gräfin Landsfeldt und Baronin Rosenthal" des bayerischen Adelsstandes nutzte sie alle Privilegien, die Adlige in der Republik genossen, wurde von der amerikanischen Jugend umworben und fand amerikanische Frauen „nur zu erfreut, von einer Gräfin geführt zu werden". "

Wo das Mädchen aus Kentucky mit ihrem besonderen Temperament und ihren besonderen Eigenschaften möglicherweise die Bildung und das Wissen hätte erlangen können, die sie bei all ihren Heldentaten an den Tag gelegt hat, kann ich nicht verstehen. Sie muss einen großzügigen Anteil an Klugheit geerbt haben, gepaart mit einer Vorliebe für die Lektüre antiker Geschichte, und schon in jungen Jahren erkannte sie, dass sie, obwohl sie nicht gutaussehend war, über einen gewissen Charme der Persönlichkeit verfügte, der Aufmerksamkeit erregte und es ihr ermöglichte, erfolgreich als Mitglied der Kirche aufzutreten Adel.

Es wird gesagt, dass Editha in dieser Rolle keine Schwierigkeiten hatte, Geld zu beschaffen. Es war einfach, einen wohlhabenden jungen Mann in eine Liebesfalle zu locken und ihn glauben zu lassen, dass sie ihn bald heiraten würde. „Dann würde sie eines Tages feststellen, dass sie eine große Geldsumme zahlen musste, um einer notwendigen Verpflichtung nachzukommen, dass ihre unvorsichtigen Bankiers in Bayern es versäumt hatten, ein paar hunderttausend Dollar zu überweisen, weshalb sie äußerst ungern eine vorübergehende Erleichterung akzeptierte." der reiche Verehrer. Sie nahm so viel, wie sie wagte, und schnitt ihn anschließend ab." Auf diese Weise gelang es ihr, die Jugend von Baltimore um etwa eine Viertelmillion Dollar zu betrügen. Sie gab sich dem Luxus und der Extravaganz hin; begann mit dem Rauchen von mit Opium imprägnierten Zigaretten und wurde bald mit „akuter nervöser Erschöpfung" ins Bellevue Hospital gebracht.

Eines Tages, gerade als sie fast geheilt war, sprang sie aus dem Bett, erstach einen Pfleger und versuchte, ihren Arzt zu töten. Mehrere Personen wurden schwer verletzt, bevor sie gesichert werden konnte. Infolgedessen wurde sie in die Irrenanstalt auf Ward's Island gebracht, wo sie ein Jahr lang festgehalten wurde. Während dieser Zeit zeigte sie keine Anzeichen von Wahnsinn und man kam zu dem Schluss, dass ihr Mordversuch vorsätzlich war; Da sie jedoch als verrückt eingestuft worden war und es keine Beweise gab, die dies widerlegen konnten, war das Gesetz machtlos und sie wurde freigelassen.

Ihr nächstes Projekt war das Gebiet der Hypnose, wo sie eine Expertin war, aber jetzt als Mrs. Messant bekannt und Witwe war, denn obwohl ein junger Arzt sie bald nach ihrer Entlassung von Ward's Island aus Angst oder aus Zuneigung geheiratet hatte, er hatte die Ehe weniger als ein Jahr überlebt. Da „man Narren immer finden kann, wenn man wirklich nach ihnen sucht", fiel es ihr nicht schwer, sich mit Betrügern zu umgeben, aber als Witwe eines obskuren Arztes war sie in den Kreisen der High Society, in denen es die bestbezahlten Narren gibt, keine *persona grata* Sie machte sich an die Arbeit, um eine Vorspeise zu finden. Ihre Suche dauerte nicht lange. Bald entdeckte sie einen gewissen General Diss Debar; ein Mann ohne Geld oder „eigenen Verstand", aber er stillte ihre Bedürfnisse, gab leicht ihren Schmeicheleien nach und bald wurde aus Editha Salomen , Gräfin Landsfeldt , Baroness Rosenthal, Messant Ann O'Delia Diss Debar. Als Ehefrau eines Generals lächelte ihr die Gesellschaft wieder zu und sie lebte in Komfort. Die Reichen umwarben „Hypnose und allgemeinen Humbug, und die schlaue Frau war dieser Anforderung gewachsen." Mit der Zeit begann sie jedoch, das Geld, das in ihre Kassen floss, zu verschwenden. Ihr wurden ein paar Kinder geboren. Die Menschen wurden der Hypnose überdrüssig, ihr Einkommen ging zurück und es wurde notwendig, dass sie ihren Verstand anstrengte und ihr Netz nach einem neuen Opfer auswarf.

Es stellte sich heraus, dass es sich um Luther R. Marsh handelte, einen brillanten und wohlhabenden Anwalt aus New York City. Herr Marsh war ein ideales Subjekt für die Aufmerksamkeit des Hypnotiseurs. Obwohl er ein gelehrter Anwalt war, war er nicht frei von Aberglauben und seine Frau war kurz bevor er von Diss Debar entdeckt wurde, gestorben. Bei einer frühen Gelegenheit „empfing" sie Nachrichten von seiner geistigen Frau, die das angesehene Mitglied der Anwaltskammer so dankbar und ohne Frage als echt akzeptierte, dass die Frau sofort erkannte, dass sie ein neues Feld mit mehr und größeren Möglichkeiten eröffnet hatte, als sie selbst hatte jemals zuvor gearbeitet; Sie erkannte, dass sie über Gaben verfügte, die sie zu einem erstklassigen spirituellen Medium machten. Auch ihr Urteil war nicht falsch. Der leichtgläubige Anwalt erwies sich als überaus leichtes Unterfangen. Sehr schnell gewann sie sein volles Vertrauen und es dauerte nicht lange, bis er sie einlud, seine Gastfreundschaft in der Madison Avenue 166 zu teilen. Es gab keine Verzögerung bei ihrer Annahme. Mit der vollen Zustimmung der Eigentümer wurde das Haus in einen spirituellen Tempel umgewandelt, in dem Ann O'Delia Diss Debar die Hohepriesterin war. Bald war klar, dass es Geister in Hülle und Fülle gab und das neue Medium in der Lage war, alle gewünschten Phänomene hervorzurufen, sogar die Geistermalerei. Das Unternehmen war ein durchschlagender Erfolg und es entwickelte sich ein florierendes Geschäft mit einer Kundschaft aus den oberen Zehntausend, in der Herr Marsh zum Haupt- und eigentlichen Opfer wurde.

Mr. Marsh trauerte nicht nur um seine Frau, er hatte auch kurz zuvor eine kleine Tochter verloren, und als „Evas" angeblicher Geist ihm vorschlug, sein Anwesen in der Madison Avenue 166 an Diss Debar zu übergeben, war der Vater bereit für das Opfer. 57 Die Urkunden wurden unterzeichnet und die Übertragung vorgenommen, aber das Medium wurde durch rechtliche Schritte, die wachsame Verwandte von Marsh aufgrund seines Geisteszustands einleiteten, daran gehindert, ihre Beute zu genießen.

Sowohl Ann O'Delia Diss Debar als auch ihr Ehemann, General Diss Debar, wurden verhaftet und für den Prozess gegen Kaution festgehalten. 58 Wie es in solchen Fällen nicht selten vorkommt, zog sich der Rechtsstreit lange hin und viele erstaunliche Beweise wurden vorgelegt. 59 Als sie in den Zeugenstand trat, zeigte ihre erste Aussage ihren Charakter. Ein Mann namens Salomen hatte ausgesagt, er sei ihr Bruder. Sie bestritt dies und erklärte, er sei ein abscheulicher Schurke, der zu ihr gekommen sei, um sich Geld zu leihen. Später gab sie gegenüber einem Inspektor zu, dass es sich bei dem Mann um ihren Bruder handele, dass er es aber nicht wagen würde, gegen sie vor Gericht zu gehen, da sie etwas über ihn wisse, das ihn für immer verunsichern würde, und keine Sekunde zögere, es zu sagen, wenn es nötig wäre.

Ein weiterer Hinweis auf ihren Charakter ist die Geschichte, dass sie sich bei der Wahl zwischen zwei Anwälten, die sie vor Gericht vertreten sollten, nicht nur nach deren rechtlichen Fähigkeiten erkundigte, sondern auch etwas über deren Alter und Aussehen wissen wollte, und sich schließlich für den jüngeren und besser aussehenden entschied.

Sie sagte aus, dass der ganze Ärger dadurch verursacht worden sei, dass Mr. Marsh ihr sein Haus gegeben habe, und auf die Frage, warum sie von ihm kein Geld anstelle von Immobilien bekommen habe, antwortete sie, dass sie es versucht hätte, er aber sehr gemein sei mit seinem Geld. Als sie das letzte Mal wegen Geld zu ihm gegangen war, hatte er es abgelehnt und ihr stattdessen eine Kaufurkunde seines Eigentums in Newport angeboten. Sie hatte dies abgelehnt, weil sie befürchtete, es würde ihr noch mehr Ärger einbringen.

Zu Beginn des Prozesses kam Diss Debar auf die Idee, die Geisterwelt hinsichtlich ihres eigenen Vorgehens zu konsultieren, und bald darauf gab sie auf „den Rat von Cicero und seinen Kollegen im Zehnerrat" die Urkunden der Madison zurück Avenue-Grundstück an Mr. Marsh.

Eine der Überraschungen des Prozesses bestand darin, dass der Staatsanwalt einen professionellen Illusionisten, Mesmeristen und Zauberer, Carl Hertz, als Zeugen berief, um durch Vervielfältigung zu beweisen, dass die von Diss Debar an dem ahnungslosen Marsh praktizierten Tricks lediglich Anwendungen des Zauberers waren gewöhnliche Gesetze der Physik. Dies gelang ihm zur Zufriedenheit des Gerichts.

Während Hertz am Stand eine „Geisterbotschaft" vortrug, tat Diss Debar alles in ihrer Macht stehende, um ihn in Verlegenheit zu bringen, aber ohne Erfolg, da er alle von ihr vorgeschlagenen Bedingungen erfüllte, darunter auch einige, unter denen Diss Debar selbst nicht „manifestiert" hätte. Frau Hertz war die Assistentin ihres Mannes beim Verlesen der Billette gewesen. Diss Debar schlug über ihren Anwalt vor, dass sie ihren Platz einnehmen dürfe. Hertz stimmte bereitwillig zu. Der Richter untersuchte ein neues Blatt Papier und Hertz reichte es an Diss Debar weiter, der es absichtlich in zwei Stücke riss und eines davon zurückgab und zu Hertz sagte:

„Ich markiere meine immer; Jetzt lass mich sehen, wie du mit einem dieser Stücke den Trick schaffst."

Hertz bediente sich der üblichen medialen Ausrede „ungünstige Bedingungen" und erklärte, es handele sich lediglich um einen Trick und werde als solcher zur Schau gestellt. Auf diesen Diss erwiderte Debar:

„Ich vertraue meiner Ehre darauf, dass *alles durch spirituelle Kraft geschieht*, wenn ich es tue."

Daraufhin verwies das Gericht sie aus dem Zeugenstand und weigerte sich, eine solche Diskussion zuzulassen. Später im Prozess wurde Hertz von Diss Debars Anwalt in den Zeugenstand gerufen und gefragt, ob er den Trick mit Mr. Marsh als Assistent vorführen könne. Er antwortete, dass er „könnte und würde". Aus einem Zeitungsbericht 60 erfahren wir, dass die Aufregung im Gerichtssaal groß war, während er den Trick vorführte. Diss Debar forderte Marsh auf, „das Tablet zu markieren".

Die Bedingungen waren für die Durchführung eines Taschenspielertricks nicht günstig. Mr. Marsh und Mr. Hertz waren weniger als einen halben Meter voneinander entfernt und die Leute drängten sich so dicht beieinander, dass der Zauberer kaum Platz hatte, sich zu bewegen, und dennoch gelang es ihm, Mr. Marsh vollständig zu täuschen. Als Hertz Herrn Marsh das Tablet reichte, sagte er ruhig:

„Wenn Sie eine Ecke der Tafel abreißen möchten, um sie zu identifizieren, habe ich keine Einwände."

Mr. Marsh riss die Ecke von der Tafel ab, wurde jedoch völlig betrogen und gab dies vor Gericht zu.

Nichts könnte die Methoden der Medien deutlicher zeigen als der folgende, von Hertz selbst verfasste Bericht über die Mittel, die er bei der oben beschriebenen Demonstration verwendet hat. Der Brief war eine Antwort auf einen meiner Briefe, in dem ich ihn bat, mir die von ihm angewandte Methode mitzuteilen, da ich der Meinung war, dass sie in dieses Protokoll aufgenommen werden sollte.

8 Hyde Park Mansions,
London, N. W. 16. Juli 1923.

Lieber Houdini:

Ich habe Ihre Antwort erhalten, in Bezug auf die Art und Weise, wie ich das Papier manipuliert habe, um Frau zu täuschen. Diss Debar. Ich habe es wie folgt vorgegangen: Als sie im Zeugenstand war, zeigte ich der Jury und Frau Diss Debar ein halbes Blatt einfaches weißes Notizpapier, auf dem nichts stand. Dann sagte ich ihr, sie solle es untersuchen und viermal falten (ich hatte ein Duplikat mit einer darauf geschriebenen Mitteilung in der Hand), als sie es mir zurückgab, nahm ich schnell die Änderungen vor und gab ihr das Stück mit Als ich die Schrift darauf sah, sagte ich ihr, sie solle sie mir an die Stirn halten. Dann hielt sie mich an und sagte: „ *Einen Moment bitte* , wann immer ich diesen Trick mache, *lasse ich sie das Papier markieren* ", und passend zum Wort nahm sie das Papier und riss, ohne es noch einmal zu öffnen, eine Ecke ab das leere Stück, aber da es bereits geändert war, machte es keinen Unterschied.

Sie werden sehen, ich habe ein großes Risiko eingegangen, aber es ist geklappt. Ich hatte eine Ahnung, dass sie das tun würde, also wechselte ich tatsächlich die Papiere, bevor ich es auf die übliche Weise hätte tun sollen, und sie war verblüfft, als sie das Papier öffnete und eine darauf und auf demselben Blatt Papier geschriebene Mitteilung fand die sie markiert hatte.

Den Schreibblock-Trick, den ich im Zeugenstand mit Luther R. Marsh gemacht habe, habe ich wie folgt gemacht:

Wenn Sie sich erinnern, bestand der Trick darin, einen Block mit etwa hundert unbeschriebenen Blättern vorzuzeigen, den Block in eine Zeitung einzuwickeln und Marsh das eine Ende festhalten zu lassen, während sie das andere festhielt. Dann war das Geräusch des Schreibens zu hören, als würde jemand auf das Papier schreiben, und als die Zeitung aufgeschlagen wurde, war jedes Blatt im Block beschrieben.

Ich hatte zwei gleiche Blöcke, einen hatte ich unter meiner Weste versteckt und den anderen gab ich Marsh zur Untersuchung; Während ich den Block unter dem Schutz der Zeitung einwickelte, wechselte ich sie, indem ich schnell den Block aus meiner Weste zog und den anderen an seinem Platz ließ.

Dann packte ich den Block ein, als Diss Debar von ihrem Platz im Gerichtssaal aus rief: „Lass dich nicht von ihm täuschen, merk dir das!" Aber da es bereits geändert war, spielte es keine Rolle, also ließ ich sie eine Ecke abreißen.

Dann ließ ich ihn ein Ende festhalten, während ich das andere festhielt, und inmitten einer großen Stille war das Geräusch des Schreibens zu hören, als würde eine Feder schnell über das Papier fahren, und dann sagte ich ihm, er solle die Zeitung öffnen und darauf schauen Block, als er jedes beschriebene Blatt fand.

Dann zeigte ich dem Gericht, wie ich den Klang des Schreibens erzeugte, indem ich den Nagel meines Zeigefingers spaltete und einfach die Zeitung darunter kratzte, während ich sie hielt.

Herzliche Grüße an mich und meine Frau von uns beiden.

Mit freundlichen Grüßen
(unterzeichnet) CARL HERTZ

Ungeachtet der Aussage und Demonstration von Carl Hertz war Herr Marshs Glaube an die Echtheit spiritistischer Phänomene unerschütterlich und blieb es bis zu seinem Tod. Nicht nur das Ausmaß dieses Glaubens und sein Geisteszustand, sondern auch sein Vertrauen in Diss Debar werden im folgenden Auszug aus dem Prozessbericht der *New York Times deutlich*.

„Eine kurze Mitteilung von St. Paul wurde von Herrn Howe (dem Staatsanwalt) dem Gericht vorgelesen, und Herr Marsh las eine sehr lange Mitteilung von St. Peter vor. Es dauerte fünfzehneinhalb Minuten, diese Mitteilung zu lesen, und Mr. Marsh sagte, sie sei innerhalb von zwei Minuten auf dem Tablett angekommen. Als es soweit war, befanden sich Richter Cross und Luther Colby in seinem Arbeitszimmer. Er wusste, dass die Tafel leer war, bevor er und Frau. Diss Debar hielt es in ihren Händen zusammen.

"Herr. Howe fragte Herrn Marsh, ob er wirklich glaube, dass die Mitteilung vom Apostel Petrus stammte, und Herr Marsh antwortete, dass er wisse, dass dies der Fall sei.

„'Dann glaubst du immer noch daran!' rief Herr Howe aus.

„„Das tue ich', war die feste Antwort, und das spiritistische Element applaudierte heftig. Frau. Diss Debar und Mr. Marsh schienen beide mit dieser Demonstration zufrieden zu sein, die das Gericht jedoch kurzerhand stoppte."

Zwölf Abstimmungen wurden von den Geschworenen durchgeführt, bevor eine Einigung erzielt werden konnte, da ein Geschworener, der offensichtlich mit dem Angeklagten sympathisierte, hartnäckig auf einen Freispruch bestand. Seine Gründe waren ebenso wenig logisch wie die meisten spiritistischen Argumente und hatten keinen Zusammenhang mit den Beweisen. Tatsächlich sagten die anderen Geschworenen, als sie versuchten , Beweise mit ihm zu besprechen, „er wollte es nicht, blieb aber bei einem Gedankengang, nämlich, dass er glaubte, dass Mrs. Diss Debar die Tochter von Lola Montez sei und dass a Eine unehelich geborene Frau hatte ebenso Anspruch auf Berücksichtigung wie eine ehelich Geborene, und da Mrs. Ann O'Delia Diss Debar alle Ehren der Unehelichkeit in Anspruch nahm, war er für immer auf ihrer Seite."

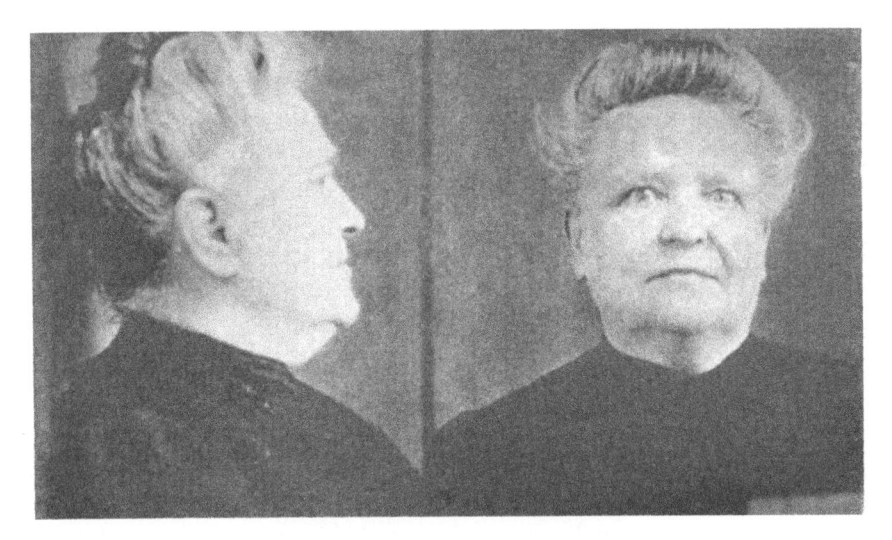

ANN O'DELIA DISS DEBAR

schließlich eine Vereinbarung getroffen, wonach ein Schuldspruch verhängt werden sollte, jedoch mit einer Gnadenempfehlung. Dies geschah und Diss Debar und ihr Mann wurden für sechs Monate nach Blackwell's Island geschickt. 61

Als sie freigelassen wurde, verschwand sie aus Amerika, um nach kurzer Zeit in London, England, wieder aufzutauchen, wo sie und ihr Mann unter den Namen Laura und Theodore Jackson bald in Schwierigkeiten gerieten, weil sie einen außergewöhnlich unmoralischen Kult 62 gründeten, den sie „Theokratisch " nannten Einheit." 63 Sie wurde im Dezember 1901 zu sieben Jahren Zuchthaus im Aylesbury-Gefängnis verurteilt. Auch hier kam ihre Überzeugungskraft zum Einsatz, denn es heißt, sie erlangte ihre Gunst durch den wunderbaren Einfluss, den sie auf das feuerfeste Element hatte, das die verantwortlichen Offiziere nur mit Mühe unter Kontrolle halten konnten. Jedenfalls wurde sie nach fünf Jahren Haft entlassen, „nachdem sie die Höchststrafe für gute Führung herabgesetzt hatte". 64

Wieder draußen in der Welt wagte sie sich ans Varieté und später an die Burleske, doch in diesen Rollen war sie eine völlige Versagerin. Später kehrte sie nach Amerika zurück und wurde das nächste Mal in Chicago als Vera Ava bekannt. Dort gelang es ihr, einen wohlhabenden Mann zu heiraten, aber schon bald geriet sie wegen ihrer Spuktätigkeit in größere Schwierigkeiten und wurde zu zwei Jahren Gefängnis in Joliet verurteilt. 65 Noch einmal erschien sie – in New Orleans als Baroness Rosenthal –, dann verschwand dieses Geschöpf, das mehr als ein Vierteljahrhundert lang prominente Männer und

Frauen der Gesellschaft beeinflusst hatte, im Jahr 1909 für die letzten fünfzehn Jahre außer Sichtweite über sie ist nichts bekannt. 66

Indem sie diese unmoralische Frau bemuttert, begeht Spiritualismus das gröbste Fehlverhalten und beweist schlüssig, dass sie ihr eigenes Volk nicht vor den Tücken und der Unmoral der Medien schützt, obwohl diese von den Gerichten für schuldig befunden werden, eine schwere Straftat begangen zu haben. Wenn ich ins Detail gehen dürfte, könnte ich Geschichten über Diss Debar erzählen, die selbst den schlimmsten Roué des Montmartre schockieren würden. Es genügt zu sagen, dass es sich bei ihren Verbrechen weniger um Gewinnverbrechen als vielmehr um eine Beleidigung des Anstands und der Moral der Gemeinschaft handelte.

Der Ruf von Ann O'Delia Diss Debar war so groß , dass sie als eine der größten Kriminellen in die Geschichte eingehen wird. Sie machte dem Spiritualismus keine Ehre; Sie machte keinem Volk Ehre, sie machte keinem Land Ehre – sie war eine dieser moralischen Außenseiter, die hin und wieder ihren Weg in die Welt zu finden scheinen. Es wäre besser gewesen, sie bei der Geburt gestorben zu sein, als zu leben und das Böse zu verbreiten, das sie angerichtet hatte.

KAPITEL VI
DR. SLADE UND SEINE GEIST-SLATES

SCHIEFERSCHRIFT war für Medien ein besonders glücklicher „Fund". Seine Ergebnisse wurden in vollem Licht erzielt und das Ganze schien so einfach und direkt, dass es anscheinend nichts zu untersuchen gab und vergleichsweise keine leeren Sitzungen stattfanden. Dieser Erfolg führte zu Nachlässigkeit und es folgten Enthüllungen, die so zahlreich und vollständig waren, dass es völlig überflüssig ist, sie alle hier aufzuzählen. 68 Hin und wieder nutzt ein Medium zwar immer noch das Risiko, wenn sich die Gelegenheit bietet, und stellt besonders leichtgläubige Dargestellte auf die Probe, aber heute würde kein Medium mit dem Anspruch auf „Klasse" an etwas so „Alltägliches" wie das Schieferschreiben denken seine alte Form. Geistertafeln sind jetzt in den Katalogen von Häusern aufgeführt, die sich mit Beschwörungsapparaten befassen, und die Betrüger, die sie früher nutzten, nutzen die sichereren und einfacheren Betrügereien des automatischen Schreibens, Trance- oder Trompetenbotschaften und des „Ouija-Bretts " .

Die unendlichen Veredelungsmöglichkeiten der Spirit-Schiefertafeln scheinen übersehen worden zu sein, bis sie von Dr. Henry Slade übernommen und in eine nutzbare Form gebracht wurden, 69 einem Mann, der sich in New York City einen wenig beneidenswerten Ruf erworben hatte, aber es ist äußerst zweifelhaft, ob die heutige Generation dies tun würde Ich hätte nichts über Dr. Slade gewusst, wenn die Aufrechterhaltung seines Namens der Qualität seiner medialen Fähigkeiten überlassen worden wäre, denn er war nur einer von vielen beschwörenden Fakiren, die die Leichtgläubigen seiner Zeit verblüfften. Er wurde jedoch bei zwei bemerkenswerten Gelegenheiten ins Rampenlicht gerückt: erstens, indem er in London entlarvt und strafrechtlich verfolgt wurde; und zweitens, als der arme alte Professor Zollner , ein bekannter deutscher Astronom und Physiker, wegen seiner einfachen Beschwörung „hinfiel" und so heftig fiel, dass er Slade zum Helden seines großen (?) Werks „Transzendentale Physik" machte.

Wie D. D. Home und viele andere sprang Slade, nachdem er sich in Amerika einen Namen gemacht hatte, nach London, denn Englands Arme scheinen immer offen für die Aufnahme von Medien zu sein, die es hier gut gemacht haben, und wenn ein Medium den Strapazen amerikanischer Ermittler entgeht, hat es wenig von willigen Gläubigen auf der anderen Seite des Atlantiks zu befürchten, obwohl tatsächlich mehrere dort ins Gefängnis geschickt wurden. Slade erreichte England im Juli 1876 und begann sofort, Sitzungen abzuhalten, und war bald in bester Verfassung. Der verstorbene John Nevil Maskelyne, der große englische Zauberer, sagte mir:

„Menschenmassen stürmten herbei, um Zeuge des Phänomens zu werden (?) und zahlten jeweils eine Guinea für eine nur wenige Minuten dauernde Sitzung. Man könnte meinen, sie würden Goldguineen verschenken. Der „Doktor" muss wöchentlich einige Hundert Pfund verdient haben, was damals als hohe Geldsumme für einen einzelnen „Darsteller" galt."

Dann, gerade als es für Slade so gut lief, kam es zu einem plötzlichen Krach, für den zwei Männer verantwortlich waren; Professor Ray Lankester (jetzt Sir Ray Lankester) und Dr. Horatio Donkin (jetzt Sir Horatio Donkin). Diese Männer wandten bestimmte wirksame Kontrollmethoden auf Slades Auftritte an, was zu seiner Verhaftung führte. Der Prozess sorgte nicht nur in spirituellen Kreisen, sondern in der gesamten zivilisierten Welt für großes Aufsehen, und das Bow Street Court war mehrere Tage lang die beliebteste Show in London; Der „Topliner" ist J. N. Maskelyne, der Zauberer, der im Zeugenstand alle Tricks von Slade vorführte.

Slade wurde verurteilt und zu drei Monaten Zwangsarbeit verurteilt. Es wurde Berufung eingelegt und die Entscheidung wegen eines Fehlers in der Anklage aufgehoben. Während Sir Lankester neue Vorladungen für Slade und seinen Manager Simmons besorgte, sprangen beide über den Kanal nach Frankreich und schlossen damit die Tore Englands für immer gegen Slade, da er es nie wieder wagte, seine unfreundlichen Küsten zu betreten. Er bereitete sich auf eine Aufführung in Paris vor, aber ein Freund von Sir Lankester schickte der Pariser Presse einen Bericht über das Gerichtsverfahren, damit das französische Volk die ganze Geschichte erfahren konnte, bevor Slade beginnen konnte.

Als ich 1920 Europa bereiste, hatte ich das Vergnügen, Sir Ray Lankester zu treffen und von ihm einen Bericht über Dr. Slades Untergang zu hören. Sowohl er als auch Donkin waren Ärzte. Sie hatten geplant, zwei weitere Medien, Herne und Williams, zu entlarven, aber Slades unerwartete Ankunft in London änderte diese Pläne und stattdessen planten sie die Séance, die sich als Slades Untergang herausstellte. Donkin war zu dieser Zeit nicht in London, aber Sir Lankester telegrafierte ihm und nahm, während er auf seine Rückkehr wartete, an einer von Slades Séancen teil. Er gab Slade gegenüber vor, er sei gekommen, um zu sehen, ob die Geister eine Botschaft auf die Schiefertafeln schreiben würden, wenn er sie selbst halten würde. Slade versicherte ihm, dass sie dies tun würden, und es wurden Vorkehrungen für eine zweite Sitzung getroffen. Bevor Sir Lankester ging, fragte Slade ihn, ob er mit verstorbenen Verwandten in Kontakt gestanden habe.

„Nein, aber ich habe einen Onkel John", antwortete Sir Lankester.

Infolgedessen ging in der zweiten Sitzung folgende Nachricht ein:

„Ich freue mich, Sie wieder hier zu sehen. – John."

„Aber hast du einen Onkel John?" Ich fragte.

„Nein, Houdini", antwortete er lächelnd, „deshalb haben zur Zeit des Prozesses alle im Gerichtssaal gelacht." Sehen Sie, Slade dachte, ich sei ein fester Gläubiger, und ich ließ zu, dass er meine Aufmerksamkeit ablenkte. Er sagte zu mir: „Du hast eine große mediale Kraft in dir." Ich sehe sie über dir hinter deinem Kopf.""

Als er dies sagte, hob Sir Lankester mit scheinbarer Leichtgläubigkeit den Kopf und spielte seine Rolle hervorragend.

„Warum haben Sie Slade verdächtigt?" Ich fragte ihn.

„Bei der ersten Sitzung bemerkte ich, dass sich die Sehnen an Slades Handgelenk bewegten, als er seine Hand unter dem Tisch ausgestreckt hielt", antwortete Sir Lankester , „und während er eine Reihe verdächtiger Bewegungen machte, kratzte er mehrmals mit dem Fingernagel an den Schieferplatten." simulieren Sie das Geräusch, das ein Schieferstift beim Schreiben auf einer Schiefertafel erzeugt."

Bei der Rückkehr von Sir Donkin wurde vereinbart, dass er und Sir Lankester gemeinsam an einer Séance teilnehmen sollten und dass Sir Donkin auf die „verdächtige Bewegung" achten und Sir Lankester ein Signal geben sollte, wenn er sie sah . Alles hat wie geplant funktioniert. Als Lankester das vereinbarte Signal von Donkin erhielt, beschlagnahmte er die Schiefertafel mit der fertigen Nachricht, die bewies, dass Slade einen geschickten Austausch von Schiefertafeln vorgenommen hatte und dies der *wahre Beweis war, der den Sturz von Henry Slade* in England verursachte.

Da Slade in Paris wegen der Veröffentlichung eines Berichts über seine Enthüllung in England daran gehindert wurde, seine Tricks anzuwenden, scheint er nach Deutschland gegangen zu sein, denn im nächsten Jahr, 1877, täuschte er Professor Zollner so erfolgreich . „ Zollner " ist einer der Namen, auf die spiritistische Enthusiasten als Beweis für ihre Ansprüche am meisten vertrauen. Sogar Sir Arthur Conan Doyle zitiert Zollner bis heute als unbestreitbare Autorität. Trotzdem Zollner wird von Herrn George S. Fullerton, dem Sekretär der Seybert -Kommission, diskreditiert. Als Herr Fullerton sich in Deutschland aufhielt, war es seine besondere Aufgabe, den Wert dieser Zollner- Unterstützung zu untersuchen, und zu diesem Zeitpunkt waren alle Männer, die an der Slade-Ermittlung beteiligt waren, mit Ausnahme von Zollner selbst am Leben. Herr Fullerton sagte in der Zusammenfassung seines Berichts an die Kommission:

„Es scheint also, dass von den vier herausragenden Männern, deren Namen die Untersuchung berühmt gemacht haben, Grund zu der Annahme besteht, dass einer, Zollner , zu dieser Zeit geisteskrank war und auf die experimentelle Bestätigung einer bereits akzeptierten Hypothese bedacht war;

ein anderer, Fechner, war aufgrund von Zollners Beobachtung teilweise blind und *gläubig* ; ein dritter, Scheibner , litt ebenfalls unter Sehschwäche und war mit den Phänomenen innerlich nicht ganz zufrieden; und ein vierter, Weber, war im fortgeschrittenen Alter und erkannte nicht einmal die Behinderungen seiner Mitarbeiter. Keiner der genannten Männer hatte zuvor Erfahrung oder Kenntnisse über die Möglichkeiten der Täuschung."

Die Seybert- Kommission scheint 1884 den ersten systematischen, organisierten Versuch unternommen zu haben, die sogenannten Phänomene des Spiritualismus zu ergründen, und diese Kommission schickte nach Slade, der damals in New York tätig war, und ließ ihn eine Reihe von Séancen geben unter ihrer Beobachtung, aber trotz der Tatsache, dass Slade der Kommission einen persönlichen Brief übermittelte, in dem er ihnen für ihre Höflichkeit dankte und seine Bereitschaft zum Ausdruck brachte, erneut mit ihnen zusammenzusitzen, betrachtete die Kommission seine Arbeit durchweg als betrügerisch.

Schon in einem sehr frühen Stadium der Sitzungen bemerkte die Kommission zwei Arten von Mitteilungen. Die Antworten auf Fragen waren schlampig geschrieben und oft unleserlich, während diejenigen, die als freiwillige Beiträge der Geister kamen, sorgfältiger geschrieben waren, sogar bis hin zur Zeichensetzung. Es war sehr offensichtlich, dass diese Schrift auf den Schiefertafeln vor der Sitzung angefertigt worden war, während es sich bei der unter der Kontrolle der Beobachtung niedergeschriebenen Schrift um grobes Gekritzel mit abruptem Aufbau und oft fast oder ganz unleserlich handelte. Es war offensichtlich, dass dort, wo die schön geschriebenen Mitteilungen verwendet wurden, ein Austausch von Schiefertafeln stattgefunden hatte , wohingegen die anderen Schriften das Ergebnis einer solchen Geschicklichkeit waren, die unter den ungünstigen Bedingungen unbemerkt zum Einsatz kommen konnte. Es fiel auch auf, dass alle langen Nachrichten auf verdächtige Weise der Handschrift des Mediums ähnelten. Jeder Test, dem sich Slade unterzog, erwies sich für die Kommission als transparent, und einige seiner Versuche, ihn zu mystifizieren, wurden wie folgt bezeichnet:

„Mehrere kleine Tricks, die er spiritueller Handlungsfähigkeit zuschrieb, die aber in der Einfachheit ihrer Kunstfertigkeit fast kindisch waren und die von einem unserer Leute mit vollkommenem Erfolg wiederholt wurden."

Nachdem alle Schieferschreiber-Medien, die als Antwort auf eine von der Seybert- Kommission ausgestrahlte Anzeige kamen, von dieser geprüft worden waren, lud der amtierende Vorsitzende der Kommission, Herr Horace Howard Furness, den verstorbenen Harry Kellar ein , seine Fähigkeiten im Schieferschreiben-Schreiben unter Beweis zu stellen davor, nicht mit dem Anspruch auf übernatürliche Phänomene, sondern als Magier, der offen seine Absicht zugibt, mit rein natürlichen Mitteln zu verwirren. Herr Kellar unterzog sich einer Reihe von Tests, die weitaus komplizierter und schwieriger durchzuführen waren als alle von Slade oder einem anderen Medium erstellten; Dennoch konnte die Kommission seine Methoden nicht erkennen und gab zu, völlig ratlos zu sein.

Mr. Kellar erzählte mir, als Mr. Furness und Coleman Sellers, ein weiteres Mitglied der Kommission, der selbst Amateurunterhalter war, sich bei ihm um eine Ausstellung seiner Fähigkeiten als Schieferschreiber bewarben, erwarteten sie von ihm, dass er die üblichen Tricks beherrschte Slade. Aber jemand gab Kellar den Hinweis, dass Sellers den Mitgliedern der Kommission gesagt hatte, was Kellar tun sollte und wie er dies wahrscheinlich tun würde, und dass sie auf seine *Vorgehensweise* achten sollten . Um also nicht beim „Schlafen" erwischt zu werden, war Kellar , wie der geschickte Mystifizierer , der er war, entschlossen, Slade zu übertreffen und Sellers zu schlagen. Als er mir davon erzählte , lachte er herzlich und sagte:

„Wenn Sie das Gesicht von Herrn Sellers zum Zeitpunkt der Enthüllung des Rätsels hätten sehen können, hätte es Ihrem Herzen gut getan."

Als Kellar zur Demonstration kam , bestand er darauf, dass die Kommission ihre eigenen Schiefertafeln bereitstellte, also wurde ein Junge losgeschickt, der etwa ein Dutzend verschiedener Arten mitbrachte. Dann setzten sich alle um den Tisch und legten die Hände mit der Handfläche nach unten auf die Tischplatte. Die Kommission eröffnete die Sitzung, indem sie Fragen auf die Tafeln schrieb. Kellar hielt sie mit dem Daumen nach oben unter den Tisch, und als er sie nach wenigen Augenblicken herauszog, hatten sie die Antworten auf die Fragen in einer klaren, runden Handschrift geschrieben. Die Fragen wurden nach und nach immer länger, aber die Antworten hielten mit ihnen Schritt und deckten manchmal eine ganze Seite der Tafel ab. Obwohl die Schiefertafeln alle unterschiedlich waren und unmöglich miteinander verwechselt werden konnten, begann die Kommission, sie mit Erkennungszeichen zu versehen. Einmal wurde kein Bleistift oben auf die Tafel gelegt, aber die Antwort kam trotzdem. Diese Tatsache wurde kommentiert und Kellar antwortete:

„Oh, meine Geister können *ohne* Bleistifte schreiben", eine Aussage, die die Mitglieder der Kommission umso mehr verwirrte.

Schließlich forderte der Zauberer sie auf, eine Frage auf eine Schiefertafel zu schreiben und sie mit einer anderen zu bedecken, wobei sie den Bleistift zwischen die beiden legen sollten. Auch das störte die „Geister" nicht, denn als die Schiefertafeln zurückgegeben wurden, waren beide Seiten mit Schrift bedeckt.

Der folgende Auszug aus dem vorläufigen Bericht der Seybert-Kommission, der ursprünglich 1887 veröffentlicht wurde, beschreibt diesen Auftritt von Harry Kellar vor Mitgliedern der Kommission und zeigt den Eindruck, den er auf sie machte.

„Ein herausragender professioneller Jongleur führte in Anwesenheit von drei Mitgliedern unserer Kommission eine unabhängige Schieferschrift vor, die weitaus bemerkenswerter war als alles, was wir bisher mit Medien gesehen haben." Am helllichten Tag wurde eine auf beiden Seiten vollkommen saubere Schiefertafel mit einem kleinen Stück Schieferstift unter die Platte eines kleinen, gewöhnlichen Tisches gehalten, um den wir saßen; Die Finger der Hand des Jongleurs drückten die Schiefertafel fest gegen die Unterseite der Tischplatte, während der Daumen den Druck vervollständigte und die Tischplatte gut sichtbar umklammerte. Unsere Augen haben diesen Daumen nie für den Bruchteil einer Sekunde aus den Augen verloren; es bewegte sich nie; und doch wurde in wenigen Minuten die mit Schrift bedeckte Schiefertafel hervorgebracht. Botschaften waren da und sind immer noch da, denn wir haben die Tafel aufbewahrt, die auf Französisch, Spanisch, Niederländisch, Chinesisch, Japanisch und Gujorati geschrieben ist und mit „*ich bin ein Geist, und lieb, mein Lagerbier*" endet. Bei einem unserer Nummern wiederholte der Jongleur anschließend den Trick und enthüllte jedes Detail."

Die Methode, die Kellar anwandte und die er mir beschrieb, war folgende. Mit Zustimmung des Hotelbesitzers, der sich bereit erklärte, für etwaige Schäden aufzukommen, ließ er eine kleine Falle in den Boden des Zimmers anbringen, etwa so groß wie ein Warmluftregister, mit den nötigen Vorrichtungen zum Öffnen und Schließen . Über diese Falle wurde ein Plüschteppich mit rechteckigen Mustern gelegt, und eines der Muster, das genau die Größe der Falle hatte, wurde mit einem Rasiermesser ausgeschnitten, wobei diese Schnitte nicht wahrnehmbar waren. Das Stück Teppich war fest an der Oberseite der Falle festgeklebt. Zusätzlich zu diesen Vorbereitungen kaufte Kellar ein Exemplar aller Schieferarten, die in der Innenstadt von Philadelphia zu finden waren.

Als die Zeit für die „Seance" kam, saß Barney, Kellars kluger junger Assistent, mit der Auswahl an Schiefertafeln an seiner Seite auf einer Plattform im Raum unter der Falle. Sobald die Kommission am Tisch saß , öffnete er die Falle und konnte alles hören, was im Raum darüber gesagt wurde. Als die Ausstellung begann, nahm er einfach die Schiefertafel, die Kellar unter die Tischplatte gelegt hatte, wählte eine passende aus seinem Sortiment aus, schrieb die Antwort darauf und schob sie dann Kellar unter die Finger. Im Falle einer markierten Schiefertafel verwendete er diese anstelle eines Duplikats. Natürlich war es für Kellar völlig einfach, seinen Beitrag zu leisten, ohne seinen Daumen von der Tischplatte zu nehmen.

„Eine Fälschung, schlicht und einfach, werden Sie sagen", bemerkte Kellar zu mir und fügte dann hinzu: „Aber das sind alle spirituellen Manifestationen."

Zu diesem Zeitpunkt war John W. Truesdell wahrscheinlich der erste, der Slade entlarvte, als er bereits 1872 gegen ihn ermittelte, aber die Ergebnisse seiner Ermittlungen wurden erst veröffentlicht, als er 1883 sein Buch „Bottom Facts" veröffentlichte In seinem Buch erzählt er, wie er Slade eine Falle gestellt und bewiesen hat, dass er Schiefer ersetzt hat.

Als Sam Johnson aus Rome, New York, arrangierte Truesdell eine Séance mit Slade. Da er wusste, dass sein Mantel durchsucht werden würde, ließ er ihn mit einem unversiegelten Brief in der Tasche auf der Garderobe im Flur hängen und nutzte die Gelegenheit, sich umzusehen, während er im Geisterzimmer wartete. Unter der Anrichte fand er eine Schiefertafel, auf deren Unterseite eine Nachricht stand:

„Wir freuen uns, Sie in dieser Atmosphäre der Geisterforschung zu treffen. Sie werden jetzt von vielen ängstlichen Freunden im spirituellen Leben gerufen, die mit Ihnen kommunizieren möchten, dies aber nicht können, bis sie mehr über die Gesetze erfahren, die ihr Handeln bestimmen. Wenn Sie oft hierher kommen, werden Ihre spirituellen Freunde bald in der Lage sein, sich mit Ihnen zu identifizieren und wie auf der Erde mit Ihnen zu kommunizieren.

„Allie."

In kühner Handschrift fügte Truesdell hinzu:

„Henry, pass auf diesen Kerl auf. Er hat es in sich.

„ Alcinda ."

Dies war der Name von Slades verstorbener Frau, eine Tatsache, die Truesdell zufällig wusste. Er legte die Schiefertafel so zurück, wie er sie gefunden hatte. Slade erschien sofort und die Séance begann mit dem allgemeinen Phänomen des Bewegens von Stühlen usw., das dem Schreiben auf der Schiefertafel vorausging. Als der Name „Mary Johnson" deutlich auf der Tafel stand, sagte Slade, es sei Truesdells Schwester. Als ihm gesagt wurde, dass dies falsch sei, zog Slade den Tisch neben die Anrichte und tat so, als würde er das Licht auswechseln. Wie immer *verlor er die Kontrolle* über die

Schiefertafel, ließ sie auf den Boden fallen und nahm stattdessen die vorbereitete, als er sich bückte, um sie aufzuheben. Als er die beiden Nachrichten las , wurde er wütend und wandte sich an Truesdell, um zu erfahren, was es bedeutete und wer sich in die Schiefertafel eingemischt hatte.

„Geister", war Truesdells Antwort.

Es gab ein paar angespannte Sekunden und dann ging die Séance ruhig weiter.

Ich war zu Slades Zeiten zu jung, um eine Audienz bei ihm zu suchen, aber ich habe das Glück, Herrn Frederick E. Powell zu kennen, einen prominenten Zauberer und Mitglied der Society of American Magicians. Er ist einer der wenigen heute lebenden Menschen, die Séancen mit Slade hatten, und mit seiner Erlaubnis zitiere ich die folgende Beschreibung seiner Erfahrungen mit Slade.

HENRY SLADE

„Im Herbst 1881 oder 82 kam Henry Slade, das berühmte Geistermedium, nach Philadelphia und übernachtete im Colonade Hotel, wo er einen Raum für die Abhaltung von Séancen eröffnete. Zu dieser Zeit war ich Dozent für Mathematik am Pennsylvania Military College in Chester, Pennsylvania. Als ich die Ankündigung von Slades Sitzungen in einer Zeitung aus Philadelphia las, schrieb ich ihm und vereinbarte für mich und Kapitän R. K. Carter einen Termin zur Anwesenheit einer von ihnen. Kapitän Carter war zu dieser Zeit unser Ausbilder für Bauingenieurwesen. Als wir zur verabredeten Zeit die Kolonade erreichten, wurden wir in Slades Gegenwart geführt, in einen Raum, in dem es keine Möbel gab, abgesehen von einem ziemlich langen Tisch und mehreren Stühlen, die in der Mitte des Raumes standen, während wir uns an der Seite und direkt hinter Slade befanden An dem Tisch, an dem ich sitzen sollte, befand sich ein kleinerer Tisch, auf dem eine Reihe normal aussehender Schultafeln unterschiedlicher Größe gestapelt waren. Auf dem Mitteltisch war kein Tischtuch. Auf dem Kaminsims befanden sich mehrere kleine Gegenstände, wie sie ein Raucher verwenden könnte, nämlich eine Streichholzschachtel usw.

„Meiner Erinnerung nach war Slade ziemlich groß und schlank und hatte eine einschmeichelnde Erscheinung. Er erwartete uns und setzte mich sofort an einen langen Tisch.

„Die Séance begann damit, dass Slade zwei ziemlich große Schiefertafeln in der Hand hielt und alle Oberflächen frei von Schrift zeigte, sie auf die Tischplatte legte und während er ihre Oberflächen rieb, ein laufendes Gesprächsfeuer aufrechterhielt. Dann sagte er uns, wir sollten unsere Hände so nahe wie möglich in der Mitte des Tisches auflegen, sodass sich unsere kleinen Finger berührten. Slade legte die Tafeln zusammen und trennte sie nach ein oder zwei Augenblicken wieder, wobei er sagte, er habe vergessen, ein Stück Bleistift dazwischen zu stecken. Dies tat er und hielt sie zusammen und legte sie mit einer Hand unter den Tisch, während er die andere auf den Tisch legte, so dass seine Finger unsere Hände berührten. Dieser Standpunkt wurde einige Minuten lang beibehalten, als er sagte, er werde sehen, ob er irgendwelche Ergebnisse erzielt habe. Er holte die Schiefertafeln unter dem Tisch hervor, legte sie darauf und forderte Captain Carter nach einem Moment auf, sie sich anzusehen. Kapitän Carter folgte dieser Anweisung und trennte sie, als sich herausstellte, dass die gesamte Oberfläche eines von ihnen mit Schrift bedeckt war. Laut Slade stammte diese Nachricht von einem Mann, der gerade gestorben war. (Die Mitteilung über den Tod des Mannes war in der Morgenzeitung veröffentlicht worden.) Die Nachricht war mit dem vollständigen Namen unterzeichnet, aber da weder Captain Carter noch ich den Mann kannten, konnten wir weder die Richtigkeit der Handschrift bestätigen noch dementieren Wahrheit der Unterschrift.

„Captain. Carter fragte Slade, ob er die Nachricht kopieren dürfe, aber Slade lehnte ab und sagte, er wisse nicht, ob die Geister möchten, dass die Nachricht kopiert werde. Es fiel mir schwer, die Zurückhaltung des Geistes oder der Geister zu erklären, da die Botschaft zu unserer Information geschrieben worden war. Soweit ich mich erinnern kann, ging es darin darum, dass in der Geisterwelt alles sehr herrlich sei und dass er, der Autor, sehr glücklich sei. Es gab nichts in der Botschaft, das über die Mentalität von Slade hinausging oder in irgendeiner Weise das Geisterleben beschreiben würde. Alles war vage und unbefriedigend, wo wirkliche Informationen gewünscht waren.

„Während dieser Demonstration und tatsächlich während der gesamten Sitzung saß Slade seitlich am Tisch, seine linke Hand ruhte im Allgemeinen auf der Tischplatte und seine rechte Hand war frei. Als nächstes wurden mehrere kurze Nachrichten auf einer kleinen Schiefertafel verfasst, die Slade unter dem Tisch und außer Sichtweite hielt, wobei immer ein kurzes Stück Schieferstift auf die Oberseite der Schiefertafel gelegt wurde. Zwei Punkte wurden von Slade sehr nachdrücklich hervorgehoben. Erstens, dass das Stück Bleistift immer direkt am Ende des letzten Wortes der Nachricht gefunden wurde, und zweitens, dass die Nachrichten auf der Oberseite der Schiefertafel gefunden wurden, die laut Slade dicht an die Unterseite gehalten wurde die Tischplatte. Allerdings konnten wir die Schiefertafel nicht sehen, als sie unter dem Tisch lag, da wir so weit wie möglich reichten, um die Mitte der Tischplatte zu erreichen, und die Schiefertafel wurde uns erst gezeigt, als sie unter der Tischplatte hervorgeholt wurde , wäre es eine einfache Sache gewesen, die Schiefertafel abzusenken, nachdem man sie unter den Tisch gelegt und mit einem Finger von Slades rechter Hand geschrieben hatte, und dann die Schiefertafel auf die Unterseite des Tisches zu bringen und sie langsam in Sichtweite zu bringen.

„Als die kleine Schiefertafel einmal auf den Tisch gelegt wurde, war deutlich das Geräusch des Schreibens zu hören. Während dieser Zeit hatte Slade beide Hände auf der Tischoberfläche und war damit gut sichtbar. Das war damals ziemlich verblüffend, aber später entdeckte ich, wie ich diesen Schreibklang selbst und ohne die Hilfe von Geistern erzeugen konnte.

„Einmal, als wir unsere Aufmerksamkeit auf eine von Slade gehaltene Schiefertafel richteten, erhob sich plötzlich der unbesetzte Stuhl auf der Seite gegenüber von Slade und fast an der Seite von Captain Carter, so dass seine Sitzfläche die Unterseite des Tisches berührte . und fiel dann mit einem ziemlichen Knall zurück.

„ Ein weiterer aufschlussreicher Effekt wurde erzielt, als Slade mir eine der kleinen Schiefertafeln gab und mich aufforderte, sie unter den Tisch zu halten. Ich tat es und spürte, wie es mir plötzlich aus der Hand gerissen wurde (ich hielt es mit einer Hand, meine andere Hand lag auf der Tischplatte) und mit einem kratzenden Geräusch bis zum äußersten Ende des Tisches getragen wurde, und dort erhob es sich über den Oberfläche genug, um etwa ein Drittel oder möglicherweise die Hälfte seiner Länge freizulegen. Dann wurde es schnell zurückgetragen und in meine Hand gelegt.

„Damit war die erste Sitzung abgeschlossen; als Slade nach einem Moment sagte, er dachte, das sei alles, was er zu diesem Zeitpunkt bekommen konnte.

„Bei unserem zweiten Besuch muss ich nur von drei Auswirkungen berichten: Erstens, dem Unterschied in der Art und Weise, wie beim ersten Besuch eine Schrift auf den großen Schiefertafeln erstellt wurde, mit der die Séance begann. Slade zeigte eine Schiefertafel und säuberte sie gründlich. Dann griff er, während er sich weiter unterhielt, beiläufig nach dem kleinen Tisch, auf dem angeblich mehrere Stapel Schiefertafeln lagen, nahm eine davon, als wäre er in Gefahr, und legte sie flach darauf der große Tisch. Reibte mit den Fingern über die Oberfläche, legte ein Stück Bleistift darauf und hielt es unter den Tisch. Nach einer Pause holte er es heraus, nahm die obere Schiefertafel von der unteren und zeigte, dass beide Seiten unbeschriftet waren. Er bemerkte, dass vielleicht ein anderes Stück Bleistift besser wäre und legte einen weiteren Bleistift auf die Oberseite der oberen Schiefertafel und legte dann die untere Schiefertafel darüber, ohne jemals deren Unterseite gezeigt zu haben. Diese Oberfläche wurde mit Schrift bedeckt gefunden, an deren Bedeutung ich mich jetzt nicht mehr erinnere.

„Die zweite Variante der ersten Séance war, als Slade mich fragte, ob ich jemals die ‚Dematerialisierung eines festen Objekts' gesehen habe? Ich sagte, das sei nicht der Fall, woraufhin Slade eine kleine Schiefertafel nahm, sich umsah, als wolle er einen geeigneten Gegenstand für seinen Test finden, eine Streichholzschachtel vom Kaminsims nahm und sie ziemlich nahe an der Stelle auf die Oberseite der Schiefertafel legte er würde es halten. Dann legte er die Schiefertafel und den darauf liegenden Gegenstand vorsichtig unter den Tisch und holte nach einem Moment die Schiefertafel ohne die Streichholzschachtel hervor. Ich habe unter den Tisch geschaut, dort aber nichts Verdächtiges gefunden.

„In einem Moment legte Slade die Schiefertafel wieder unter den Tisch und als wir sie herausholten, sahen wir die Streichholzschachtel an ihrem früheren Platz. Dieses Verschwinden beeindruckte mich nicht besonders, da ich zu dem Schluss kam, dass das ganze Geheimnis der Entmaterialisierung darin bestand, die Schiefertafel umzudrehen und die Schachtel mit einem Finger an Ort und Stelle zu halten, dann, nachdem gezeigt wurde, dass die Oberfläche leer war, wurde die Schiefertafel erneut umgedreht, um sie wieder unter den Tisch zu legen , und so wurde die Materialisierung der Box realisiert.

„Der letzte Test war ziemlich überraschend. Slade rückte seinen Stuhl näher an meinen heran, legte eine seiner Hände auf die Stuhllehne und die andere auf den Tisch. Meine Hände ruhten auf der Tischplatte. Plötzlich spürte ich, wie sich der Stuhl hob, und ich wurde nach vorne gekippt, konnte aber das Gleichgewicht halten, indem ich mich mit meinen Händen, die, wie gesagt, auf der Tischplatte ruhten, nach hinten drückte. Dann ließ die Kraft schnell nach und mein Stuhl und ich landeten mit einem lauten Knall wieder auf dem Boden. Damit war die zweite Sitzung abgeschlossen. Ich habe Slade nie wieder gesehen.

Powell erklärt die Levitation folgendermaßen:

„Als Slade seinen Stuhl nahe an meinen heranzog, schlug er die Beine übereinander und konnte so seinen Fuß unter die Sprosse meines Stuhls bringen. Das Bein, das über dem Knie ruhte, gab dem Glied, das einen Fuß unter der Sprosse meines Stuhls hatte, eine beträchtliche Hebelwirkung. Nun übte er die nötige Kraft aus, indem er mit dem Fuß nach oben drückte und mit der Hand den Stuhl zurückhielt, während die andere Hand das Ganze stabilisierte, indem sie sich gegen den Tisch drückte. Slade nahm für den Bruchteil einer Sekunde seine Hand von der Rückenlehne meines Stuhls, *bevor er seinen Fuß losließ*. Dadurch war ich natürlich nach vorne geneigt und musste etwas Kraft aufwenden, um nicht vom Stuhl zu rutschen. Diese Anstrengung hielt mich davon ab, zu sehen, wie Slade sich befreite und seine Gliedmaßen wieder in ihre normale Position brachte, nämlich eine Hand auf dem Tisch und seine Füße und Beine genau darunter. Slade war ziemlich groß und, obwohl etwas schlank, sehr muskulös. Natürlich habe ich nicht *gesehen*, wie Slade seinen Fuß zum Heben benutzte, aber seine Position und alle Umstände rund um den Effekt beweisen meine Behauptung, was er meiner Meinung nach getan hat. Außerdem war ich zwar bei weitem nicht so stark wie Slade, aber es gelang mir, diese „Levitation" mit den von mir beschriebenen Mitteln zu duplizieren."

Als ich nach Material über Slade suchte, hörte ich von einem in Philadelphia lebenden alten Medium namens Remigius Weiss, bekannt als Remigius Albus, der vor der Seybert- Kommission über Slades Manipulation der Schiefertafeln ausgesagt hatte. Ich ging nach Philadelphia zu ihm nach Hause und traf dort den einzigen Mann, der konkrete Beweise für Dr. Slade hatte. Das hat er mir ausführlich erklärt. Ich fragte ihn, warum er es nie der Welt preisgegeben habe, und er erzählte mir, dass er sich zunächst aus Mitleid mit Slades Zustand zurückhielt und später dachte, wenn die Betrüger und andere potenzielle Kriminelle Slades Methoden kennen würden, könnten sie diese Methoden nutzen um die Kontrolle über arme Menschen zu erlangen, die mit verstorbenen Angehörigen in Kontakt treten wollten. Er zögerte nicht, mir alle Einzelheiten mitzuteilen, und schrieb mir auf meine Bitte hin einen Brief, in dem er seine Erfahrungen mit Slade beschrieb. Ich zitiere es, weil ich glaube, dass es das beste Exposé ist, das jemals über Slades Schieferschriften geschrieben wurde.

„18. August 1923.

„Mein lieber Houdini:—

„Bitte nehmen Sie von mir dieses Schlossbuch und die verschlossene Doppeltafel entgegen – als kleines Zeichen der Kameradschaft – im Kampf gegen spiritistische Täuschung, Volksaberglaube und Wahnvorstellungen.

„Das Buch und die Schiefertafel gehörten mir. Ich befestigte das Schloss und die Scharniere an der Schiefertafel und bereitete das Buch und eine Reihe anderer, unterschiedlicher Gegenstände vor – (so wie Professor Zollner es getan hatte, als er sich in seiner Torheit von Dr. Slades Humbug täuschen ließ).

„Um das vollkommene, volle Vertrauen von Dr – Ich zeigte ihm Briefe von (zwei bedeutenden und vertrauensvollen spiritistischen Autoren) – Dr. Heinrich Tiedemann und Tiedemanns enger Freund Hudson Tuttle versprachen mir, dass sie bei dieser Séance (in der Fairmount Avenue 148) anwesend sein würden.

"DR. Slade hatte dieses Book and Slate während einer Seance in meiner Wohnung (148 Fairmount Avenue, Phila., Pennsylvania) in die Hand genommen und inspiziert, wo ich zusammen mit Mr. Wertheimer (damals Student der Rechtswissenschaften) – und in Anwesenheit von andere Zeugen (die verborgen waren und weder von *Dr* . Ich hatte für diese Séance drei verschiedene Möbelreihen bereit und so fand ich heraus, dass er nur an oder auf einer bestimmten Art von schlichtem, quadratischem oder Klapptisch und gewöhnlichen Holzstühlen auftreten würde oder konnte Stühle aus Rohrgeflecht.

bei der Seance anwesende Person hat *unabhängig* von und *vor* der Kommunikation mit den anderen einen persönlichen, individuellen Bericht über die Seance verfasst und diesen innerhalb der nächsten Tage unterzeichnet. Ein oder zwei Tage später steckte ich diese Papiere in meine Tasche und auch ein weiteres Papier, das ich vorbereitet hatte, um als Geständnis von Dr. Slade zu dienen oder es zu verwenden und von ihm zu unterzeichnen. Ich ging zum Girard Hotel, Zimmer 24 (nordwestliche Ecke 9th Street und Chestnut Street, Philadelphia, Pennsylvania), um Dr. Slade verhaften zu lassen, weil er unter falschem Vorwand Geld erbeutet hatte, oder um ihn dazu zu bringen, sein eigenes Geständnis zu unterschreiben . Dort, in seinem Zimmer Nr. 24 im Girard Hotel, hatte ich eine weitere, eine andere Séance mit Dr. Slade. Er untersuchte das Buch und die Schiefertafel erneut sorgfältig und versuchte dann, das Buch heimlich und vorsichtig unter den Tisch haltend, mit einem kleinen Schlüssel, den er in seinem Taschentuch versteckt hatte, das Schloss zu öffnen.

"DR. Slade und seine angeblichen „ *Geister* " konnten nicht in das Buch schreiben. Während er es unter den Tisch hielt, versuchte er, den dünnen, quadratischen Holzrahmen aus dem Buch herauszuziehen, den ich dort an den Rändern der Blätter angebracht hatte, damit sich das kleine Stück Bleistift bewegen konnte. – Dann, in einem Bei einem ähnlichen Versuch arbeitete und schwitzte er auf und über der Doppeltafel. Seine „Geister" konnten nicht auf die verschlossene Tafel schreiben und er konnte sie nicht öffnen.

„Er sagte: ‚Die Geister scheinen über deine Skepsis wütend zu sein, es nützt nichts, noch mehr Zeit zu verlieren, indem du es versuchst. „Mein Führer möchte nichts mehr mit dir zu tun haben."

„Dann habe ich auf Bitte von Dr. Dann bearbeitete er den Schwamm 70 und drehte die geschriebene Seite nach unten, mit einem Taschenspielertrick versuchte er, dies abzutun, indem er behauptete, dass dies „echte, unabhängige, spirituelle Schieferschrift" sei.

„Bis zu diesem Zeitpunkt, dem 4. November 1882, hatte ich Dr. Slade freundliche, freudige Aufmerksamkeit entgegengebracht. Wir sprachen über einige meiner Zeitungsartikel, die ich einige Wochen vor seiner Zustimmung zu einer Séance für mich veröffentlicht hatte.

„In diesen Zeitungen hatte ich ihn (Dr. Slade) als ‚den modernen Cagliostro' beschrieben, einen gefeierten Nekromanten, Märtyrer oder Scharlatan, mit radikalen freireligiösen Neigungen, feinen Manieren und einem humistischen, witzigen und kraftvollen öffentlichen Redner und äußerst kraftvollen Spiritisten . " Medium, der immer wieder Enthüllungen in Frage gestellt hat und immer wieder in Frage stellt und besondere Aufmerksamkeit auf die Tatsache lenkt, dass Dr. an jede Person, die beweisen kann, dass er (Dr. Slade) ein Humbug ist oder dass Dr. Slades „Manifestationen" Betrug, Taschenspielertrick, Humbug oder in irgendeiner Weise betrügerisch sind."

„LOCKED SLATE", VERWENDET VON DR. HENRY SLADE BEI
SEINEN SCHREIBPRÜFUNGEN IN PHILADELPHIA

"DR. Slade schien mit meiner Beschreibung zufrieden zu sein. Nach einigen angenehmen Gesprächen über sein Auftreten bei Wissenschaftlern, Königen und anderen königlichen Persönlichkeiten und Herrschern in Europa, seinen Erfolg als Dozent und seine Lebensweise gab er mir seine Adresse: Nr. 221 West 22nd Street, New *York* .

„ Dann bat ich Dr.

"DR. Slade sagte auch, wenn ich meine Skepsis überwinden könnte , wäre ich ein guter „Hellseher" mit „medialen" Gaben.

„Ich schlug vor, dass er mich aufmerksam beobachten und mir dann ehrlich sagen sollte, welche Wirkung und welchen ‚Eindruck' meine ‚Manifestationen' auf seinen Geist hervorrufen könnten (oder würden) und schließlich über das Ergebnis des ‚Spiritualistischen, Harmonischen ' ‚Philosophie oder sogenannte wissenschaftliche Religion der Spiritisten .'

„Dann reproduzierte ich zu seiner Bestürzung ernsthaft und durch tatsächliche Demonstration jede einzelne seiner Manifestationen *genau* (und mit der gleichen *Vorgehensweise* , die ich und meine Zeugen gesehen und festgestellt hatten), wie *Dr. Slade sie durchgeführt hatte* . " Er fragte mich, wie und mit welchen Mitteln wir seinen „okkulten" oder geheimen Modus oder seinen „Prozess des Wunderwirkens" oder „ Wunder" entdeckt hätten? – Ich erwähnte, dass er sich entschieden geweigert hatte, im ersten und zweiten Satz irgendein „Experiment" durchzuführen von Tischen und Stühlen und hatte mich gebeten, sie durch einen einfachen Küchentisch und Stühle einer bestimmten Konstruktion zu ersetzen.

„Ich erzählte ihm, dass ich Beobachtungslöcher in die *Ecken* der Paneele (insbesondere durch die *unteren* Ecken) in die Salontüren, den Boden, die Decke und andere Orte gebohrt hatte, von denen aus meine verdeckten Zeugen beobachteten, und dass ich alles genau gesehen habe Bewegungen seiner Füße, Hände usw., *unter* und über dem Tisch, – sah, wie er Mr. Wertheimer, der auf dem Stuhl saß, anhob („schwebte"), sah, wie er (Dr. Slade) mit seinen Füßen Stühle umkippte, trat a Buch (ragt über die Tischkante hinaus), warf einen Schieferstift von der Tischkante, von einer Schiefertafel, die unter und an der Tischkante gehalten wurde usw. usw.

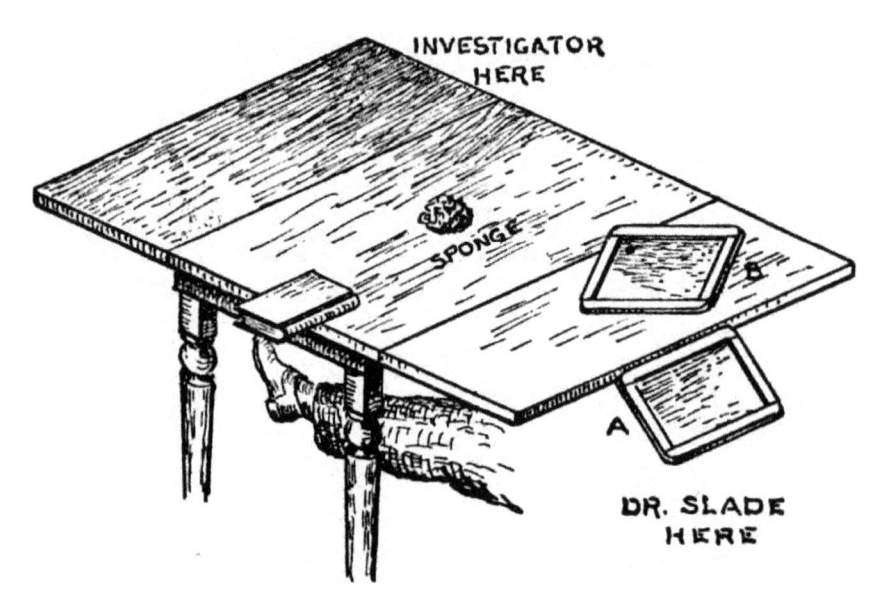

SKIZZE, DIE SLADES SITZ AM TISCH, VERSCHIEDENE POSITIONEN DER SCHIEBER, DIE LAGE DES SCHWAMMS UND DIE METHODE ZUM BEWEGEN DES BUCHES ZEIGT.

"DR. Slade, der jetzt sehr blass geworden war und sich den dicken Schweiß von Stirn und Gesicht wischte, sagte: „Nun, was ist damit?" und fragte vorschnell: „Wo waren Hudson Tuttle und Dr. H. Tiedemann?" Ich erinnerte ihn daran, dass sie eine Entschuldigung geschickt hatten, da sie (aufgrund unvorhergesehener Umstände) nicht an der Sitzung in meinem Haus teilnehmen konnten.

„Dann habe ich ihm streng die Alternative gegeben: – Dass er entweder *sein eigenes Geständnis unterschreibt* (was die Tatsache betrifft) – dass er es getan hat (während der vielen Jahre seiner Karriere als professionelles Geistermedium und in allem, was er behauptet oder vorgetäuscht hat) . „echter" Spiritist oder Spiritualist) hat die Öffentlichkeit getäuscht und betrogen. – Ich las ihm das Geständnis vor und forderte streng: „Entweder Sie unterschreiben das, oder Sie werden hinter Gitter gebracht." –

GESTÄNDNIS

„Der Unterzeichner Henry Slade, beruflich bekannt als Dr Er bekennt hiermit, dass alle seine angeblichen spiritistischen Manifestationen Täuschungen waren und sind, die durch Tricks durchgeführt wurden.

(Unterzeichnet) H. Slade."

„Ich (R. Weiss) hatte außerdem festgelegt, dass er (Dr. Slade) verspricht, seine gegenwärtige unehrliche, kriminelle Methode, seinen Lebensunterhalt durch Ausnutzung des Aberglaubens der Spiritualisten und durch die Leichtgläubigkeit der Öffentlichkeit zu verdienen, einzustellen", so Dr. Slade erhob Einwände und sagte: „Ich könne seinen Stand in den Augen derer, die seine Kundgebungen gesehen und geglaubt hatten, nicht beeinflussen, wobei ich den Zaren von Russland und andere von Weltrang erwähnte."

„Dann ging ich zur Tür, um zu signalisieren, dass *mein Teil* des Interviews und der Auseinandersetzung beendet war – und vermittelte auch den ‚Eindruck', dass ich die Absicht hatte, ihn verhaften zu lassen.

„Dann änderte er seine Einstellung und flehte mich kläglich an, Mitleid mit ihm zu haben, da er nur über diese eine Möglichkeit verfügte, seinen Lebensunterhalt zu verdienen. All dies und sein Flehen waren so anstrengend, dass er in Ohnmacht fiel.—

„Dann, nachdem ich ihn aus einer , *echten* ' Ohnmacht ‚wiederbelebt' hatte, flehte er mich an, von der Verhaftung abzusehen, und *unterschrieb dann das Geständnis* .

(Unterzeichnet) „ Remigius Weiss."

KAPITEL VII
Schieferschreiben und andere Methoden

EINE BEMERKENSWERT große Anzahl von Methoden wurde zu der einen oder anderen Zeit von den zahlreichen Medien mit geringerem Ansehen als Slade verwendet, die mit dem Schieferschreiben erfolgreich waren. Slade selbst verfügte, wie jeder erfahrene geschickte Digigitator, über verschiedene Möglichkeiten, seine Wirkung zu erzielen. Seine übliche Methode war sehr einfach. Es wurde ein gemeinsamer Küchentisch mit ausgestreckten Tischplatten verwendet, an dessen Ende der Doktor saß und der Klient auf der Seite an der Tischplatte rechts vom Doktor saß.

Nachdem die Schiefertafel auf beiden Seiten gründlich gewaschen worden war, legte er sie unter das Blatt links vom Dargestellten und hielt sie mit den Fingern seiner rechten Hand fest, wobei sein Daumen über dem Tisch lag. Der Dargestellte wurde gebeten, mit einer Hand das linke Ende der Schiefertafel festzuhalten und mit der anderen die linke Hand des Doktors in der Nähe der Tischmitte zu greifen. In einer solchen Position war es für den Dargestellten unmöglich, die Schiefertafel oder die Finger des Mediums zu sehen.

Am Zeigefinger seiner rechten Hand trug Slade eine Art Fingerhut oder Ring, an dem ein Stück Schieferstift befestigt war. Damit schrieb er eine kurze Nachricht auf die Unterseite der Schiefertafel, wobei das Kratzen des Bleistifts für den Dargestellten deutlich hörbar war. Als dieses Kratzen aufhörte, wurde der Doktor von einer Reihe nervöser Krämpfe gepackt, während derer die Schiefertafel dem Dargestellten für den Bruchteil einer Sekunde aus der Hand gerissen und, ohne dass er es wusste, umgedreht wurde, wodurch die Nachricht nach oben gebracht wurde, so dass wann Ein paar Minuten später wurde gezeigt, dass die Nachricht so aussah, als wäre sie zwischen der Schiefertafel und dem Tischblatt geschrieben.

Eine zweite Methode, die längere Nachrichten erzeugte, war der Ersatz von Schiefertafeln. Wenn diese Nachricht allgemeiner Art war, wurde die Tafel gegen eine *ausgetauscht*, die eine zuvor geschriebene Nachricht enthielt, die über ein in der Nähe befindliches Möbelstück verborgen war. Wenn eine besondere Nachricht erforderlich war, wurde diese von einem Assistenten geschrieben, der im Nebenzimmer zuhörte. Als die Tafel für die Nachricht gereinigt war, gab der Doktor das Zeichen und der Assistent klopfte an die Tür. Der Doktor antwortete persönlich auf das Klopfen, nahm die Schiefertafel mit, und während er einem alltäglichen Bericht zuhörte, wurden die Schiefertafeln ausgetauscht. Als er seinen Platz wieder einnahm, wurde die Schiefertafel wie zuvor unter die Tischplatte gelegt. Da er kein Schriftzeichen hörte, untersuchte er mehrmals die Oberseite der Schiefertafel, fand aber natürlich keine Schrift. Schließlich behauptete er, der Einfluss scheine nicht stark genug zu sein, legte die Schiefertafel mit der Nachrichtenseite nach unten auf die Tischplatte, legte ein Stück Bleistift darunter und nahm dann beide Hände des Dargestellten in seine. Bald würde man ein Schreiben hören und bei der Untersuchung würde man die Nachricht finden. Es war Slade möglich, das Geräusch des Schreibens zu erzeugen, während seine Hände die seines Klienten hielten, indem er ein Stück Bleistift durch Fäden an der Seite seines Knies schob und es an einem anderen Stück rieb, das mit einer Holzklammer am Tischbein befestigt war.

Eine der gebräuchlichsten Methoden des Schieferschreibens ist die „Klappentafel". Die Nachricht wird vorher geschrieben und mit einer Klappe aus Silikatgaze oder dünnem Schiefer verdeckt, der genau in den Schieferrahmen passt. Eine Seite dieser Klappe ist mit einem Stoff überzogen, der zu dem auf der Tischplatte verwendeten Stoff passt, und wenn sie herunterfällt, bleibt sie unbemerkt. Eine bessere Möglichkeit besteht darin, die Rückseite der Klappe mit Zeitungspapier abzudecken. Wenn Sie sie dann auf eine Zeitung fallen lassen, wird sie unsichtbar.

Es gibt eine geniale Doppelform dieser Klappschiefertafel, mit der es möglich ist, eine Botschaft auf beiden Innenflächen eines Paares verschlossener Schiefertafeln erscheinen zu lassen, ohne dass diese für einen Moment aus dem Blickfeld des Dargestellten geraten. Die beiden Schiefertafeln sind wie die altmodischen Schulschiefertafeln mit Scharnieren verbunden, wobei sich die Scharniere jedoch an der Außenseite der Schiefertafeln befinden. Die Schieferplatten sind sehr dünn und die Enden der Rahmen sind zu ihnen hin leicht abgeschrägt. Ein Ende jedes Rahmens ist so gefertigt, dass durch Drücken einer der Scharnierschrauben das Rahmenende gelöst wird und etwa einen Viertel Zoll herausgezogen werden kann. Eine sehr dünne Schieferplatte namens „Flap" ist so angeordnet, dass sie genau über die echte Schieferplatte passt, wenn die Rahmenenden angebracht sind, fällt aber heraus, sobald sie gelöst und herausgezogen werden. Bei der Bearbeitung dieser Schiefertafeln schreibt das Medium eine Botschaft auf die Innenseite einer von ihnen, beispielsweise auf die linke Seite, und auch auf eine Seite der Klappe. Anschließend wird das Ende der Schiefertafel mit der Botschaft herausgezogen, die Klappe mit der Botschaftsseite nach unten eingesetzt und der Rahmen wieder befestigt. Eine geheime Markierung an der Außenseite des Rahmens zeigt an, auf welcher Schiefertafel geschrieben ist. Die Schiefertafeln können dann gezeigt werden und sehen auf allen vier Seiten sauber aus. Sie können sie entweder versiegeln oder verriegeln, ohne den Erfolg der Demonstration zu beeinträchtigen. Dann werden sie auf den Tisch gelegt, wobei die falschen Enden dem Medium am nächsten liegen, und während er sich mit halb verschränkten Armen auf ihre Enden stützt und den Dargestellten in ein Gespräch verwickelt, zieht er gleichzeitig mit den Fingern seiner verborgenen Hand die Rahmenenden heraus , sodass die Klappe von einer Schiefertafel auf die andere fallen kann, und sie dann durch Zurückstecken der Enden an ihrem Platz sichert. Wenn man die Schiefertafeln öffnet, findet man natürlich auf beiden eine genau geschriebene Botschaft.

Eine andere Art von Doppelschieferplatte, die für die Erzielung eines ähnlichen Effekts bei dunklen Séancen oder Tischlerarbeiten gedacht ist, hat ebenfalls ein loses Ende, das sich, anstatt sich um einen Viertelzoll zu bewegen, auf eine beliebige Länge ausziehen lässt und dabei die Platte mitnimmt. Nachdem das Licht ausgeschaltet oder der Schrank geschlossen ist, können Sie die Platte ganz einfach herausziehen und eine Nachricht darauf schreiben.

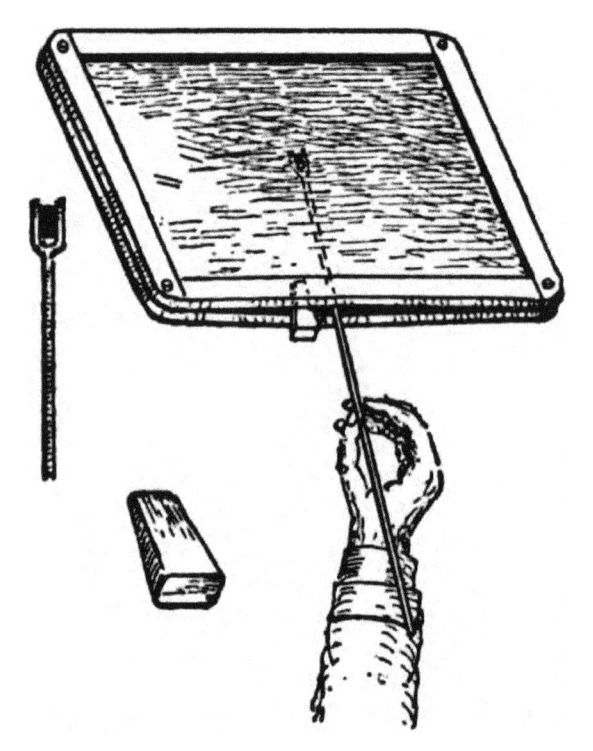

Mit Keil und Draht auf „ehrlichen Schiefertafeln" schreiben.

Geschrieben wird manchmal zwischen zwei vollkommen ehrlichen Schiefertafeln, die an den Ecken miteinander verbunden wurden, indem man einen Keil aus hartem Holz zwischen die Rahmen einfügte und sie so weit voneinander trennte, dass ein Stück Draht zwischen sie geschoben werden konnte, an dessen Spitze ein Stück Schieferbleistift befestigt war . Auf diese Weise kann bei einer dunklen Séance in wenigen Minuten eine Botschaft übermittelt werden, ohne dass die Siegel gebrochen werden.

Es gibt eine Schieferform, bei der die Platte unsichtbar an der Seite angelenkt ist, so dass sie sich wie eine Tür öffnet und durch einen Geheimverschluss verschlossen bleibt. Diese Schiefertafel kann bei einer dunklen Séance oder unter dem Tisch bei einer hellen Séance verwendet werden. Es kann auch auf einem Stofftisch mit unsichtbarer Falle verwendet werden. Die Falle und die aufklappbare Schiefertafel fallen zusammen herunter und das Medium kann auf die Schiefertafel schreiben, indem es unter den Tisch greift.

Ein weiteres Schema, das bei einem Paar klappbarer Schieferplatten verwendet wird, besteht darin, an einem Ende ein Loch durch beide Rahmen zu bohren und sie mit einem Vorhängeschloss zu verriegeln. Dabei werden die Stifte aus den Scharnieren gedrückt und die Rahmen lassen sich leicht auf dem Bügel des Vorhängeschlosses bewegen, so dass das Medium problemlos auf die Innenseite der Schiefertafeln schreiben kann. Anschließend werden die Schiefertafeln durch einfaches Einsetzen der Stifte wieder zusammengehalten die Scharniere.

Eine Methode, eine zusätzliche Schiefertafel zu verstecken, besteht darin, sie etwas kleiner als die anderen zu machen und sie dann an einer geeigneten Stelle zu verstecken, beispielsweise auf der Sitzfläche eines Stuhls. Zunächst wird eine große Schiefertafel untersucht und auf den Stuhl gelegt. Später wird es mit dem zusätzlichen darunter abgeholt. Manchmal wird der zusätzliche Teil unter der Kante eines Teppichs auf dem Boden versteckt und auf die gleiche Weise bearbeitet. Zu anderen Zeiten wird es am Körper des Mediums versteckt und unter eine große Schiefertafel geschoben, wenn das Medium mit seiner rechten Seite auf einer Linie mit der Sichtlinie des Dargestellten steht.

Eine ganz andere Methode wird teilweise von Medien angewendet, die sehr schnell und interessant reden. Während der gesamten Séance läuft das Medium nervös durch den Raum und hält einen kontinuierlichen Gesprächsfluss aufrecht. Er gibt dem Dargestellten zwei Schiefertafeln zur Prüfung. Ein dritter, gleich groß, mit einer zuvor geschriebenen Nachricht auf einer Seite, versteckt in einer großen Tasche auf der Brust seines Mantels. Während die Schiefertafeln untersucht werden, geht er manchmal hinter, manchmal vor dem Dargestellten durch den Raum und klopft ihm auf die Schulter, um seine Bemerkungen zu unterstreichen. Sobald die Schiefertafeln untersucht sind, nimmt er sie, geht hinter dem Dargestellten her, legt sie auf seinen Kopf und bittet ihn, sie dort festzuhalten, während er gleichzeitig seinen Spaziergang und sein Gespräch fortsetzt. Wenn man die Schiefertafeln untersucht, findet man natürlich auf der Innenseite einer von ihnen eine Botschaft. Wenn das Medium mit den Schiefertafeln in der Hand hinter den Dargestellten tritt, tauscht es schnell die Schiefertafel mit einer Nachricht aus, die er für eine der leeren Tafeln versteckt hat. Dies ist nicht mutiger oder schwieriger als viele mediale Tricks, erfordert aber einen besonders fließenden Gesprächspartner, um bei einem Seitenwechsel erfolgreich das nötige Maß an Irreführung zu erzeugen. Weibliche Medien bewirken manchmal einen ähnlichen Austausch mithilfe einer speziellen Tasche im Kleid.

Eine sehr effektive Methode, eine direkte Antwort auf eine Frage auf der Innenseite einer versiegelten Doppeltafel zu erhalten, ist die folgende. Die Schiefertafeln werden vom Dargestellten gründlich gereinigt, indem er eine Frage auf einen Zettel schreibt, ihn faltet und mit etwas Bleistift zwischen die Schiefertafeln legt. Das Medium bleibt beim Schreiben auf Distanz und kann das Geschriebene nicht sehen. Die Schiefertafeln werden dann mit Papierstreifen versiegelt und auf den Tisch gelegt, und der Dargestellte hält das Medium mit beiden Händen. Als nach einiger Zeit kein Schreibgeräusch mehr zu hören ist, äußert das Medium Bedenken hinsichtlich der Möglichkeit eines Scheiterns und *schlägt vor* , dass der Dargestellte die Schiefertafeln an seinen eigenen Kopf hält. Immer noch ist kein Ton zu hören und die Schiefertafeln werden auf den Tisch zurückgelegt, wo sie einige Zeit lang ohne Zeichen von Schrift liegen bleiben. Das Medium ist sehr beunruhigt und schlägt vor, die Schiefertafeln wieder auf den Kopf des Dargestellten zu legen, und bemerkt, dass er diesen Test auf eine spätere Sitzung verschieben müsse, wenn kein Ton zu hören sei. Dieses Mal ist die Schrift fast zu hören, sobald die Schiefertafeln den Kopf berühren, und wenn sie aufhört und die Schiefertafeln entsiegelt werden, findet man eine vollständige Antwort auf der Innenseite einer oder beider Schiefertafeln geschrieben.

Dieses scheinbare Wunder wird auf folgende einfache Weise hervorgebracht. Der Assistent des Mediums schleicht sich mit einem doppelten Paar versiegelter Schiefertafeln in den Raum und stellt sich hinter den Dargestellten. Beim Auflegen der Schiefertafeln auf den Kopf erfolgt ein Wechsel, und der Dargestellte hält die Duplikate, während die Originale vom Assistenten in einen Nebenraum gebracht werden. Er hebt die Siegel mit einem heißen Tischmesser an und nachdem er die Frage gelesen hat, schreibt er eine passende Antwort, versiegelt die Schiefertafeln wieder und kehrt zu seiner Position hinter dem Dargestellten zurück. Ein weiterer Austausch erfolgt, wenn die Schiefertafeln zum zweiten Mal auf den Kopf des Dargestellten gelegt werden. Das Schreibgeräusch wird von dem Medium unter dem Tisch mit einem Stück Schieferstift und einem Stück Schiefer erzeugt, ist aber so leise, dass der Dargestellte es nicht lokalisieren kann.

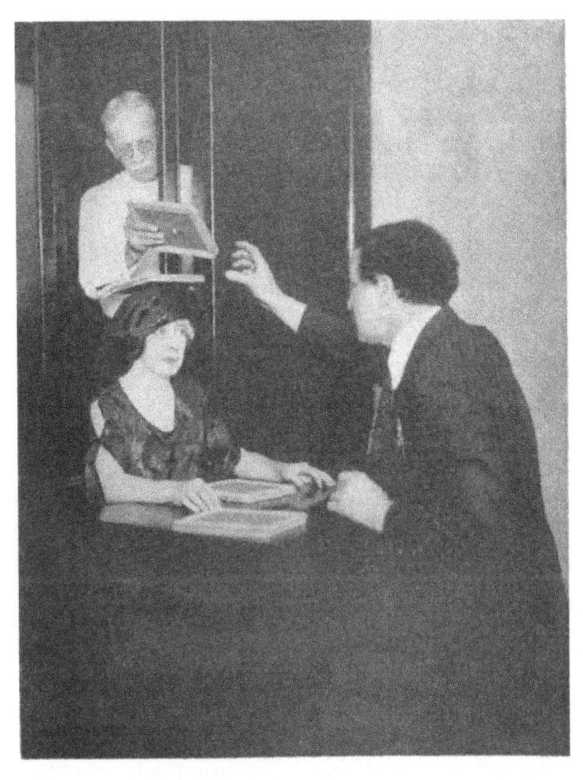

HOUDINI, FRAU. HOUDINI UND HERR. TEALE DEMONSTRIERT
EINE METHODE, SLATERN ÜBER DEM KOPF EINES SITTERS
ZU WECHSELN

In Böhmen, Provinz Prag, traf ich auf ein Medium, das besonders gut im Schieferschreiben war. Zuerst konnte ich seine Arbeit nicht „bekommen". Als ich in Berlin im Wintergarten spielte, kam er eines Abends herein und wollte den Regisseuren eine Aufführung geben. Ich war Gast, bereitete mich aber auf ihn vor. Seine Arbeit war so konzipiert, dass er hinter uns ging und mich damit verblüffte. Ich bat um eine private Sitzung und er stimmte bereitwillig zu.

Sitzung die Schiefertafel schrieb, spürte ich die Anwesenheit von jemandem, und als er die Schiefertafeln wegnahm, gab es tatsächlich ein fast unmerkliches Zögern. In diesem Bruchteil einer Sekunde wurden die Schiefertafeln durch eine *Falle im Panel* hinter mir umgeschaltet. Ich hatte einen Spiegel an einem Gummiband, das an meiner Weste befestigt war, und als ich mich hinsetzte, zog ich am Gummiband, damit ich darauf sitzen konnte. Es gelang mir, diesen Spiegel zu sichern und ihn in meiner Hand zu halten, und mit ihm sah ich, wie sich die Platte öffnete, der Arm mit den doppelten Schiefertafeln ausgestreckt wurde und der Austausch durchgeführt wurde.

S. S. Baldwin, ein anerkannter Experte für spiritistische und telepathische Dummheiten, wurde laut seiner eigenen Geschichte, die er mir im Dezember 1920 erzählte, von einem Dr. Fair überlistet. Er erhielt eine Nachricht auf einer Schiefertafel, die er selbst unter einem Tisch hielt, und Anschließend untersuchte er auf Anraten des Doktors den Tisch, das Zimmer und alles, was in Sichtweite war, gründlich, konnte jedoch keine verborgene Tür in der Wandtäfelung entdecken, durch die ein Mann in schwarzer Kleidung den Weg finden könnte Platz unter einem Sofa und von dort zum Tisch, der ziemlich groß war, schrieb im Geiste und verließ dann den Raum, während Mr. Baldwin damit beschäftigt war, die Schiefertafel unter dem Tisch zu halten und den Blick auf den Raum darüber zu richten.

Einer der allerbesten medialen Tricks, der den Ruf von mehr als einem bekannten Medium erlangt hat, besteht darin, mehrere kleine und eine große Tafel zu verwenden. Die Größe der Schieferplatten spielt keine Rolle, aber die große Schieferplatte sollte in jeder Richtung drei bis vier Zoll größer sein als die anderen. Die Art der Präsentation variiert je nach Interpret etwas, ist aber im Allgemeinen wie folgt.

Wenn die Sitzenden eintreffen, werden die Schiefertafeln in der Nähe einer Ecke des Tisches gestapelt, die größere unten und acht oder neun kleinere oben darauf. Das Medium steht am Ende des Tisches, das den Schiefertafeln am nächsten ist, und nach ein paar beiläufigen Bemerkungen nimmt es die oberste Schiefertafel mit der linken Hand, wechselt sie in die rechte und reicht sie dem Dargestellten zur Untersuchung und Reinigung, falls gewünscht. Wenn er ganz zufrieden ist, nimmt das Medium es zurück, wirft einen Blick auf beide Seiten und legt es dann direkt vor dem Dargestellten auf den Tisch. Dies wiederholt sich mit den restlichen kleinen Schieferplatten, die nicht gleichmäßig gestapelt, sondern in einem chaotischen Stapel liegen gelassen werden. Während die letzte kleine Schiefertafel mit der rechten Hand des Mediums auf den Stapel gelegt wird, nimmt er mit der linken die große Schiefertafel auf und legt sie auf die anderen. Gleichzeitig reicht er dem Dargestellten einen Bleistift und bittet ihn, einige davon zu schreiben Darauf befinden sich Zeilen, in denen die Geister gebeten werden, ihm eine Botschaft zu überbringen und sie mit seinem Namen zu unterschreiben. Es steht ihm frei, auch diese Tafel zu prüfen und auf beiden Seiten seine Botschaft niederzuschreiben.

Die große Schiefertafel wird dann rechts neben den Dargestellten gelegt und er wird gebeten, seine rechte Hand darauf zu legen. Die kleinen Schieferplatten werden dann durch das Medium geebnet, mit einem schweren Gummiband gesichert und dann in die Mitte des Tisches gelegt. Das Medium setzt sich dann an den Tisch gegenüber dem Dargestellten und fasst sich an den Seiten der Schiefertafeln an den Händen. Nach einer ausreichenden Pause werden die Schiefertafeln vom Dargestellten gelöst und auf einer Schiefertafel nahe der Mitte des Stapels findet man eine mit Kreide oder Schieferbleistift geschriebene und von einem verstorbenen Freund unterzeichnete Nachricht.

Das Geheimnis dieser verblüffenden Wirkung ist äußerst einfach. Unter der großen Schiefertafel zu Beginn der Séance ist eine kleinere Schiefertafel verborgen, auf der die Botschaft bereits geschrieben ist. Dieses wird mit dem größeren aufgehoben, wenn dieser auf den Stapel gelegt wird, damit der Dargestellte darauf schreiben kann, und mit der beschriebenen Seite nach unten auf die anderen fallen gelassen. Die zusätzliche Schiefertafel wird nie bemerkt, da der Stapel nicht gezählt wurde und die Aufgabe, den Schieferstift weiterzugeben, die Aufmerksamkeit des Dargestellten in Anspruch nimmt, so dass er nicht erkennt, dass die große Schiefertafel auf den kleinen ruht, bevor er sie untersucht.

Das Medium nimmt dann etwa die Hälfte der kleinen Schiefertafeln, richtet sie aus, legt sie zur Seite und wiederholt den Vorgang mit den übrigen, wobei er sie gleichmäßig auf die anderen legt. Dies ist ein völlig natürlicher Zug, da der gesamte Stapel mehr als eine Handvoll ergibt und dadurch die Tafel mit der Nachricht in die Mitte des Stapels gelegt wird. Der Stapel wird dann auf die Spitze gestellt, das Gummiband darum gelegt und kann dann zum Abschluss der Séance in die Mitte des Tisches gelegt werden.

Zwei Methoden, zwischen verschlossenen oder versiegelten Doppeltafeln zu schreiben, bei denen nur ein oder zwei Wörter benötigt wurden, gaben den Ermittlern lange Zeit Rätsel auf. Der erste wurde mit einem starken Magneten bearbeitet. Das Stück Schieferstift, das zwischen die Schieferplatten gelegt wurde, wurde speziell aus entweder pulverisiertem Speckstein gemischt mit Eisenspänen, Wasser und Leim hergestellt, oder es wurde ein kleines Stück Eisen verwendet, das mit einer Paste aus Speckstein, Wasser und Schleim bedeckt war. Indem man den Magneten unter die Schiefertafeln hielt und die Wörter *rückwärts nachzeichnete* , folgten die vorbereiteten Bleistifte dem Magneten und schrieben die Wörter. Bei der anderen Methode wurde ein Elektromagnet in den Tisch eingebaut, wobei die erforderlichen Drähte an einem Bein entlangliefen und über eine scharfe Metallspitze am Ende des Beins Kontakt mit einer Kupferplatte im Boden unter dem Teppich herstellten.

Seit der Einführung von „Raps" 71 durch die Fox Sisters wurden verschiedene Methoden zu deren Produktion entwickelt. Eine der einfachsten Möglichkeiten besteht darin, die Finger leicht mit dem Medium zu befeuchten und sie ganz sanft über die Tischplatte gleiten zu lassen. Ein wenig Experimentieren zeigt schnell, wie viel Druck erforderlich ist, um die gewünschte Klangmenge zu erzeugen, und natürlich achtet das Medium darauf, die Finger nur über die gewünschte Entfernung bewegen zu lassen, und das auch dann, wenn niemand hinschaut.

Eine andere einfache Methode besteht darin, die Daumen so nah aneinander zu legen, dass der Nagel des einen den anderen ein wenig überlappt . Während dann die Daumen fest auf den Tisch gedrückt werden und ein Nagel nach oben oder unten rutscht, entstehen deutliche Klopfgeräusche, die scheinbar von der Tischplatte kommen.

Einige Medien erzeugen Raps, indem sie ein Knie gegen ein Tischbein auf und ab bewegen. Von anderen ist bekannt, dass sie Holzklötze am Knie unter dem Rock befestigten und mit einer Seitwärtsbewegung des Knies auf das Tischbein klopften. Wieder andere schlagen mit dem Schuhabsatz auf das Tischbein oder drücken die Seite des Absatzes gegen das Tischbein und durch die Auf- und Abbewegung des Absatzes entstehen durch die Reibung des Leders am Holz Klopfgeräusche.

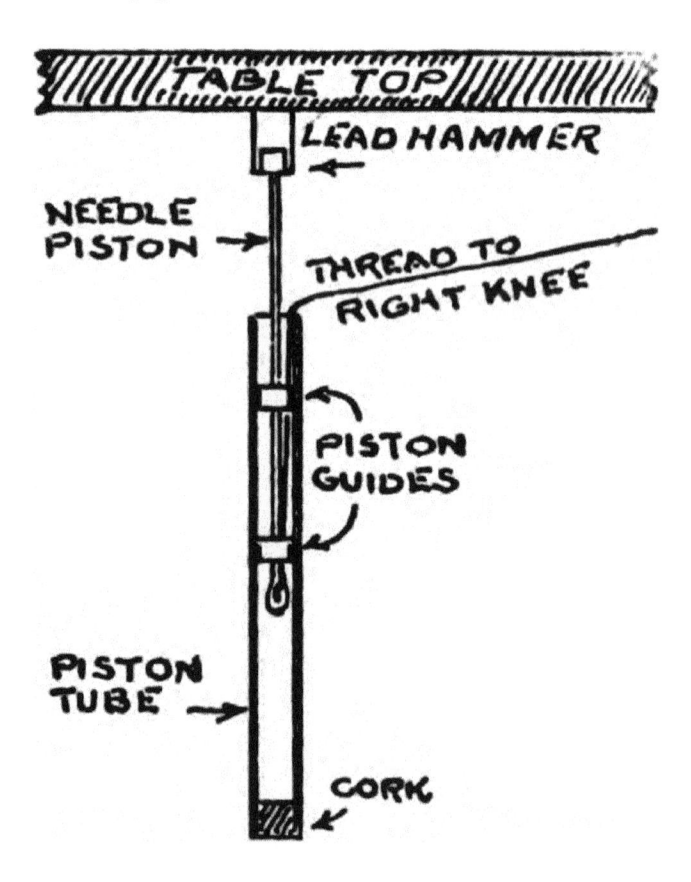

ROHR- UND KOLBENANORDNUNG ZUR RAPSHERSTELLUNG.

Viele Medien verlassen sich nicht auf diese Methoden, sondern verwenden kompliziertere Methoden, bei denen die Raps mithilfe mechanischer Geräte erzeugt werden, die sie um ihre Person herum verbergen. Eines davon besteht aus einem kleinen hohlen Metallrohr, in dem eine lange, schwere Sackleinennadel angeordnet ist, die sich wie ein Kolben auf und ab bewegt, und an der ein dicker schwarzer Faden befestigt ist, um sie zu betätigen. Der Schlauch wird an der Innenseite eines Hosenbeins befestigt. Das freie Ende des Fadens wird durch eine Naht herausgeführt und mit einem unauffälligen Häkchen versehen. Nachdem das Medium am Séance-Tisch Platz genommen hat, befestigt es den kleinen Haken am gegenüberliegenden Hosenbein und zieht daran, bis die Nadelspitze durch das Tuch dringt. Dann beobachtet er eine Gelegenheit, einen Korken, an dem ein Stück Blei befestigt ist, auf die Nadelspitze zu drücken. Nachdem dies erledigt ist, muss er nur noch das Knie in die richtige Beziehung zum Tisch bringen und durch Vor- und Zurückbewegen des anderen Knies den Kolben auf und ab bewegen, wodurch der bleihaltige Korken alle möglichen Botschaften ausstößt.

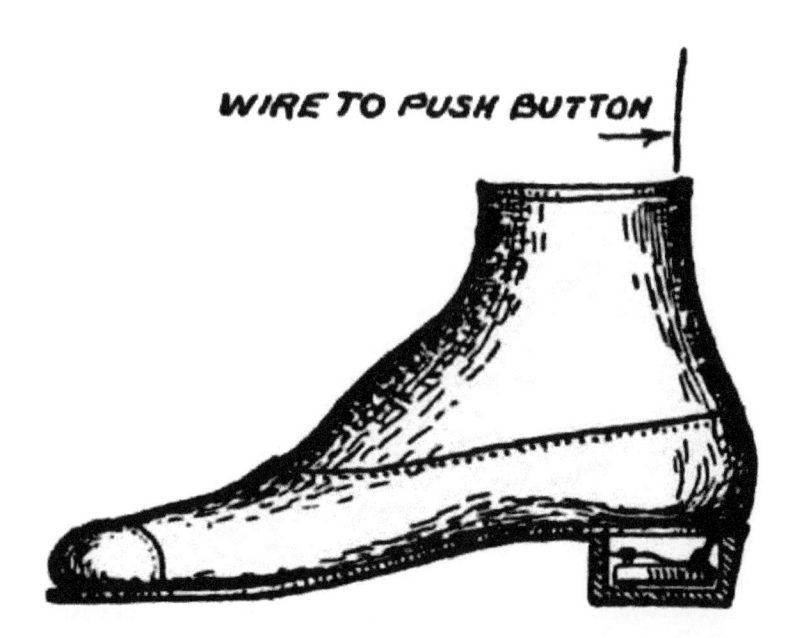

KLAPPMECHANISMUS IN DER ABSATZ DES SCHUHS DES MEDIUMS.

Eine weitere geniale mechanische Vorrichtung ist in den Absatz des Schuhs des Mediums eingebaut und wird elektrisch betrieben, indem ein Draht von dort nach oben durch die Schuhsohle und zwischen der Rückseite des Schuhs und dem Fuß usw. am Bein entlang zu verborgenen Batterien geführt wird in einer Tasche. Indem man diese Ferse gegen ein Tischbein legt, kann man den Klopfgeräuschen einen Klang verleihen, als kämen sie aus der Mitte des Tisches, und mit einer angemessenen Portion „Suggestion" kann den Dargestellten vorgegaukelt werden, dass die geheimnisvollen Klopfer der Reihe nach unter jedem Tisch erzeugt werden Paar Hände auf dem Tisch.

Das Schweben auf einem Tisch kann im Dunkeln mit Hilfe eines Verbündeten auf verschiedene Arten leicht durchgeführt werden. Sitzen das Medium und sein Assistent gegenüber, können sie den Tisch ohne Schwierigkeiten vom Boden heben, indem sie auf ein Zeichen hin die Knie heben. Durch leichtes Schaukeln oder Kippen des Tisches können Medium und Assistent gleichzeitig einen Fuß unter die diagonal gegenüberliegenden Tischbeine schieben, den Tisch anheben und ihn durch den Druck der Hände auf der Tischplatte im Gleichgewicht halten. Diese und viele ähnliche Methoden sind bei dunklen Séancen durchaus praktisch, aber bei Manifestationen, bei denen die Gefahr besteht, dass die Sitzungsteilnehmer sie sehen können, wird auf mechanische Vorrichtungen zurückgegriffen. Die älteste Form ist einfach ein leichtes, aber kraftvolles Stück blauen Stahls, das an ein robustes Lederarmband genietet ist. Bei Nichtgebrauch ist das Ganze in der Hülle des Mediums verborgen. Manchmal sind sowohl das Medium als auch der Assistent damit ausgestattet.

Dies wurde etwas durch einen mit Gamsleder überzogenen Flachstahlhaken ersetzt, der unter der Weste verborgen und an einen eng anliegenden Ledergürtel genietet ist, der den Körper des Mediums umgibt. Mit diesem Haken unter der Tischkante kann eine große Kraft auf den Tisch ausgeübt werden, ohne dass der Bediener dabei sehr belastet wird. Die Hebekraft eines menschlichen Haares ist nicht allgemein bekannt, doch mit einem frisch vom Kopf genommenen Haar, das lang genug ist, um einen kleinen Leuchttisch zu überspannen, kann der Tisch angehoben werden. Eine der modernen Vorrichtungen ist ein Stahlgürtel, den der Bediener trägt und an dessen Vorderseite ein kurzer Metallarm befestigt ist, der so unter die Tischplatte geschoben werden kann, dass der Bediener seine Hände vom Tisch nehmen und ruhig halten kann Stütze es in der Luft. Beim Loslassen des Tisches wird der Metallarm nach hinten geschoben und das Stahlband an eine andere Position am Körper verschoben, wobei der Mantel des Mediums beides verdeckt.

So wie in anderen Arbeitszweigen Fortschritte gemacht werden, so machen auch die Medien Fortschritte bei ihren Methoden, ihre Untertanen zu täuschen. Nur wenige würden auf die altbewährte Methode zurückgreifen, einen Fuß unter dem Fuß eines Ermittlers hervorzuziehen. Sie haben eine neue und verwirrende Methode entwickelt. Die Schuhe des Mediums sind speziell für sie angefertigt, so dass es durch einen gewissen Druck auf die Sohle möglich ist, den größten Teil des Schuhs mit dem Fuß aus einer falschen Vorderseite herauszuziehen. Diese Front ist aus Metall gefertigt und gepolstert. Wenn das Medium das Komitee bittet, ihre Füße auf ihre zu setzen , achtet sie darauf, dass sie den Teil, dem sie sich entziehen kann, nicht überschreiten. Im vollen Glanz des Lichts glaubt der Forscher zu spüren, wie der Fuß des Mediums sicher unter seinem eigenen gehalten wird, und da er unter den Tisch nicht sehen kann, kann das Medium seinen Fuß voll nutzen, um Manifestationen hervorzurufen.

Ich habe einmal eine Séance gegeben, als ich in England auf Tour war. Es war eine dunkle Séance und genau im psychologischen Moment kam ein Geist durch das Fenster und ging an der Wand und Decke des Raumes herum und dann aus einem anderen Fenster. Die Erklärung ist einfach. Auf dem Programm standen mit mir zwei Akrobaten, Hand-gegen-Hand-Balancer. Einer zog seine Schuhe und Strümpfe aus und der andere schlich sich an ihn heran. Er ließ das Fenster herunter, machte dann mit seinem Partner eine Hand-zu-Hand-Balance und ging durch den Raum. Dann ging er zu seinem Platz zurück, zog seine Schuhe an und sah so unschuldig und sanftmütig aus, wie es unter den Umständen, als das Licht eingeschaltet war, möglich war. Ich sagte allen Anwesenden, dass es nur ein Trick sei, aber wie üblich bestanden sie darauf, dass ich ein Medium sei.

Ein Seiltrick, der immer für Erstaunen sorgt und dabei hilft, den Glauben an übernatürliche Hilfe zu wecken, wird von einer Mediumfrau ausgeführt, die mit einem Seil um den Hals einen Schrank betritt. Die losen Enden des Seils werden durch gegenüberliegende Seiten des Schranks geführt und von zwei Mitgliedern des Komitees festgehalten. Dennoch finden die Manifestationen genauso statt, und wenn der Schrank danach geöffnet wird, findet man das Medium so gefesselt vor, wie es vor der Séance war. Tatsächlich schneidet das Medium die speziell um ihren Hals gebundene Schlaufe durch, wenn die Vorhänge geschlossen sind und das Komitee die Enden des Seils festhält. Wenn sie bereit ist, herauszukommen, bindet sie einfach eine weitere Schlaufe, indem sie ein doppeltes Stück Seil verwendet, das sie an ihrem Körper versteckt hatte. Als das Komitee die Enden des Seils freigibt , steckt sie das verstümmelte Stück in ihre Pumphose und erscheint mit dem Duplikat, das wie das Original aussieht.

Es gibt verschiedene Methoden zur Herstellung von Geisterfotos. Eine besteht darin, einen Tisch so vorzubereiten, dass eine Entwicklungsschale dort platziert wird, wo ein Röntgenstrahl bis zum Negativ vordringt. Dadurch entsteht ein „Geisterlicht". Eine andere besteht darin, die Seite der Platte mit einer leuchtenden Substanz, Form oder einem Blitz zu befestigen, und es ist erstaunlich, wie diese Dinge aussehen. Man erhält Formen und erkennt in den Flecken häufig Gesichter. Pater de Heredia hat eine Figur in seine Hand gedrückt und als der Ermittler das Negativ unterschrieb, bemerkte er: „Ich könnte es genauso gut selbst unterschreiben." Dabei legte er die linke Hand auf die Platte, während er mit der rechten unterschrieb, und die Phosphorfigur in seiner Hand wurde auf dem Negativ fotografiert. Eine einfache Methode besteht darin, etwas Verborgenes in der Hand zu haben und es anstelle einer Kappe über das Objektiv zu halten. Eine weitere Methode besteht darin, die Kamera unscharf zu machen und sie heimlich zu knipsen. Bei der regulären Belichtung entsteht dann eine zusätzliche Unschärfe etwas auf dem Teller.

Einer der verblüffendsten Betrügereien, die ich je über die Arbeit eines Mediums gehört habe, hieß „Fingerabdruck eines Geistes". Bei diesem Test zeigt das Medium die Fingerabdrücke der verstorbenen Seele des Dargestellten. Ich zögerte zunächst, diese Fälschung aufzunehmen, aus Angst, den Bestand skrupelloser Medien zu vergrößern, kam aber schließlich zu dem Schluss, dass die Öffentlichkeit davon erfahren sollte. Das Schema wurde zuerst von einem Bildhauer entdeckt, der sich mit Spiritualismus beschäftigte. Eines Tages vor einigen Jahren stürzte ein Arbeiter vom Dach des Gebäudes, in dem dieser Mann sein Atelier hatte, und wurde getötet. Der Körper wurde ins Atelier getragen und während er allein damit war, kam dem Bildhauer die Idee, einige Gäste zu täuschen, die an diesem Abend eine Séance abhalten sollten. Er fertigte eilig eine Gipsform aus den Fingern des Toten an und füllte sie später mit einer gummiartigen Substanz, die er für seine Arbeit verwendete. Als dieser ausgehärtet war und der Gips entfernt worden war, ähnelte er bis ins kleinste Detail der toten Hand.

Während der Séance in dieser Nacht zeichnete er damit Fingerabdrücke auf einer Trompete ab, die er mit Lampenschwärzen versehen hatte , und bei der Untersuchung stellte sich heraus, dass diese Fingerabdrücke genau mit denen des Mannes im Leichenschauhaus übereinstimmten. Niemand war in der Lage, das Geheimnis zu erklären, und er bewahrte das Geheimnis einige Zeit lang, doch später erfuhr ein anderes Medium davon und erhielt eine Stelle in einem Unternehmen, wo er nach einer Weile eine Gelegenheit fand, die Fingerabdrücke mehrerer der Toten zu sichern, die dazu gehörten zur wohlhabenden Klasse. Zu gegebener Zeit arrangierte er Séancen mit den Verwandten und überzeugte sie von seiner Echtheit. Es liegen zwei aktkundige Fälle vor, in denen es wegen dieser Art von Betrug um Vermögen ging. In einem Fall wechselten fünfhunderttausend Dollar den Besitzer, als man die Fingerabdrücke eines zwei Jahre zuvor verstorbenen Mannes entdeckte. Seine Hand war bei einem Unfall verstümmelt worden und alle Narben waren auf dem Abdruck auf der Spirit-Schiefertafel zu sehen. Glücklicherweise wurde dem Medium ein Geständnis abgerungen und das Geld ging an die rechtmäßigen Erben.

Eine „Manifestation", die mysteriös erscheint, in Wirklichkeit aber lächerlich einfach ist, wird wie folgt umgesetzt. Ein Glas wird mit Wasser gefüllt und in einem Schrank auf den Tisch gestellt. Anschließend werden Bänder oder Bänder im rechten Winkel darüber gezogen und die Enden mit Nägeln am Tisch befestigt. So gesichert kann das Glas nicht angehoben werden und die Oberseite ist bis auf einige kleine Öffnungen vollständig abgedeckt. Das Medium wird dann für ein paar Minuten im Schrank eingeschlossen, währenddessen klatscht er ununterbrochen in die Hände, aber wenn der Schrank aufgeschlossen wird, ist das Glas leer und der allgemeine Eindruck ist, dass die Geister es geleert haben. Tatsächlich hatte das Medium seine Hände in die Nähe seines Gesichts geführt und war von einem Schlagen auf die Hände zu einem Schlagen mit einer Hand ins Gesicht übergegangen . Dadurch hatte er eine Hand frei und konnte problemlos einen Strohhalm aus der Tasche ziehen und das Wasser aus dem Glas saugen.

Natürlich sind diese Beispiele nur einige der vielen Mittel, die Medien nutzen, um ihre „Manifestationen" hervorzubringen und die Leichtgläubigkeit des durchschnittlichen Dargestellten auszunutzen, aber sie reichen aus, um dem Leser zu zeigen, welche Art von Methoden praktiziert werden und mit welchem Umfang sie praktiziert werden Sie werden ihren Täuschungen nachgehen.

KAPITEL VIII
GEISTFOTOGRAFIE

Mit vielleicht verzeihlichem Stolz verweisen wir auf die Genialität des amerikanischen Unternehmertums im wissenschaftlichen Fortschritt, aber mit entschiedenem Bedauern wiederhole ich, dass mit der Geburt des modernen Spiritualismus in Amerika auch die meisten Phänomene unter der Maske des Spiritualismus entstanden sind haben so viele gute Intellektuelle auf der ganzen Welt aus dem Gleichgewicht gebracht. Die Geisterfotografie, das bedeutendste mediale Phänomen, hatte ihren Ursprung in Boston, dem „Zentrum" der intellektuellen Entwicklung, und ihr Kommen wurde von Dr. Gardner, einem gläubigen Spiritualisten, angekündigt, der einen Fotografen entdeckte, der „durch das Fotografieren von sich selbst erlangte". auf demselben Teller das Bildnis eines Cousins, der vor etwa zwölf Jahren gestorben ist."

Das war im Jahr 1862, aber etwas mehr als ein Jahrzehnt nach der ursprünglichen Demonstration der sogenannten Geisterkraft in Hydesville . Zum Glück für den Erfolg der neuen Kunst war der von den Bewohnern von „Summerland" 72 zur Demonstration der neuen Phänomene ausgewählte Fotograf ein Medium, und von allen Heerscharen im Himmel war (einzigartiger Zufall) der Geist, der zum Fotografieren ausgewählt wurde, a Cousin von ihm, der einige Jahre zuvor die Grenze passiert hatte.

Kaum war die Entdeckung bekannt gegeben, strömten spirituelle Enthusiasten in großer Zahl in das Atelier des Mediums, Herrn William H. Mumler , und das hielt so lange an, bis böse Geister (?) begannen, eine Atmosphäre des Zweifels und der Skepsis zu schaffen, woraufhin sie begannen Er zog mit seinem neuen Unternehmen abrupt nach New York City, ein steiler Absturz, der vermutlich von seinen spirituellen Führern veranlasst wurde.

Mumler als großer finanzieller Vorteil, bis der Zorn der bösen Geister erneut geweckt wurde und er wegen betrügerischer Transaktionen verhaftet wurde. Es folgte ein äußerst interessanter und aufsehenerregender Prozess, bei dem viele namhafte Personen als Zeugen auftraten, darunter der Fürst der Schausteller, Phineas Taylor Barnum, der für die Anklage aussagte, und Richter John W. Edmonds vom Obersten Gerichtshof für die Verteidigung. 73

Herr Barnum sagte aus, er habe viel Zeit und Forschung in die Aufdeckung von Humbugs investiert und kürzlich ein Buch mit dem Titel „The Humbugs of the World" geschrieben. Er kannte Mumler nur durch seinen guten Ruf, hatte aber einige Korrespondenz mit ihm über seine Bilder geführt, da er seinen Prozess kennenlernen und ihn in seinem Buch darlegen wollte, und einige Bilder, die Mumler ihm schickte, für die Barnum zehn Dollar pro Stück bezahlte und die er beschriftet in sein Museum stellte als „spiritualistischer Humbug".

Barnums Aussage wurde von Mumlers Anwalt angegriffen, der sie als „sehr hübsche Illustration von Humbug" bezeichnete und hinzufügte, dass Barnum, selbst wenn es wahr wäre, gegen das „große Gebot der Ehre unter Dieben" verstoßen habe, ich aber als gläubig zu Protokoll geben möchte dass Herr Barnum im Fall Mumler die Wahrheit gesagt hat.

Richter Edmonds erklärte im Zeugenstand, dass er Geister gesehen habe, obwohl viele Spiritualisten dies nicht konnten, und erinnerte sich an einen Fall, als er auf der Richterbank saß und einen Fall verhandelte, bei dem es um die Zahlung einer Unfallversicherungspolice ging. Er teilte dem Gericht mit, dass sich der gesamte Aspekt des Falles geändert habe, nachdem er den Geist des Selbstmords erkannt habe und mehrere Fragen, die dieser Geist vorgeschlagen hatte, an den Zeugen gerichtet worden seien, wobei die Entscheidung aufgrund der so vorgelegten Aussage aufgehoben worden sei. Er bezeugte auch seine Überzeugung, dass Mumlers Bilder echte Fotografien von Geistern seien.

Während des Prozesses wurden vor Gericht viele Methoden 74 zur Herstellung von Spiritus-„Extras" von erfahrenen Fotografen gezeigt und die Möglichkeiten der Wirkung, die mit natürlichen Mitteln erzielt werden können, bewiesen. Die Ermittler hatten ihren Fall jedoch nicht in einem guten Zustand. Es gab starke Gründe für den Verdacht, aber sie waren nicht in der Lage, positive Beweise vorzulegen, und obwohl das Gericht moralisch davon überzeugt war, dass betrügerische Methoden praktiziert worden waren, fehlten ausreichende Beweise für eine Verurteilung Mumlers.

Obwohl er freigesprochen wurde, ist es bezeichnend, dass Mumler ein Angebot von fünfhundert Dollar ablehnte, seine Bilder in einem anderen Studio unter Testbedingungen zu reproduzieren, während er nach Ansicht des Gerichts sein Geschäft wieder aufnehmen konnte und eine ganze Reihe von Betrügern darauf wartete, ausgeplündert zu werden Dennoch geriet er bald in Vergessenheit und scheint nach der Veröffentlichung seines Buches im Jahr 1875 vollständig verschwunden zu sein.

Spiritualistische Medien sind nicht immun gegen die Schmeicheleien der Nachahmung, denn selbst eine oberflächliche Untersuchung der Geschichte und Entwicklung des Spiritualismus zeigt, dass, sobald ein Medium eine neue Allianz mit dem Spender psychischer Kräfte eingeht und zuvor unbekannte Phänomene hervorbringt, andere Medien sofort damit beginnen, diese zu erzeugen auch und die neue Manifestation wird bald epidemisch. So war es auch mit der Spirit-Fotografie. Niemand hatte an eine solche Möglichkeit gedacht, bevor Mumler das Geheimnis erfand, aber talentierte Medien überall, als sie von seinen Bildern hörten, begannen, sie auch zu produzieren. Geschichten über seinen Erfolg gingen über das Meer und Europa entdeckte dort gleichwertige Talente.

Im Sommer 1874 ging ein Pariser Fotograf namens Buguet nach London und erregte mit seinen Spirit-Bildern große Aufmerksamkeit. Sie waren von viel höherer künstlerischer Qualität als alle vorherigen und Podmore sagt uns in seinem „Modern Spiritualism" Folgendes:

„Die Gesichter der Geister waren in den meisten Fällen klar erkennbar und wurden von den Dargestellten tatsächlich häufig erkannt, und selbst W. H. Harrison konnte bei der Operation keine Tricks entdecken."

Nach einem kurzen Aufenthalt, bei dem seine Demonstrationen Männer wie Rev. Stainton Moses, der seine Befürworter liberal vertrat, völlig zufriedenstellten, kehrte Buguet nach Paris zurück, wo er im nächsten Jahr verhaftet wurde, „wegen der betrügerischen Herstellung von Spirit-Fotografien angeklagt". Im Gegensatz zu Mumler erwies sich sein Gewissen nicht als gerichtsfest, oder vielleicht waren die Beweise gegen ihn derart, dass ein freundlicher Spirit zu einem Geständnis riet; jedenfalls sagte er dem Gericht, dass alle seine Spirit-Fotos das Ergebnis einer Doppelbelichtung seien. Aufgrund dieses Geständnisses wurde Buguet verurteilt und zu einem Jahr Gefängnis und einer Geldstrafe von fünfhundert Francs verurteilt. Ein ähnliches Urteil erging an M. Leymaire , Herausgeber der *Revue Spirits* , der zugab, Buguet vorgeschlagen zu haben , sich mit der Spirit-Fotografie zu befassen.

Die Polizei beschlagnahmte alle Utensilien im Studio von Buguet und brachte sie vor Gericht. Darunter befanden sich eine Laienfigur und ein großer Vorrat an Köpfen. Diese mit Puppen und Assistenten im Studio dienten abwechselnd als Inspiration für Spirit-Statisten. Aber das eigentliche Interesse des Prozesses seien nicht diese Enthüllungen gewesen, erzählt uns Podmore , denn schließlich habe Buguet wenig getan, um die von seinen Vorgängern eingeführten Methoden zu verbessern. Es ist die Wirkung, die Buguets Geständnis auf seine Betrüger hervorruft , und die Zurschaustellung seines Trickapparats, die wirklich Aufmerksamkeit verdient. Ein Zeuge nach dem anderen – Journalist, Fotoexperte, Musiker, Kaufmann, Literat, Optiker, ehemaliger Geschichtsprofessor, Oberst der Artillerie usw. usw. – meldete sich, um im Namen des Angeklagten auszusagen. Einige hatten den Prozess die ganze Zeit über beobachtet und waren davon überzeugt, dass keine Tricks praktiziert worden waren. Viele hatten auf dem Teller ein unverkennbares Porträt derjenigen erhalten, die ihnen am Herzen lagen, und fanden es unmöglich, ihren Glauben aufzugeben. Einer nach dem anderen wurden diese Zeugen mit Buguet konfrontiert und hörten, wie er erklärte, wie der Trick durchgeführt worden war. Einer nach dem anderen verließen sie den

Zeugenstand und beteuerten, dass sie an der Aussage ihrer eigenen Augen nicht zweifeln könnten. Hier ist, fast zufällig aus vielen ähnlichen Berichten ausgewählt, die Aussage von M. Dessenon , einem 55-jährigen Bilderverkäufer. Nachdem er beschrieben hat, wie er zunächst an verschiedene Figuren gelangt war, die er nicht erkennen konnte, fährt er fort:

„'Das Porträt meiner Frau, das ich mir besonders gewünscht hatte, ist ihr so ähnlich, dass er, als ich es einem meiner Verwandten zeigte, ausrief: ‚Das ist meine Cousine!"

„ *Das Gericht* : ‚War das ein Zufall, Buguet ?'

„ *Biguet* : ‚Ja, reiner Zufall.' Ich hatte kein Foto von Frau. Dessenon .'

„ *Der Zeuge* : ‚Meine Kinder hielten die Ähnlichkeit genau wie ich für perfekt.' Als ich ihnen das Bild zeigte, riefen sie: „Das ist Mama." Ein sehr glücklicher Zufall! ... Ich bin überzeugt, dass es meine Frau war.'

„ *Das Gericht* : ‚Sehen Sie diese Puppe und all die anderen Dinge?'

„ *Der Zeuge* : ‚Es gibt dort nichts, was dem Foto, das ich erhalten habe, auch nur im Geringsten gleicht.'"

Übrigens gab es zwei oder drei kuriose Beweise für den Wert der Anerkennung als Test. *Ein Polizist gab an, Buguet habe ihm ein Porträt gezeigt, das als Schwester eines Dargestellten, als Mutter eines zweiten und als Freundin eines dritten seine Pflicht erfüllt habe.* Wiederum stellte sich in den Beweisen heraus, dass ein sehr klar definierter Kopf (reproduziert als Illustration zu Stainton Moses' Artikeln in „ *Human Nature* "), von dem M. Leymaire behauptet hatte, er sei das Porträt seines fast lebenslangen Freundes M. Poiret, wurde von einem anderen Zeugen als hervorragendes Ebenbild seines Schwiegervaters erkannt, der immer noch in Breux *lebte* , und war sehr verärgert über seine vorzeitige Einführung in die Geisterwelt.

Von Mumlers ersten Bildern bis heute hat die Geisterfotografie eine große Rolle im Bereich der spiritistischen Andacht gespielt, und unzählige Medien haben entdeckt, dass sie die gleiche phänomenale Kraft besitzen, das begehrte Abbild in Form von „Extras" auf dem Sensibilisierten zu erzeugen Platte. Mittlerweile ist die Kunst so weit fortgeschritten, dass man nicht mehr sitzen muss, sondern nur noch ein Relikt des Verstorbenen braucht, etwas, das der Person gehörte oder für sie von besonderem Interesse war. Diese Reliquie wird fotografiert und wenn die Platte entwickelt wird, erscheint daneben als „Extra" das Gesicht des Verstorbenen; Das heißt, ich würde sagen, wenn Ihre Vorstellungskraft stark genug ist, um eine Ähnlichkeit mit der Person zu erkennen, die dargestellt werden soll.

Laut Spiritualisten ist heutzutage auch keine Kamera mehr nötig. Tatsächlich wurde mir gesagt, dass es nicht einmal notwendig ist, eine Schachtel mit Platten zu öffnen, sondern dass sie genauso „magnetisiert" werden können, wie sie vom Hersteller kommen, vorausgesetzt, dass *die* Schachtel einige Tage vorher im Besitz des Mediums ist das Sitzen. Diese einzige Bedingung ist erfüllt und die Demonstration erfolgt, wenn die Dargestellten, einschließlich des nächsten Verwandten, ihre Hände auf die des Mediums legen. Um dann eine feierliche Atmosphäre zu schaffen, werden die Dargestellten normalerweise gebeten, an irgendeiner Form religiöser Andacht teilzunehmen, wie z. B. dem Singen von „Näher, mein Gott, zu Dir" oder einem inbrünstigen Gebet.

Dies ist die Art von Aufführung, die von den sogenannten „Crewe Photographers" durchgeführt und von den heutigen Führern des Spiritualismus unterstützt und verteidigt wird. Diese Crewe-Fotografenvereinigung steht unter der Leitung professioneller Spiritualisten und ist eine organisierte Anstrengung, diese besondere Phase spiritistischer Phänomene bekannt zu machen. Die Gruppe besteht aus Herrn William Hope und Frau Buxton, Crewe; Frau Deane aus London; und Herr Vearncombe aus Bridgewater.

Mein Freund Harry Price nahm an einer Sitzung von Hope teil und berichtete wie folgt von den religiösen Übungen:

"Frau. Buxton sang mehrere Verse von „Nearer, My God, to Thee", woraufhin Mr. Hope ein langes spontanes Gebet sprach, in dem er Gott für all unsere vielen Barmherzigkeiten dankte und hoffte, dass er seine Segnungen auch im gegenwärtigen Moment fortsetzen würde. Er wünschte auch Segen für unsere Mitgeschöpfe und Freunde auf der anderen Seite und bat um Hilfe bei dem Versuch, sich mit ihnen zu verbinden usw. Dann sang Frau Buxton eine weitere Hymne, woraufhin Herr Hope das Paket mit trockenen Tellern aufhob und hinstellte Sie legten sie zwischen die Hände von Mrs. Buxton, legten ihre Hände auf seine , und andere in der Gruppe legten ihre Hände darauf. Dann hatten wir ein weiteres spontanes Gebet von Frau Buxton. Dann wurde das Vaterunser gesungen und ein kurzes Lied schloss den Gottesdienst ab."

Kann man sich ein abscheulicheres Sakrileg vorstellen, als Hymnen zu singen, Gebete zu sprechen und den Allmächtigen um Hilfe bei solch einer betrügerischen Arbeit anzurufen?

Die Kombination entging der Entdeckung und machte ein höchst erfolgreiches Geschäft, als im Frühjahr 1921 Herr Edward Bush von der Society of Psychical Research eine Falle legte, in die Hope mit offenen Augen tappte. Herr Bush schrieb für eine Ernennung unter dem Decknamen „D.

Wood", mit einem Foto eines noch lebenden Schwiegersohns. Auf der Rückseite des Fotos stand:

„ Sagen Sie Papa, wenn mir etwas zustößt, werde ich versuchen, ihm ein Geisterfoto zu ermöglichen." Sagen Sie ihm, er soll laut rufen, um mir Bescheid zu geben, wohin er geht.

„Jack Ackroyd."

Hope vereinbarte einen Termin für eine Sitzung, gab das Foto jedoch zurück und sagte, er bedauere, dass es gesendet worden sei, da es ihn verdächtig mache. Als die Zeit für die Sitzung gekommen war, hatte Hope die Kontrolle und Mr. Bush manipulierte die Teller wie er es befahl, aber es erschienen keine „Extras". Am nächsten Tag jedoch, als die Platte nach einer weiteren Sitzung entwickelt wurde, gab es ein „Extra", das sich als Abbild des Schwiegersohns herausstellte. Herr Bush veröffentlichte die Einzelheiten dieser Enthüllung in einer Broschüre und die London *Truth* sagte redaktionell:

„Aber nicht nur William Hope und sein Schwestermedium, Mrs. Buxton, hatten Grund, sich über Mr. Bushs Bloßstellung zu ärgern, sondern auch Sir Arthur Conan Doyle, 75 Lady Glenconner , Rev. Walter Wynn und viele andere führende Persönlichkeiten der Bewegung brachte diese Produkte des Glaubens und der Hoffnung als schlüssigen Beweis für den Fortbestand der Existenz und die Möglichkeit der Kommunikation mit der nächsten Welt vor."

Später im selben Jahr wurde Herr C. R. Mitchell, ein ehemaliger Leiter der Hackney Spiritualistic Society und in medialen Kreisen in London bekannt, ausgewählt, „bestimmte Tests wissenschaftlicher Art durchzuführen, um den Wert dieser Geisterphänomene festzustellen."." Herr Mitchell war Fotograf und wollte für das Experiment seine eigenen Platten verwenden, aber Frau Deane, die das Experiment durchführen sollte, weigerte sich, es ihm zu erlauben, es sei denn, er *ließ sie zunächst einige Tage lang bei ihr, um sie magnetisieren zu lassen* . Er erhob dagegen Einspruch und man einigte sich schließlich darauf, dass er seine eigenen Platten verwenden könne, vorausgesetzt, er würde sie selbst magnetisieren, aber die Ergebnisse waren unbefriedigend. Anschließend kaufte er von Frau Deane eine Packung frischer Teller, die angeblich nicht geöffnet worden war, seit sie den Hersteller verlassen hatte. Auf einer dieser Platten, die Herr Mitchell selbst entwickelt hatte, war das Abbild eines Soldaten zu sehen, und er kam zu dem Schluss, dass die Platten nicht nur „magnetisiert" worden waren, sondern dass sie auch in einer Kamera belichtet worden waren.

Die Ausgabe von *Truth* vom 28. Juni 1922 berichtet über die Erfahrung eines ehemaligen indischen Missionars, der zusammen mit drei anderen die Crewe-Fotografen besuchte und dort für Spirit-Bilder saß. Es wurden vier

Aufnahmen gemacht und auf zwei der Platten erschienen „Extras" des Geistes, aber die Männer konnten sich nicht erinnern, ob die Platten jemals außerhalb ihrer Kontrolle gelegen hatten, also arrangierte der Missionar eine weitere Sitzung und ließ vorsichtshalber seine Platten an der Ecke markieren mit einem Glaserdiamanten. Bei dieser zweiten Sitzung wurde eine Extra-Spirituose hergestellt, aber es gab *keine Diamantmarkierung auf dem Teller, ein eindeutiger Beweis dafür, dass ein Umtausch* stattgefunden hatte .

Im Jahr 1922 begann das Okkultkomitee des Magischen Zirkels mit der Untersuchung der Geisterfotografie und richtete seine Aufmerksamkeit zunächst auf Herrn Vearncombe , der Geisterextras im Zusammenhang mit einem Objekt anfertigte, das einst im Besitz des Verstorbenen war. Sir Arthur Conan Doyle brachte dieses Komitee mit dem Ehrensekretär der Society for the Study of Supernormal Pictures, Herrn Barlow, in Kontakt und schickte ihm auf dessen Vorschlag ein ungeöffnetes Paket mit Tellern für Herrn Vearncombe . Obwohl Barlow Einwände erhob, „zu Vearncombes Zufriedenheit, wenn auch nicht unbedingt erforderlich", war das Paket in einem Bleietui verpackt. Auch auf Barlows Vorschlag hin lag dem Paket eine Gebühr bei. Nach einem Monat des Wartens erhielt das Komitee ein Foto des Pakets und auf dem Foto befand sich eine Geisterbotschaft mit der Aufschrift: „Ihre Seite gesperrt."

Um die Barriere zu entfernen, wurde ein frisches Paket Teller nach Vearncombe geschickt , dieses Mal in einer gewöhnlichen Verpackung. Einige Monate später, nachdem Vearncombe die Platten geistlich behandelt hatte , wurden sie an das Komitee zurückgegeben. Bei der Entwicklung wurden auf zwei Platten „psychische Extras" gefunden. Es gab Hinweise darauf, dass die Verpackung manipuliert worden war, und auf anderen Fotos war derselbe Geist zu sehen.

Das Komitee schickte Vearncombe unter falschem Namen ein Paket mit Kennzeichen, erhielt aber von ihm die Nachricht, dass es nicht notwendig sei, Kennzeichen zu verschicken. Dass kleine Gegenstände, die dem Verstorbenen gehörten, genügen würden und dass, wenn die entsprechende Gebühr beigelegt würde, Fotoabzüge mit den erhaltenen „psychischen Extras" geliefert würden. Da eine vollständige Befolgung dieses Vorschlags als Test nutzlos gewesen wäre, wurden eine Kiste mit Tellern, ein kleiner Gegenstand, der angeblich dem Verstorbenen gehörte, und das Honorar geschickt.

Wieder Vearncombe protestierte dagegen, dass er ungeöffnete Kisten mit Tellern aufgrund zahlreicher Fehler nicht behandelte, bot jedoch an, die Teller auf dem gelieferten Objekt freizulegen. Ihm wurde mitgeteilt, dass eine solche Enthüllung unbefriedigend sein würde, woraufhin er seinen

Korrespondenten nicht enttäuschte, sondern zustimmte und das Paket mit der Erklärung weiterleitete, dass er die Platten wie gewünscht behandelt habe und auf Erfolg hoffe. Bei der Entwicklung erschien auf einem der Teller ein „psychisches Bild", aber das Komitee stellte fest, dass die Verpackung der Verpackung geöffnet und die Anordnung der Teller gestört war.

Um die Ergebnisse ihrer Fallenstellung sicherzustellen, wurde Vearncombe darüber informiert, dass das Experiment ein „Erfolg" gewesen sei, aber um „Kritik zu vermeiden", wurde er um eine Zusicherung gebeten, dass das Paket nicht manipuliert worden sei. Bald darauf erhielt er in Form einer schriftlichen Erklärung mit, dass das Paket von ihm behandelt und bei Erhalt wie ursprünglich versiegelt an den Absender zurückgeschickt worden sei.

Das Komitee hat vierzehn Tests angeordnet, von denen gegen zwölf verstoßen wurde, und da zwei oder drei Verstöße als Beweis für Betrug ausgereicht hätten, hielt es es nicht für notwendiger, sondern berichtete, dass durch die Beweise festgestellt worden sei, dass betrugssichere Verpackungen keine Beweise erbracht hätten Ergebnisse, während „Spirit-Extras" in manipulierten Paketen gefunden wurden und dass „das Ergebnis insgesamt vernichtend ist".

Als nächstes richtete das Komitee seine Aufmerksamkeit auf Frau Deane, die wegen „Komplikationen durch lästige Babysitter" ihre Privatpraxis in ihrer Wohnung aufgegeben hatte und im Auftrag des British College of Psychic Science arbeitete. Der Rektor des Colleges, Mr. McKenzie, hatte dafür gebürgt, dass sie absolut gewissenhaft und geradlinig in ihrer Arbeit sei und voll qualifiziert sei, „psychische Statisten ohne Rückgriff auf Tricks" zu produzieren. Mr. Harry Price und Mr. Seymour verhandelten mit ihr über eine private Sitzung. Sie forderte, dass versiegelte Platten mehrere Tage im Voraus zur „Magnetisierung" verschickt werden sollten. In der Sitzung wurden sechs Teller freigelegt, und auf den meisten von ihnen waren „Extras" zu sehen. Es wurde jedoch der Beweis erbracht, dass die Verpackung vor der Sitzung geöffnet und die Teller *behandelt* worden waren, es jedoch zu keinem Austausch der Teller gekommen war.

Es wurde versucht, überzeugendere Beweise zu erhalten, und nach erheblichen Schwierigkeiten wurde eine zweite Sitzung anberaumt. Diesmal ging das Komitee zu einem Hersteller, dessen Platten von den College-Leuten als vorzuziehen genannt worden waren, und ließ eine spezielle Verpackung anfertigen und versiegeln. In dieser Verpackung war jede Platte so gekennzeichnet, dass ein Austausch oder eine Manipulation sicher aufgedeckt werden konnte. Es war einfach betrugssicher.

Während der Sitzung wurden wie üblich regelmäßig gebetet und Kirchenlieder gesungen, anschließend wurden die Platten freigelegt und entwickelt. Es wurde festgestellt, dass die Verpackung zuvor geöffnet, die obere Platte entfernt und durch eine andere ersetzt worden war. Auf dieser ersetzten Platte befand sich lediglich ein „Spirit Extra". Bei einer dritten Sitzung wurde im Beisein von Mrs. Deane eine neue Schachtel mit heimlich gekennzeichneten Tellern geöffnet. Vier Platten wurden in ebenso viele separate Dias geladen und Frau Deane trug sie in das angrenzende Studio. Auf einem Tisch im Studio lag eine Handtasche und daneben ein Gesangbuch. Die Hand, in der sie die vier Dias hielt, verschwand für einen Moment in der Tasche, während sie gleichzeitig mit der anderen Hand das Gesangbuch aufhob. Mit dem Gesangbuch hatte sie ein Duplikat des Dias aufgehoben, das sie mit einer völlig natürlichen Bewegung zu den drei in ihrer anderen Hand legte. Eine der vier markierten Platten war in die Tasche gefallen, wo sie später von einem der Ermittler gefunden wurde der die Tasche untersuchte, während Mrs. Deane einen Moment abwesend war.

Im Anschluss an den üblichen Gottesdienst wurden die vier Platten belichtet und anschließend entwickelt. Drei Platten, die die Erkennungszeichen trugen, trugen kein Spiritus-Extra, aber die vierte Platte, die kein Erkennungszeichen hatte, hatte eine Geisterform.

Als Ergebnis dieser Untersuchung stellte das Komitee fest, dass bei jeder sich bietenden Gelegenheit Pakete geöffnet und behandelt, Schilder ausgetauscht und in den folgenden Tests „Spirit-Extras" gesichert wurden, aber wenn die Bedingungen absolut betrugssicher waren, gab es keine „Statisten", und soweit es alles aufdecken konnte, basierte die sogenannte Spirit-Fotografie auf der schwachen Grundlage des Betrugs.

Im Dezember 1921 versuchte ich, Mr. Hope zu besuchen und einige Spirit-Fotos machen zu lassen, aber mir wurde mitgeteilt, dass seine Verpflichtungen ihn monatelang beschäftigen würden und ich warten müsste, bis ich an der Reihe wäre. Dann nahm ich Kontakt zu einem Freund namens DeVega 76 auf, der in Glasgow lebt, und fragte ihn, ob er Hope nicht sehen und sich für ein Foto mit ihm verabreden würde. Nach ausführlicher Korrespondenz zwischen DeVega und Hope stimmte letztere zu, die Fotos zu machen, vorausgesetzt, DeVega würde nach Crewe gehen. DeVega stimmte dem zu, ein Termin wurde vereinbart und die Sitzung fand statt. Der folgende Bericht über DeVegas Erfahrungen stammt aus einem vollständigen Bericht, den er mir geschickt hat.

„Dez. 16, 1921. – Als wir in der Market Street Nr. 144 ankamen, wurde die Tür von einer älteren Dame geöffnet. Ich fragte, ob Mr. Hope da sei, und plötzlich kam er herunter. Ich erzählte ihm, dass mich ein bekanntes Mitglied der Spiritualist Society und ein Mann, der als Sammler von Geisterfotos bekannt ist, geschickt hätten, und das schien für Mr. Hope ausreichend zu sein.

„Ich hatte meine eigene Kamera mitgebracht und fragte ihn, ob die Bilder damit gemacht werden könnten. Er sagte jedoch, dass er seine eigene Kamera benutzte, mich aber alles untersuchen lassen würde, so viel ich wollte. Er sagte mir, er könne mich an diesem Vormittag unmöglich fotografieren, da ein anderer Herr käme, verabredete sich aber für zwei Uhr.

„Ich habe den ganzen Vormittag aus der Ferne die Market Street beobachtet, aber niemand hineingehen sehen. Ich kam pünktlich dort an, aber es war 2:30 Uhr, als Mr. Hope ankam. Eine Frau Buxton gesellte sich zu uns. Sie, Hope und ich saßen um einen kleinen Tisch. Sie sangen Hymnen, sprachen ein Gebet und fragten am Tisch, ob alles günstig sei.

„Auf seine Bitte hin stellte ich meine Tellerpakete auf den Tisch. Sie legten ihre Hände über sich und sangen erneut. Hope zitterte plötzlich und sagte: „Jetzt werden wir es versuchen." Er zeigte mir den dunklen Raum, eine kleine Anordnung von etwa 1,80 m Höhe, 90 cm Breite und 1,50 m Länge. Es gab zwei Regale und darauf lagen Staubtücher, Tücher, Flaschen mit Chemikalien, eine Lampe usw. Die Lampe ist ein altes Ding, das von einer Kerze beleuchtet wird. Der Raum ist so klein, dass man sich zu zweit darin nicht bewegen kann.

„Als nächstes zeigte er mir die Kamera und bat mich, sie zu untersuchen. Ich warf einen Blick darauf und sagte ihm, dass ich nicht an seinen Worten zweifelte, was ihn offenbar sehr erfreute. Ich dachte, wenn es eine Fälschung wäre , würde er mir nicht erlauben, es so genau zu untersuchen, wie er es von mir verlangt hatte. Es handelte sich um eine alte Studiokamera mit einer Viertelplatte und keinem Verschluss, sondern mit einer Kappe über dem Objektiv (die Kappe fehlte). Als nächstes zeigte er mir das dunkle Dia. Es war eine altmodische doppelte Endrutsche aus Holz. Ich habe es sehr genau untersucht, aber es war unvorbereitet.

SOGENANNTES „SPIRIT EXTRA" AUF FOTO VON HARRY PRICE VON WILLIAM HOPE VOM CREWE CIRCLE

„Das Studio selbst ist ein kleines Treibhaus aus Glas, das an der Seite des Hauses angebaut ist. An dem einen Ende, an dem der Dargestellte sitzt, hängt ein grüner Vorhang.

„Wir gingen noch einmal in den dunklen Raum, um die Teller einzuladen. Er gab mir sein Dia und sagte mir, ich solle zwei meiner eigenen dunklen Dias vor dem Licht liegen lassen, da er auch meine Kamera ausprobieren würde. Ich öffnete meine Teller, legte zwei in seinen dunklen Schieber und schloss ihn. Es wurde auf das untere Regal gestellt, wo ich es schwach sehen konnte. Dann bat er mich, meine beiden Folien leicht zu öffnen und meinen Namen darauf zu unterschreiben. (Ich habe J. B. Gilchrist unterschrieben.) Als ich sie unterzeichnete, bewegte er die Lampe, damit ich besser sehen konnte. Dies warf die vierte Platte in den Schatten. Danach reichte er mir die Folie mit einem Viertel der Platte, um die beiden Platten auf die gleiche Weise zu signieren.

„Obwohl ich ihn nicht wirklich gesehen habe, bin ich mir sicher, dass das Dia, das ich eingelegt habe, gegen ein anderes ausgetauscht wurde. Es war zu dunkel, um unter das Regal zu sehen. Einen Moment lang überlegte ich, ob ich meinen Bleistift herausrutschen lassen und den Teller verderben und einen anderen aus meinem Päckchen hineinpacken sollte, aber ich hielt es für ratsam, die Sache einfach weitergehen zu lassen, da ich dann genau sehen würde, wie er normalerweise vorging. Ich habe mich damals gefragt, *warum mir nicht gesagt werden konnte, ich solle die Platten aus der Verpackung nehmen, sie unterschreiben und dann die Platten in den Objektträger legen und den Objektträger in meine Tasche stecken, bis sie freigelegt werden sollten. Warum war es überhaupt notwendig, meine eigenen Kennzeichen auf meinem dunklen Dia zu signieren? Tatsächlich bestand für mich keine Notwendigkeit, mein Dia im dunklen Raum aufzunehmen.*

„Wir gingen zurück ins Studio, erneut wurde ich gebeten, die Kamera zu untersuchen. Ich nahm jedoch meine Position vor der Kamera ein. Mrs. Buxton stand auf der einen Seite und Mr. Hope auf der anderen. Das dunkle Fokussiertuch befand sich tief über dem Objektiv (die Kappe fehlte) und der Schieber war geöffnet. Mrs. Buxton und Hope sangen eine Hymne und jeder nahm ein Ende des Tuchs und legte so die Linse frei. Dies wurde auch mit anderen Platten wiederholt.

„Jetzt war meine Kamera eingerichtet. Ich wurde gebeten, das Dia zu öffnen und ihnen zu zeigen, wie der Verschluss funktioniert. Die Belichtung wurde gemacht. Er legte seine Hand vor die Kamera, bedeckte die Linse und forderte mich auf, den Schieber selbst zu öffnen, da er ihn nicht berühren wollte. *Warum hat er nun die Linse auf diese Weise geschlossen?* Es wäre einfacher gewesen, die offene Vorderseite des Dias nach unten zu drücken und es zu schließen, aber ich glaube, dass sich auf seiner Hand ein Fleck aus strahlendem Salz oder einer ähnlichen Substanz befand, der einen hellen Fleck auf dem Negativ erscheinen ließ, z wie es auf dieser Platte erschien, als es entwickelt wurde. Seine Hand vor der Linse zu halten, während eine Aufnahme gemacht wurde, ist eine so unnatürliche Handlung, dass ich glaube, dass dies die Ursache für das war, was er bei seiner Entwicklung als „Geisterlicht" bezeichnete. Beim nächsten Foto sagte ich ihm, er solle den Auslöser erneut drücken, um den Verschluss zu schließen. Er hat es getan.

„Anschließend gingen wir in die Dunkelkammer, um die Platten zu entwickeln. Die zwei, ein Viertel Teller wurden von mir nebeneinander in eine Schüssel gelegt und die zwei dreieinhalb mal zweieinhalb in eine andere Schüssel gelegt und entwickelt. Durch das Umgießen des Entwicklers von einer Schale in eine andere wurde eine der Viertelplatten blitzschnell dunkel. Ich bemerkte, dass einer sehr schnell auftauchen würde, und er antwortete: „Wenn sie so auftauchen, ist das ein gutes Zeichen, denn es ist sehr wahrscheinlich, dass sie ein „Extra" haben." Mehr habe ich nicht gesagt, aber meiner Erfahrung und meinem Wissen auf dem Gebiet der Fotografie zufolge ist ein solcher Vorfall unmöglich, es sei denn, die Platten wurden zuvor belichtet.

„Die beiden Platten wurden aus derselben Packung entnommen und gleichzeitig in den dunklen Objektträger geladen, mit der gleichen Dunkelraumbeleuchtung und dem gleichen Abstand zum Licht. Sie wurden dann unmittelbar nacheinander dem gleichen Thema ausgesetzt; die gleiche Belichtungsdauer (ich habe sie im Geiste gezählt) mit der gleichen Blendenöffnung. Die Platten wurden dann nebeneinander in die gleiche Entwicklerschale gelegt, und ich behaupte, dass das Bild auf beiden Platten mit gleichmäßiger Geschwindigkeit entstehen muss und dass es unmöglich ist, dass eine vor der anderen aufblitzt und vollständig dunkler wird, wenn dies nicht der Fall ist zuvor belichtet, insbesondere wenn es bei der Belichtung keine Schwankungen im Licht gab, es war 15 Uhr am 16. Dezember, klarer Himmel, kein Sonnenschein.

„Auf dieser (einer vierten Platte) erschien ein ‚Extra'. Es ist ein glattrasiertes Gesicht über meinem, an dem ein Vorhang hängt. Alleine dreieinhalb mal zweieinhalb Mal ist ein leichter Fleck auf meinem Gesicht. Frau Buxton teilte mir mit, dass es sich um ein „Geisterlicht" handele, aber Herr Hope glaubte, die schwachen Gesichtszüge darin zu erkennen."

Als ich im Mai 1923 in Denver, Colorado, war, rief ich eines Morgens Herrn Alexander Martin an, von dem Sir Arthur Conan Doyle mir erzählt hatte, er sei ein bekannter übersinnlicher Fotograf und ein ganz wunderbarer Mann in seinem Fachgebiet. Doyle selbst hatte Martin am Tag zuvor besucht, aber da Martin keine Lust dazu hatte, gab es keine Demonstration. Darin hatte Sir Arthur nicht mehr Pech als Hyslop , der herausragende Hellseherforscher, der laut Sir Arthur eine Sonderreise von England nach Denver angetreten hatte, um eine Séance mit Martin abzuhalten, aber keinen Erfolg gehabt hatte.

Martin wohnte mit dem Taxi etwa fünfzehn Minuten außerhalb der Stadt. Ich nahm meinen Chefassistenten, James Collins, mit, damit ich einen Zeugen hätte, falls etwas übersinnlicher Natur geschehen sollte. Collins hatte meine Kamera dabei, da ich wenigstens ein Foto von Martin machen wollte. Wir fanden ihn in der Tür eines Hintergebäudes stehen und nachdem ich mich vorgestellt hatte , wirkte er herzlich. Ich zeigte ihm einige Spirit-Fotos, die ich bei mir hatte, und nach ein paar Minuten Gespräch fragte ich ihn, ob er bereit sei, dass Collins einen Schnappschuss von uns machen solle. Er dachte, ich würde um eine Sitzung bitten und antwortete, dass er sich nicht gut fühle und außerdem damit beauftragt worden sei, die Kinder in zwei Schulen zu fotografieren. Ich unterhielt mich weiter auf meine höchst unterhaltsame Art und schon bald lud er uns ins Haus ein und sagte, er würde uns beide fotografieren. Mittlerweile hatte sich Collins fünf Schnappschüsse aus nächster Nähe gesichert, ohne dass Martin es wusste.

Haus betraten, ging ich direkt in den dunklen Raum, aber Martin rief mich an und sagte:

„Geh jetzt nicht da rein, warte einfach eine Minute."

Während wir draußen warteten, verbrachte Martin etwa acht Minuten im dunklen Raum. Dann kam er heraus und wir gingen in sein Atelier, ein einfaches Zimmer mit schwarzem Hintergrund. Er ließ mich Platz nehmen und platzierte Collins rechts hinter mir. Als Test sagte ich Collins, er solle auf die andere Seite gehen, da es dort vielleicht besser aussehen würde. Als er das getan hatte, wandte ich mich an Martin und fragte:

„Ist das in Ordnung oder ist es besser, ihn die ursprüngliche Position einnehmen zu lassen?"

„Ich denke, es wäre schöner, wenn er überhaupt dort stehen würde, wo er war", antwortete Martin.

Das brachte mich zu der Annahme, dass er diese Seite des Tellers sauber hielt, damit etwas auftauchte. Es war ziemlich hell im Raum und Martin zog einen dunklen Bildschirm zu unserer Rechten auf und erklärte, dass er nicht viel Licht für die übersinnlichen Dinge benötige. Dann legte er einen Schatten auf seine Augen, drehte sich zu uns um und sagte:

„Jetzt sei ruhig und ich werde versuchen, etwas zu unternehmen."

Als er das Objektiv öffnete , zählte ich die Belichtungszeit, die etwa fünfzehn Sekunden betrug. Als er es noch einmal behandelte, sagte er zu uns:

HOUDINI UND ALEXANDER MARTIN

„Das ist alles, was ich heute tun kann. Jetzt muss ich mich beeilen."

Wir dankten ihm und als wir hinausgingen, fragte ich ihn, ob er Fotos hätte, die wir sehen könnten. Er ging in ein Nebenzimmer, schloss aber die Tür, sodass wir keine Gelegenheit hatten, hineinzuschauen. Als er herauskam, hatte er vier Fotos dabei, die ich behalten durfte, aber er wollte nicht darauf schreiben, von wem sie waren.

Am nächsten Tag besuchte ich ihn erneut und er gab mir eine weitere Séance. Diesmal sagte er, er müsse einen Teller schneiden und gab mir ein Buch zum Lesen, während ich wartete. Auf der Suche nach einem Blatt Papier, auf das er meine Adresse schreiben konnte, nahm er eine Menge Zeitungen zur Hand, und ich bemerkte einige wissenschaftliche Veröffentlichungen, die systematisch zwischen den Blättern eingefügt waren, was mich zu der Annahme verleitete, dass er versuchte, sein Wissen zu verbergen und als Einfältiger erscheinen wollte aufgeschlossener alter Mann, der nur wenig über Fotografie wusste.

Ich habe nicht den geringsten Zweifel daran, dass es sich bei Mr. Martins Spirit-Fotos lediglich um Doppelbelichtungen handelte. Ich glaube, seine Methode bestand darin, verschiedene Bilder auszuschneiden, sie vor einen Hintergrund zu legen und eine Belichtung zu machen. Seine Teller waren dann für seinen nächsten Kunden bereit, der in dem oben genannten Fall ich selbst war. Als erfahrener Fotograf hätte er vielleicht die ursprüngliche Nassplattenmethode verwendet, um eine Belichtung zu machen, sie zu entwickeln, die Emulsion von der Platte abzuwaschen und sie mit einer neuen Emulsion zu überarbeiten, aber ich bin überzeugt, dass die beiden Spirit-Fotos, die er von mir gemacht hat, einfach waren Doppelbelichtungen.

Die Technik der Fotografie stört den übersinnlichen Bediener nicht. Er hat keine Rücksicht auf die Gesetze des Lichts oder der Chemie. Die Tatsache, dass die Geister auf all seinen Bildern scheinbar vollkommen bewusst posieren, beunruhigt ihn nicht und stört ihn auch nicht, weil sie immer so erscheinen, wie sie im Leben waren. Wie viel interessanter wäre es und wie viel mehr würden solche Fotos unser Wissen erweitern und den Fortschritt der Wissenschaft unterstützen, wenn die Geister hin und wieder zulassen würden, dass sie fotografiert werden, während sie einer spirituellen Beschäftigung nachgehen.

Aus logischer und rationaler Sicht ist die Geisterfotografie eine äußerst unverschämte Zumutung und ein Beweis für die Leichtgläubigkeit derjenigen, die mit dem Aberglauben des Okkultismus sympathisieren. Es ist auch ein Beweis dafür, wie skrupellos Medien werden und wie abgestumpft ihr Gewissen ist.

In diesem Land gibt es keine so organisierte Gruppe von Spirit-Fotografen wie die Crewe-Fotografen in England. Seitdem Mumler nur knapp der verdienten Strafe entgangen ist und verschwunden ist, gab es nur wenige, die den Mut hatten, so kühn vorzugehen wie er. Der derzeit auffälligste Praktiker ist Dr. (?) W. M. Keeler, der spirituellen Veröffentlichungen zufolge über Nerven und Gewissen verfügt, die jedem übersinnlichen Unterfangen gewachsen sind.

Wie bei allen anderen sogenannten psychischen Wunderwerken gab es auch bei der Geisterfotografie nie einen Beweis der Echtheit, der über die Behauptung des Mediums hinausgeht. In jedem einzelnen Fall ist es eine einfache Frage der Wahrhaftigkeit, und wenn die aufrichtigsten Gläubigen des Spiritualismus ohne zu zögern zugeben, dass alle Medien manchmal auf Betrug und Lügen zurückgreifen, wie viel Vertrauen kann man dann in eine Aussage setzen, die sie machen? ?

Es kann keinen besseren Beweis dafür geben, dass das gesamte Gebäude verrottet ist, als die Tatsache, dass es seit mehr als vierzig Jahren fortlaufend Geldangebote in Höhe von fünfhundert bis fünftausend Dollar für einen einzigen Fall sogenannter Phänomene gibt, die auftreten könnten nachweislich tatsächlich übersinnlich. Da ich den Charakter von Medien kenne, behaupte ich, dass es, wenn Beweise möglich wären, kein einziges Medium gibt, einschließlich Spirit-Fotografen, das nicht die Chance ergriffen hätte, einen solchen Preis zu gewinnen. Wenn es jemanden gibt, der ehrlich handelt, soll er Beweise vorlegen und die Belohnung entgegennehmen.

FOTO VON HOUDINI, GEMACHT VON ALEXANDER MARTIN, IN DENVER, COLORADO, AM 10. MAI 1923, DAS SOGENANNTE „SPIRIT EXTRAS" ZEIGT

KAPITEL IX
SIR ARTHUR CONAN DOYLE

DER SPIRITUALISMUS HAT UNTER SEINEN Anhängern zahlreiche brillante Köpfe hervorgebracht – Wissenschaftler, Philosophen, Fachleute und Autoren. Ob diese großen Geister in die Irre geführt wurden, ob sie dem Thema folgten, weil sie völlig von seiner Wahrheit überzeugt waren, oder ob sie von einem betrügerischen Medium erfolgreich getäuscht wurden, ist eine Frage der Vermutung und Meinung; Dennoch waren sie das Mittel, um viele Menschen in die Reihen des Spiritualismus zu bringen, die sich von einem Geist leiten ließen, der größer und mächtiger war als ihr eigener.

So einer ist Sir Arthur Conan Doyle. Sein Name kommt dem Durchschnittsmenschen heute automatisch in den Sinn, wenn er den Spiritualismus erwähnt. Kein Statistiker könnte den Einfluss ergründen, den er durch seine Vorträge und seine Schriften ausgeübt hat, oder die endlose Kette beziffern, die er zu einem Glauben an die Kommunikation mit dem Jenseits führt. Sein Glaube, sein Glaube und sein Vertrauen in die Bewegung waren eines der größten Vermögenswerte der heutigen Gläubigen, und wie auch immer man zu diesem Thema stehen mag, es ist unmöglich, den Glauben dieses großen Autors nicht zu respektieren, der sein Leben und sein Leben mit ganzem Herzen und unerschütterlich aufgegeben hat Seele in die Bekehrung der Ungläubigen. Sir Arthur *glaubt*. An seinem großartigen Geist gibt es *keinen* Zweifel.

Er ist ein brillanter Mann, ein tiefer Denker, in jeder Hinsicht bewandert und stammt aus einer begabten Familie. Sein Großvater John Doyle wurde 1797 in Dublin geboren. Mit seinen Karikaturen prominenter Persönlichkeiten erlangte er in London Popularität und Ruhm. Viele seiner Originalzeichnungen sind heute im Museum unter dem Titel „H. B. Karikaturen." Er starb 1868. Ein Onkel von Sir Arthur war der berühmte „Dicky Doyle", der bekannte Karikaturist von *Punch* und Designer des bekannten Covers dieser Zeitschrift. In seinen späteren Jahren wurde er als Illustrator bekannt, fertigte 1853 Zeichnungen für *The Newcomes* an und war besonders erfolgreich bei der Illustration von Märchen wie Hunts „Jar of Honey", Ruskins „King of the Golden River" und Montelbas' „Fairy". Geschichten aller Nationen." Die Tatsache, dass er sich dem Spiritualismus zuwandte, ist nicht allgemein bekannt. Sir Arthurs Vater, Charles A. Doyle, war ebenfalls ein Künstler von großem Talent, allerdings nicht im kommerziellen Sinne. Sein Privatleben ist wunderschön und Lady Doyle hat mir bei zahlreichen Gelegenheiten erzählt, dass er nie die Beherrschung verliert und dass sein Wesen stets sonnig und süß ist. Seine Kinder sind in jeder Hinsicht hundertprozentig Kinder und es ist schön, die Zuneigung zwischen Vater, Mutter und den Kindern zu beobachten. Er ist ein großartiger

Leser, der das, was er liest, in sich aufnimmt, aber das, was er in gedruckter Form sieht, glaubt er *nur,* wenn es dem Spiritualismus zuträglich ist.

Die Freundschaft zwischen Sir Arthur und mir geht auf die Zeit zurück, als ich im Brighton Hippodrome in Brighton, England, spielte. Wir hatten korrespondiert und per Post Fragen zum Spiritualismus besprochen. Er lud Frau Houdini und mich in das Haus von Doyle in Crowborough, England, ein, und auf diese Weise begann eine Bekanntschaft, die seitdem andauert. Ehrliche Freundschaft ist einer der wertvollsten Schätze des Lebens und ich bin stolz darauf, dass wir diesen Schatz in jeder Hinsicht heilig gehalten haben. In all den Jahren haben wir Zeitungsausschnitte ausgetauscht, von denen wir dachten, dass sie für beide Seiten von Interesse sein könnten, und hatten bei mehreren Gelegenheiten Gelegenheit, sie persönlich zu besprechen. Der Grad unserer Freundschaft lässt sich am besten anhand des folgenden Briefes von Sir Arthur beurteilen.

„15 Buckingham Palace Mansion,
S. W. 1" 8. März 1923.

„Mein lieber Houdini:—

Kümmere dich um Himmels Willen um deine gefährlichen Stunts. Du hast genug davon getan. Ich spreche, weil ich gerade vom Tod der „Menschenfliege" gelesen habe. 77 Lohnt es sich?

„Mit freundlichen Grüßen
(unterzeichnet) A. CONAN DOYLE."

Es wäre schwierig zu bestimmen, wann Sir Arthur und ich zum ersten Mal über Spiritualismus diskutierten, aber von diesem Gespräch bis heute haben wir uns nie darauf geeinigt. Unsere Standpunkte sind unterschiedlich; wir glauben nicht dasselbe. Ich weiß, dass er den Spiritualismus als eine Religion betrachtet. Er glaubt, dass es möglich ist und dass er mit den Toten kommunizieren kann. Seinem wunderbaren analytischen Gehirn zufolge hat er hierfür eindeutige Beweise. Es besteht kein Zweifel daran, dass Sir Arthur in seinem Glauben aufrichtig ist, und diese Aufrichtigkeit ist eine der Grundlagen unserer Freundschaft. Ich habe alles, was er gesagt hat, respektiert und *war immer unvoreingenommen*, weil ich mich zu keinem Zeitpunkt geweigert habe, dem Thema unvoreingenommen zu folgen. Ich kann das Gleiche nicht von ihm sagen, denn er hat sich geweigert, die Angelegenheit mit einer anderen Stimme als der des Spiritualismus zu diskutieren, und hat in all unseren Vorträgen nur diejenigen zitiert, die ihn in jeder Hinsicht befürworteten, und wenn man ihm nicht wie ein Schaf in seiner Zeit folgte

Ermittlungen, dann ist er für Sir Arthur für immer ausgelöscht. Bedauerlicherweise verwendet er die unter Spiritualisten so verbreitete Argumentation, dass, egal wie oft Medien beim Schummeln erwischt werden, er glaubt, dass der einzige Grund dafür darin besteht, dass sie ihre Grenzen überschritten und auf Tricks zurückgegriffen haben, um zu überzeugen. Ich frage mich, ob Sir Arthur eines Tages vergessen wird, dass er ein Spiritualist ist, und einen Fall von Betrug mit der gesunden Logik eines Außenseiters argumentieren wird. Ich bin fest davon überzeugt, dass er einige seiner Fehler erkennen und eingestehen wird, wenn er es jemals tut. Ich bin bereit, an Sir Arthurs Lehren zu glauben, wenn er mich zweifelsfrei davon überzeugen kann, dass seine Demonstrationen echt sind.

Für mich besteht kein Zweifel daran, dass Sir Arthur bedingungslos an die Medien glaubt, mit denen er zusammengekommen ist, und dass er mit Sicherheit weiß, dass sie alle echt sind. Selbst wenn sie beim Schummeln erwischt werden, hat er immer ein Alibi, das das Medium und die Tat entschuldigt. Er besteht darauf, dass die Fox Sisters echt waren, obwohl sowohl Margaret als auch Katie den Betrug gestanden und erklärt hatten, wie und warum sie zu Medien wurden und mit welchen Methoden sie die Raps produzierten.

„Wie Cäsars Frau – immer über jeden Verdacht erhaben", gelten Hope und Mrs. Dean in seiner Kategorie als echte Medien. Er hat mir oft gesagt, dass Palladino [78] und Home eines Tages für die großartige Arbeit, die sie im Interesse des Spiritualismus geleistet haben, heiliggesprochen werden würden, obwohl sie beide immer wieder entlarvt wurden. In aller Ernsthaftigkeit sagte er zu mir: „Sehen Sie, was sie Jeanne d'Arc angetan haben." Für Sir Arthur ist dies eine Angelegenheit von höchster Bedeutung. Es ist seine Religion, und er erzählte mir immer, was für ein cooler Beobachter er sei und wie schwer es sei, ihn zu täuschen oder auf irgendeine Weise zu täuschen. [79] Er sagte mir, dass er nicht glaube, dass eine der „netten alten Mediendamen" etwas falsch machen würde, und dass es ebenso unwahrscheinlich sei, dass ein alter Herr, unschuldig wie ein ungeborenes Kind, zu Tricks greift. Aber da fällt mir die berüchtigte Frau Catherine Nicol und ihre beiden Töchter ein, die immer wieder in die Netze des Gesetzes gerieten und dabei meist einigen Detektiven den Kopf einschlugen. Unter den Medien der „netten alten Dame" könnte ein prominentes Medium aus Boston erwähnt werden, dem vorgeworfen wurde, einem seiner Gläubigen unrechtmäßig mehr als achttausend Dollar in bar abgenommen zu haben.

Ein anderer Fall war der eines Mediums, das von einem Mann in Baltimore 1.000 Dollar für das Privileg erhielt, ein paar Minuten mit dem Geist seiner verstorbenen Frau zu plaudern. Später verklagte er sie wegen Betrugs. Später wurde sie während einer Séance in Paris entlarvt, doch nach ein paar Jahren trat sie in New York City auf.

Zu diesem Zeitpunkt Asst. Bezirksstaatsanwältin Krotel beantragte, dass sie vor Gericht gestellt wird, um sich zu einer Anklage zu verantworten, weil sie auf Anraten bestimmter körperloser Geister kalifornische Bergbauaktien an ihre Anhänger verkauft habe. Die Aktie erwies sich als wertlos.

Es gab auch eine Frau, die in Seattle und in zahlreichen anderen Fällen wegen Landstreicherei verhaftet und verurteilt wurde, beispielsweise im Fall von Katie King aus Philadelphia im Jahr 1875; Doch egal wie viele Fälle ich zitierte, es schien keinen Eindruck auf Sir Arthur zu machen.

Ich wusste schon seit einiger Zeit, dass eine Reihe von Leuten Doyle in eine Kontroverse verwickeln wollten. Als ich Sir Arthur traf, sagte ich ihm, er solle mit seinen Aussagen vorsichtig sein, und erklärte ihm eine Reihe von Fallstricken, die er vermeiden könne. Dennoch sagte er trotz meiner Warnungen: „Schon gut, Houdini, mach dir keine Sorgen um mich, ich kann gut auf mich selbst aufpassen." Sie können mich nicht täuschen." Darauf würde ich antworten, dass er keine Ahnung von der Raffinesse einiger Leute hatte, die versuchten, sein Feuer auf sich zu ziehen.

Als ich Sir Arthur auf die Zahl der Menschen aufmerksam machte, die wegen des beharrlichen Lesens, der ständigen Teilnahme an Séancen und des Versuchs mit automatischem Schreiben verrückt nach diesem Thema geworden sind, antwortete er: „Die Leute sind schon seit Jahren verrückt geworden, und das werden Sie auch tun." Bei der Untersuchung stellen wir fest, dass viele außer Spiritualismus auch bei anderen Themen verrückt werden." Als er daran erinnert wurde, dass die meisten dieser Menschen Stimmen hören und Visionen sehen, bestritt er, dass es sich um Halluzinationen handelte, und bestand darauf, dass er mit verschiedenen Mitgliedern seiner Familie gesprochen hatte. 81

Ich erinnere mich an mehrere offensichtliche Fälle, in denen Sir Arthurs Glaube ihn meiner Meinung nach in die Irre geführt hat. Einmal besuchte er eine öffentliche Séance einer Dame namens „Das Medium in der Maske". Unter den Anwesenden befanden sich damals Lady Glenconner, Sir Henry Lunn und Mr. Sidney A. Mosley, ein Sonderbeauftragter einer Zeitung.

Berichten zufolge trug das Medium einen Schleier wie einen „Yashmak". Sie wirkte sehr nervös. Eine Reihe von Gegenständen, darunter ein Ring, der Sir Arthurs verstorbenem Sohn gehört hatte, wurden in eine Schachtel gelegt, und das Medium gab die Initialen auf dem Ring korrekt an, obwohl Sir Arthur sagte, dass sie selbst bei gutem Licht kaum zu erkennen seien, sie waren so abgenutzt. 82

Später in der Beschreibung eines anderen Artikels erwähnte das Medium die Wörter „Murphy" und „Knopf" und es wurde anschließend erklärt, dass „Murphys Knopf" ein Begriff für eine chirurgische Operation sei. Sie sagte, dass die beschriebene Person an den Folgen der Operation sterben würde. Unglücklicherweise für das Medium wusste niemand der Anwesenden von einem solchen Fall und dennoch *beschrieb Sir Arthur diese Seance als sehr klug* . 83

die Theaterproduzenten George Grossman und Edward Laurillard auf Schadensersatz wegen Verletzung der Vereinbarung zur Platzierung eines Theaterstücks ans Licht gebracht West End Theater zu seiner Verfügung.

Berichte von Medien namens „Thompson" haben mehrere Menschen in die Irre geführt. Es gibt einen Thompson aus New York und einen Thomson aus Chicago. Sir Arthur hatte eine Séance mit den Thompsons von New York und laut allen mir vorliegenden Zeitungsausschnitten behaupteten sie, seine Mutter zurückgebracht zu haben. Tatsächlich hieß es, er habe um Erlaubnis gebeten, die Hand seiner Mutter küssen zu dürfen.

Auch in Chicago und New Orleans gerieten die Thomsons in Schwierigkeiten. 84 Tatsächlich war ich in Chicago, als ihr Prozess stattfand. Ich war bei zwei ihrer Séancen anwesend. Die erste fand in New York im Morosco Theater statt und ich tat alles, was ich tun konnte, um J. F. Rinns davon abzuhalten, die Aufführung abzubrechen. Der zweite war in Chicago. Es war eine besondere Séance nach meinem Auftritt im Palace Theatre. Ich wurde von H. H. Windsor, Herausgeber und Herausgeber von *Popular Mechanics* , begleitet ; Oliver R. Barrett, ein prominentes Mitglied der Anwaltskammer; Herr Ehemann Manning, Autor; und Leonard Hicks, ein bekannter Hotelbesitzer. Bei der Seance waren unter anderem Cyrus McCormick Jr., Muriel McCormick und Mrs. McCormick McClintock anwesend. Wir wurden Zeuge einer Reihe unbefriedigender Phänomene und begaben uns anschließend in das Haus von Cyrus McCormick, um die Séance zu besprechen, wobei wir einhellig der Meinung waren, dass es sich um einen eklatanten Betrug handelte, genau wie ich es bei dem in New York geglaubt hatte.

Im Morosco Theatre in New York City gaben die Thomsons die umfassende Erklärung ab, dass sie von Stead und Sir Oliver Lodge auf die Probe gestellt worden seien und dass er bei einer besonderen Séance herausgekommen sei und Frau Thomson öffentlich als echt bestätigt habe. Der folgende Brief widerlegt dies nicht nur, sondern erklärt auch die Gefühle eines aktiven Spiritualisten gegenüber den Thomsons .

„ Normanton ,
„See",
„Salisbury.
„7. Januar 1921.

„Sehr geehrter Herr Houdini:—

„Es ist mir eine Freude, von Ihnen zu hören, und ich danke Ihnen, dass Sie die Frage zu den Thomsons gestellt haben . Ich habe auf ein oder zwei weitere Anfragen der gleichen Art geantwortet, wäre Ihnen aber dankbar, wenn Sie mitteilen würden, dass jede Aussage, deren Echtheit ich bürge, absolut falsch ist.

„Ich habe sie nur einmal gesehen, als sie sich Tomson nannten. Es war auf seinen dringenden Wunsch bei Mr. Stead zu Hause. Ich hielt die Aufführung für betrügerisch, aber der Beweis war nicht absolut vollständig, weil die abschließende Durchsuchung nicht erlaubt war und die Versammlung sich in Unordnung oder zumindest mit einiger Hitze zerstreute.

„Dieser Abgang tat mir leid, und es ist durchaus möglich, dass Thomson wirklich dachte, ich sei positiv beeindruckt. Das ist die wohltätige Ansicht, aber es ist nicht die wahre Ansicht, und Mr. Stead war wegen meiner skeptischen Haltung verärgert über mich. (Seitdem hat er mir von der anderen Seite gegenüber zugegeben, dass er Unrecht hatte und ich Recht hatte; er brachte das Thema spontan zur Sprache. Diese letzte Aussage ist jedoch kein Beweis.)

„Was ich der Öffentlichkeit gerne mitteilen möchte, ist, dass ich das *nicht getan habe* positiv beeindruckt und habe nie in irgendeiner Weise für sie bürgt.

„Ich fürchte, ich muss davon ausgehen, dass Thomson sich dessen bewusst ist und daher nicht in gutem Glauben handelt, denn einmal in England wurde die gleiche Aussage gemacht, entweder in Leicester oder in Nottingham, glaube ich, und ich schrieb an eine Zeitung ihm widersprechen.

„Mit allen guten Wünschen glauben Sie mir,

„Mit freundlichen Grüßen,
(unterzeichnet) „ OLIVER LODGE .“

Sir Arthur erzählte mir persönlich, dass er von der Echtheit der walisischen Bergleute von Cardiff oder Thomas Brothers überzeugt sei. Stuart Cumberland, der mir in Sachen Ermittlungen unendlich überlegen war (er hatte einen Anfang von 20 Jahren), sagte mir, dass es keine Chance gebe, dass die Thomas Brothers echt seien, und erzählte, wie, aufgrund des großen Interesses von Sir Arthur an ihnen, die *Der London Daily Express* veranlasste sie schließlich, eine Seance vor einem Untersuchungsausschuss abzuhalten. Cumberland hätte Mitglied des Komitees sein sollen , aber die Medien weigerten sich, ihn „unter den Anwesenden" zuzulassen. Da sie sich weigerten, weiterzumachen, wenn Cumberland aufgenommen würde, hielt man es für ratsam, ihn zu eliminieren. Vor seiner Abreise ordnete Cumberland die verwendeten Musikinstrumente und wies den Untersuchungsausschuss an, wie Betrug aufgedeckt werden kann. Das Merkmal der Séance bestand darin, dass im Kreis ein Knopf und ein Paar Hosenträger weitergegeben wurden, die einem anwesenden Nachrichtenredakteur auf die Knie geworfen wurden. Ich frage den vernünftigen Leser, welchen Nutzen das hätte – einen Knopf durch den Raum zu projizieren und ein Paar Hosenträger am Knie eines Sitzenden zu finden? Wenn das ein Anschauungsbeispiel ist, lassen Sie es mich bitte wissen!

Bei der Séance wurde Lady Doyle gefragt, ob ihr kalt sei. Als sie dies bejahte, fiel ihr eine Hollandjacke in den Schoß, die das Medium getragen hatte. Die Thomas Brothers behaupteten, dies sei von den Geistern getan worden. Als die Séance beendet war, wurde das Medium gefesselt, aber ohne seinen Mantel gefunden.

Als ich Sir Arthur über die Art und Weise befragte, wie die Thomas Brothers of Cardiff während einer Séance, an der er teilnahm, gefesselt waren, erzählte er mir, dass sie so fest gefesselt waren, dass sie sich unmöglich bewegen konnten, da sie völlig hilflos waren. Ich sagte ihm, das mache es nicht echt, denn eine ganze Reihe von Medien seien auf die gleiche Weise gefesselt worden und hätten es geschafft, sich zu befreien. Er antwortete, dass ich mich vielleicht auf natürliche Weise befreien könne, dass Medien dies jedoch nicht müssten, da sie immer spirituelle Hilfe erhielten. Vielleicht ja, aber ich würde sie gerne irgendwann selbst binden und sehen, ob die Geister sie unter Testbedingungen freigeben könnten. 85

Ich erinnerte Sir Arthur an die Davenport Brothers und machte ihn darauf aufmerksam, dass sie sich selbst befreien konnten. Sir Arthur liegt der Sache mit den Davenport Brothers sehr am Herzen, und obwohl ich ihm gesagt und bewiesen habe, dass ich ein Schüler von Ira Erastus Davenport 86 war und dass Ira mir persönlich gesagt hat, dass sie nicht behaupteten, Spiritualisten zu sein, und ihre Auftritte waren es auch nicht im Namen des Spiritualismus aufgeführt, besteht Sir Arthur darauf, dass sie Spiritualisten waren, und hat nachdrücklich gesagt, dass Ira „nicht nur ein Lügner, sondern auch ein Gotteslästerer war, wenn sie ihre Auftritte unter einem anderen Namen aufführten, als er mit Mr. Ferguson umherging. ", ein Geistlicher, und alles mit Religion verwechselt."

Ich möchte zu Protokoll geben, dass ich nach meinem besten Wissen und Gewissen nie gesagt habe, dass Sir Arthur die Medialität der New York Thompsons befürwortet hat. Ich habe gesagt, dass es ganzseitige Artikel 87 gab , in denen dargestellt wurde, dass er die Echtheit der Materialisierung seiner Mutter akzeptierte. Ich habe nie behauptet, dass Sir Arthurs Sohn oder Bruder durch die Thomas-Medien in Cardiff gekommen sind. Ich habe erklärt, dass Sir Arthur sagte, sie seien echt und dass sie, die Medien, sich nicht bewegen konnten, weil er sie gefesselt hatte, und seiner Meinung nach wäre ich von ihrer Echtheit überzeugt, wenn sie in meiner Gegenwart gefesselt würden. Ich möchte die Aufmerksamkeit auf die Tatsache lenken, dass der verstorbene Stuart Cumberland in einem Brief mit mir übereinstimmte, dass es keinen Funken Wahrheit in der Vermittlung der Thomas Brothers gab, und was Sir Arthurs Befürwortung der „Masked Lady" betrifft, Ich habe nicht gesagt, dass er sie befürwortet, obwohl ich aus Zeitungsberichten schließen sollte, dass er sehr beeindruckt zu sein schien.

Sir Arthur hat mir selten Gelegenheit gegeben, eine Aussage zu dementieren oder zu bestätigen. Einer unserer wunden Punkte in unserer Diskussion war tatsächlich die Frage, ob ich in Zeitungen oder Zeitschriften zitiert oder falsch zitiert wurde, und es scheint, dass Sir Arthur immer alles glaubt, was ich gesagt habe. Als ich in Oakland, Kalifornien, war, wurde ich von einem Herrn Henderson von der *Oakland Tribune* interviewt. Ich gab ihm etwas Material zum Arbeiten, genug für einen Artikel, aus dem er zu meiner Überraschung eine Reihe von acht Artikeln schrieb, die bis zu einem „n-ten" Grad falsch zitiert wurden. Sir Arthur hatte Einwände gegen eine Reihe von Aussagen, die ich gemacht haben sollte, und er antwortete durch die Presse bissig darauf und schickte mir dann den folgenden Erläuterungsbrief.

„ DER BOTSCHAFTER
" Los Angeles

„23. Mai 1923.

„Mein lieber Houdini:—

„Ich musste in der *Oakland Tribune* ein wenig grob mit Ihnen umgehen , weil sie mir einen langen Estrich in Anführungszeichen geschickt haben, also ist es sicherlich korrekt. Es ist so voller Fehler, dass ich nicht weiß, wo ich anfangen soll. Ich kann mir nicht vorstellen, warum Sie so wilde Dinge sagen, die überhaupt keine Grundlage haben. Ich habe die Thompsons als Humbugs abgetan. Ich habe durch die Thomas-Brüder nie von meinem Sohn oder meinem Bruder gehört. Sie wurden nie entlarvt. Ich habe nie gesagt, dass Masked Medium echt ist. Ich wünschte, Sie würden sich an mich wenden, bevor Sie solche verletzenden Dinge veröffentlichen, denen ich strikt widersprechen muss. Ich würde Ihnen immer die genauen Fakten erzählen, wie ich es bei den Zancigs getan habe .

„Mit freundlichen Grüßen
", A. Conan Doyle."

„Ich hasse es, in der Öffentlichkeit mit einem Freund zu streiten, aber was kann ich tun, wenn man Dinge sagt, die nicht korrekt sind und denen ich widersprechen muss, sonst werden sie als Standard verstanden? Das Gleiche gilt für all das lächerliche Zeug von Rinn . Sofern ich es nicht widerlege, glauben die Leute, es sei wahr.

"A. CD."

Auf schriftliche Einladung von Sir Arthur und Lady Doyle besuchten Frau Houdini und ich sie, während sie im Ambassador Hotel in Atlantic City übernachteten. Eines Tages, als Sir Arthur, Mrs. Houdini und ich mit den Kindern im Sand saßen und herumtollten, entschuldigte sich Sir Arthur damit, dass er seinen üblichen Nachmittagsschlaf halten würde. Er verließ uns, kam aber nach kurzer Zeit wieder zurück und sagte: „Houdini, wenn Sie einverstanden sind, wird Lady Doyle Ihnen eine besondere Séance geben, da sie das Gefühl hat, dass ihr vielleicht eine Botschaft überbracht wird." Auf jeden Fall ist sie bereit, es zu versuchen", und er wandte sich an Frau Houdini und sagte: „Wir wären gerne allein." Es macht Ihnen nichts aus, wenn wir das Experiment ohne Sie durchführen." Lächelnd sagte meine gute kleine Frau: „Auf keinen Fall, machen Sie weiter, Sir Arthur; Ich überlasse Houdini Ihrer Obhut und weiß, dass er bereit sein wird, an der Séance teilzunehmen." Doyle sagte: „Sie verstehen, Frau Houdini, dass dies ein Test sein wird, um zu sehen, ob wir dafür sorgen können, dass ein Geist für Houdini durchkommt, und die Bedingungen könnten sich als besser erweisen, wenn keine andere Kraft anwesend ist."

Bevor ich mit Sir Arthur ging, gab mir Mrs. Houdini ein Zeichen. Wir haben vor Jahren ein zweites Gesicht oder eine geistige Leistung erbracht und verwenden immer noch ein System oder einen Code, mit dem wir in Gegenwart anderer miteinander sprechen können, auch wenn wir allem äußeren Anschein nach lediglich reden, zeigen oder die unschuldigsten Dinge tun, die aber für uns unterschiedliche Bedeutungen haben.

Auf diese Weise erzählte mir Frau Houdini, dass sie am Abend zuvor ausführlich mit Lady Doyle über die große Liebe gesprochen hatte, die ich für meine Mutter hege . Sie erzählte ihr von einer Reihe von Begebenheiten, wie zum Beispiel von meiner Rückkehr nach Hause von langen Reisen, manchmal bis nach Australien, und wie ich Monate mit meiner Mutter verbrachte und nur die Kleidung trug, die sie mir gegeben hatte, weil ich dachte, es würde ihr gefallen und gib ihr etwas Glück. Meine Frau bemerkte auch meine Angewohnheit, meinen Kopf an die Brust meiner Mutter zu legen , um ihren Herzschlag zu hören. Nur kleine Besonderheiten, die einer Mutter und einem Sohn so viel bedeuten, wenn sie sich so lieben wie wir.

Ich ging mit Sir Arthur zur Suite der Doyles . Sir Arthur ließ die Jalousien herunter, um das helle Licht auszuschließen. Wir drei, Lady Doyle, Sir Arthur und ich, saßen um den Tisch herum, auf dem mehrere Bleistifte und ein Schreibblock lagen, und legten unsere Hände auf die Tischoberfläche.

Sir Arthur begann die Séance mit einem andächtigen Gebet. Ich hatte beschlossen, so religiös zu sein, wie es in meiner Macht stand, und habe mich zu keinem Zeitpunkt über die Zeremonie lustig gemacht. Ich schloss alle irdischen Gedanken aus und widmete meine ganze Seele der Séance.

Ich war *bereit* zu glauben, *wollte sogar* glauben. Es kam mir seltsam vor und ich wartete mit klopfendem Herzen und hoffte, dass ich vielleicht noch einmal die Anwesenheit meiner geliebten Mutter spüren würde. Wenn es jemals einen Sohn gab, der seine Mutter vergötterte und anbetete und der mit jedem Gedanken an ihr Glück und ihren Trost dachte, dann war dieser Sohn ich selbst. Meine Mutter bedeutete mein Leben, ihr Glück war gleichbedeutend mit meinem Seelenfrieden. Nicht zuletzt aus diesem Grund wollte ich dem, was vor sich ging, meine tiefste Aufmerksamkeit schenken. Für mich bedeutete es eine Linderung aller Schmerzen, die ich in meinem Herzen hatte. Ich wollte besonders mit meiner Mutter sprechen, denn an diesem Tag, *dem 17. Juni 1922*, war ihr Geburtstag. 90 Ich war entschlossen, mich dem Spiritualismus zuzuwenden, wenn es irgendwelche Beweise gäbe, die stark genug wären, um die Zweifel zu zerstreuen, die mein Gehirn in den letzten dreißig Jahren beschäftigt haben.

Augenblicklich wurde Lady Doyle „von einem Geist ergriffen". Ihre Hände zitterten und schlugen auf den Tisch, ihre Stimme zitterte und sie rief die Geister an, um ihr eine Botschaft zu überbringen. Sir Arthur versuchte, sie zu beruhigen, bat sie, sich zurückzuhalten, aber ihre Hand schlug auf den Tisch, ihr ganzer Körper zitterte, und schließlich begann sie zu schreiben, indem sie am Kopf der Seite ein Kreuz machte. Und als sie mit jeder Seite fertig war, riss Sir Arthur das Blatt ab und reichte es mir. Ich saß die ganze Zeit gelassen da und hoffte und wünschte, ich könnte die Gegenwart meiner Mutter spüren. Es gab nicht einmal den Anschein davon. Jeder, der jemals eine anbetende Mutter hatte und den irdischen Kontakt verloren hat, kennt das Gefühl, das ihn bei dem Gedanken überkommen wird, ihre Anwesenheit zu spüren.

Mutter stammt , kann ich, so sehr ich es auch wünsche, nicht als von der Seele oder dem Geist meiner süßen Mutter geschrieben oder inspiriert angesehen werden.

„Oh mein Schatz, Gott sei Dank, Gott sei Dank, endlich bin ich durch – ich habe es so oft versucht – jetzt bin ich glücklich. Natürlich möchte ich mit meinem Jungen sprechen – meinem eigenen geliebten Jungen – Freunde, ich danke Ihnen von ganzem Herzen dafür." –

„Du hast den Schrei meines Herzens – und seines – Gott segne ihn – tausendfach für mein ganzes Leben für mich erhört – noch nie hatte eine Mutter einen solchen Sohn – sag ihm, er soll nicht trauern – bald wird er alle Beweise bekommen, die er hat ist so darauf bedacht, ihm – Ja, wir wissen – zu sagen, dass ich möchte, dass er versucht, bei sich zu Hause zu schreiben. Es wird viel besser sein."

„Ich werde mit ihm zusammenarbeiten – er liegt mir so sehr am Herzen – ich bereite ein so süßes Zuhause für ihn vor, in das er eines Tages, zu Gottes guter Zeit, einziehen wird. Das ist eine meiner größten Freuden, wenn ich mich auf unsere Zukunft vorbereite." "

„Ich bin so glücklich in diesem Leben – es ist so erfüllt und freudig – mein einziger Schatten war, dass mein geliebter Mensch nicht wusste, wie oft ich die ganze Zeit bei ihm war – hier weg von meinem Herzensliebling – meine Arbeit auf diese Weise in meinem Leben zu kombinieren."

„Es ist so anders hier drüben, so viel größer und größer und schöner – so erhaben – alle Süße um einen herum – nichts, was weh tut, und wir sehen unsere Lieben auf Erden – das ist so eine Freude und ein Trost für uns – Sag es ihm: Ich." Ich liebe ihn mehr denn je – mit den Jahren wird es nur noch schlimmer – und seine Güte erfüllt meine Seele mit Freude und Dankbarkeit. Oh, genau das, ich *bin* es. Ich möchte nur, dass er weiß, dass – dass – ich die Kluft überbrückt habe – das ist es, was ich wollte, oh, so sehr – Jetzt kann ich in Frieden ruhen – wie schnell – "

„Ich habe *immer* die Gedanken meines geliebten Sohnes gelesen – seine lieben Gedanken – es gibt so viel, was ich ihm sagen möchte – aber – ich bin fast überwältigt von dieser Freude, noch einmal mit ihm zu sprechen – es ist fast zu viel, um durchzukommen – das Ich freue mich darüber – danke, danke, Freund, von ganzem Herzen für das, was Sie heute für mich getan haben – Gott segne auch Sie, Sir Arthur, für das, was Sie für uns tun – für uns hier – wer Deshalb müssen wir mit unseren Lieben auf der Erdenebene in Kontakt treten – "

„Wenn die Welt nur diese große Wahrheit wüsste – wie unterschiedlich das Leben für Männer und Frauen sein würde – Lass dich von nichts aufhalten – groß wird deine künftige Belohnung sein – Auf Wiedersehen – Ich habe dich, Sir Arthur, und meinen Sohn zusammengebracht – Ich hatte das Gefühl, du wärst der einzige Mann, der uns helfen könnte, diesen Schleier zu durchdringen – und ich hatte recht – Segne ihn, segne ihn, segne ihn, sage ich aus tiefstem Herzen – er erfüllt mein Herz und später werden wir zusammen sein – Oh, so glücklich – es erwartet ihn ein Glück, von dem er noch nie geträumt hat – sag ihm, dass ich bei ihm bin – sag ihm einfach, dass ich ihm bald zeigen werde, wie nah ich ihm bin, und dabei werden ihm bald die Augen geöffnet – Gut - noch einmal vorbei – Gottes Segen sei mit euch allen."

Im Fall meiner Séance glaubte Sir Arthur aufgrund der großen Aufregung, dass es sich um einen direkten Zusammenhang handelte.

Umso mehr zögere ich, den obigen Brief zu glauben und anzunehmen, denn obwohl meine heilige Mutter fast fünfzig Jahre in Amerika gelebt hatte, konnte sie weder Englisch sprechen, lesen noch schreiben, aber Spiritualisten behaupten, dass, wenn ein Medium von einem Geist besessen ist, der die Sprache nicht spricht, schreibt, spricht oder singt sie automatisch in der Sprache des Verstorbenen; Sir Arthur hat mir jedoch erzählt, dass ein Geist umso gebildeter wird, je länger er scheidet, und dass meine gesegnete Mutter im Himmel in der Lage war, die englische Sprache zu beherrschen.

Nachdem der angebliche Brief meiner Mutter geschrieben worden war und ich ihn sehr sorgfältig durchgelesen hatte, riet mir Sir Arthur, dem Rat meiner Mutter zu folgen und zu versuchen, zu schreiben, wenn ich zu Hause ankam.

Ich nahm willkürlich einen Bleistift und sagte: „Muss ich diesen Bleistift auf eine bestimmte Weise halten, wenn ich schreiben möchte, oder schreibt er automatisch?" *Den Namen „Powell" habe ich dann ganz aus eigenem Antrieb geschrieben.* Sir Arthur sprang aufgeregt auf und las, was ich gerade geschrieben hatte. Er sah das Wort „Powell" und sagte: „Die Geister haben Sie angewiesen, den Namen meines lieben Kampfpartners im Spiritualismus, Dr. Ellis Powell, aufzuschreiben, der gerade in England gestorben ist." Ich bin die Person, der er am ehesten ein Zeichen gibt, und hier kommt sein Name durch Ihre Hände. Wahrlich, Saul gehört zu den Propheten."

Ich muss mit Nachdruck betonen, dass dieser Name ganz aus eigenem Antrieb und in vollem Bewusstsein geschrieben wurde. Ich dachte an meinen Freund Frederick Eugene Powell, den amerikanischen Zauberer, mit dem ich damals viel Korrespondenz über ein Geschäftsvorhaben führte, das inzwischen umgesetzt wurde. Es besteht nicht der geringste Zweifel daran, dass es sich dabei um mehr als eine absichtliche Mystifizierung meinerseits handelte, oder sagen wir ein freundlicheres Wort zu meinen Gedanken und nennen es „Zufall".

Ein paar Tage später schickte mir Sir Arthur den folgenden Brief mit Bezug auf meine Erklärung zur Schreibweise des Namens „Powell".

„Der Botschafter,
New York,
20. Juni 1922.

„Mein lieber Houdini:—

„... Nein, die Powell-Erklärung reicht nicht. Er ist nicht nur der einzige Mann, der mich haben möchte, sondern am Abend bekam auch Frau M., die Mediumdame, „hier ist ein Mann." Er möchte sagen, dass es ihm leid tut, dass er heute Nachmittag so abrupt sprechen musste." Die Nachricht wurde dann von deiner Mutter gebrochen erneute Nachricht und so bekamen wir keinen Namen. Aber es bestätigt mich in der Überzeugung, dass es Powell war. Allerdings werden Sie Ihre Kräfte zweifellos noch weiter auf die Probe stellen.

(Signiert) „A. Conan Doyle."

Ich hatte einen Artikel für die *New York Sun vom* 30. Oktober 1922 geschrieben, der meine Ansichten zum Spiritualismus darlegte und gleichzeitig auf die Herausforderung der Generalversammlung der Spiritualisten des Staates New York antwortete. Darauf wurde Sir Arthur aufmerksam gemacht, der wie folgt schrieb:

„Windlesham,
Crowborough,
Sussex.

19. November 1922.

„Mein lieber Houdini:—

„Sie haben mir Ihren Artikel an die *New York Sun geschickt* und wollten zweifellos, dass ich darauf antworte, aber ich habe keine Lust, mich öffentlich mit einem Freund zu duellieren, also habe ich keine Notiz davon genommen.

„Trotzdem tat es mir ziemlich weh. Sie haben jedes Recht auf der Welt, Ihre eigene Meinung zu vertreten, aber wenn Sie sagen, dass Sie keine Überlebensnachweise hatten, sagen Sie, was ich mit dem, was ich mit eigenen Augen gesehen habe, nicht in Einklang bringen kann. Anhand vieler Beispiele kenne ich die Reinheit der medialen Tätigkeit meiner Frau, und ich habe gesehen, was Sie bekommen haben und welche Wirkung es damals auf Sie hatte. Sie wissen auch, dass Sie selbst sofort mit Ihrer eigenen Hand den Namen von Powell aufgeschrieben haben, dem einzigen Mann, von dem man erwarten konnte, dass er mit mir kommuniziert. Wenn Sie nicht scherzten, als Sie sagten, Sie wüssten nichts vom Tod dieses Powells, dann wäre das sicherlich ein Beweis, denn die Vorstellung, dass Sie unter all Ihren Freunden zufällig den Namen von jemandem aufgeschrieben hätten, der genau übereinstimmte, wäre sicherlich zu wunderbar ein Zufall.

„Ich habe jedoch nicht vor, dieses Thema weiter mit Ihnen zu besprechen, da ich der Meinung bin, dass Sie über Ihre Beweise verfügen und dass die Verantwortung für die Annahme oder Ablehnung bei Ihnen liegt. Denn es *handelt sich um* eine sehr reale und dauerhafte Verantwortung. Aber ich habe es endlich, denn ich habe mein Bestes getan, um Ihnen die Wahrheit zu sagen. Ich werde Ihnen jedoch mein kleines Buch über den Betrug an Hope schicken, aber das wird mein letztes Wort zu diesem Thema sein. Mittlerweile gibt es noch viele andere Themen, zu denen wir uns alle in einem freundschaftlichen Gespräch treffen können.

„Mit freundlichen Grüßen
(unterzeichnet) „A. Conan Doyle."

Worauf ich antwortete: —

„15. Dezember 1922.

„Sir Arthur Conan Doyle,
Windlesham,
Crowborough ,
Sussex.

„Mein lieber Sir Arthur: —

„Ich habe Ihren Brief bezüglich meines Artikels in der *New York Sun* erhalten . Du schreibst, dass es dir sehr weh tut. Ich vertraue darauf, dass es bei mir nicht der Fall ist, denn da Sie Ihr ganzes Leben lang ehrlich und männlich waren, müssen Sie natürlich die gleichen Eigenschaften bei anderen Menschen bewundern.

„Ich weiß, dass Sie ehrenhaft und aufrichtig sind und denke, dass ich Ihnen eine Erklärung zu dem Brief schuldig bin, den ich durch die Hände von Lady Doyle erhalten habe.

„Ich war bei dieser Séance von ganzem Herzen einverstanden und mitfühlend, aber der Brief war vollständig auf Englisch verfasst und meine heilige Mutter konnte die englische Sprache weder lesen, schreiben noch sprechen. Damals hatte ich keine Lust, darüber zu sprechen, weil ich voller Emotionen versuchte, die Anwesenheit meiner Mutter zu spüren , wenn das überhaupt möglich wäre, um mich ruhig zu halten, bis die Zeit verstrichen war und ich daraus die richtige Schlussfolgerung ziehen konnte.

„In Bezug darauf, dass ich den Namen ‚Powell' geschrieben habe." Frederick Eugene Powell ist ein sehr lieber Freund von mir. Er hatte gerade zwei schwere Operationen hinter sich. Außerdem erlitt Frau Powell zu dieser

Zeit einen paralytischen Schlaganfall. Ich hatte Geschäftsbeziehungen mit ihm, die viel Korrespondenz erforderten; Deshalb war sein Name für mich natürlich das Wichtigste und ich kann mir nicht vorstellen, dass meine Hand von Ihrem Freund geführt wurde. Es war nur ein Zufall.

„Ich vertraue darauf, dass meine Klärung der Séance aus meiner Sicht zufriedenstellend ist und dass Sie keine bösen Gefühle hegen, weil ich sowohl Lady Doyle als auch Sie selbst sehr schätze. Ich weiß, dass Sie dies als eine Religion betrachten, aber ich persönlich kann das nicht tun, denn bis jetzt habe ich noch nie etwas gesehen oder gehört, das mich bekehren könnte.

„Ich vertraue darauf, dass Sie meinen Brief mit dem gleichen ehrlichen und guten Glauben annehmen, mit dem er geschrieben wurde.

„Mit den besten Wünschen an Lady Doyle, Sie selbst und die Familie, der sich Frau Houdini anschließt,

„Mit freundlichen Grüßen
(unterzeichnet) „Houdini."

Im Januar 1923 forderte der *Scientific American 2.500 US-Dollar.* an die erste Person, die unter Testbedingungen ein psychisches Foto erstellt hat. Weitere 2500 $. wurde der ersten Person angeboten, die unter den festgelegten Testbedingungen und zur Zufriedenheit der benannten Richter eine objektive psychische Manifestation des definierten physischen Charakters hervorbrachte, und zwar von einer solchen Art, dass über ihr Auftreten eine dauerhafte instrumentelle Aufzeichnung erstellt werden kann.

Die benannten Komitees waren: Dr. William McDougall, D.Sc., Professor für Psychologie in Harvard; Daniel Frisk Comstock, Ph.D., ehemaliges Mitglied der Fakultät des Massachusetts Institute of Technology; Walter Franklin Prince, Ph.D., Hauptforschungsbeauftragter der S. P. R.; Hereward Carrington, Ph.D., Hellseher-Ermittler; J. Malcolm Bird, Mitglied des Scientific American Staff; und ich selber. 91

Sir Arthurs Brief ist selbsterklärend.

„Windlesham,
Crowborough ,
Sussex."1. Januar 1923.

„Mein lieber Houdini:

„... Ich sehe, dass Sie dem Scientific American Committee angehören, aber wie kann man es als unparteiisches Komitee bezeichnen, wenn Sie sich solchen Aussagen verschrieben haben, wie zum Beispiel, dass einige Spiritualisten sterben, bevor sie erkennen, wie sie getäuscht wurden usw. ? Sie haben das volle Recht, eine solche Meinung zu vertreten, können danach aber nicht mehr in einem unparteiischen Ausschuss sitzen. Es wird sofort voreingenommen. Was ich wollte, waren fünf gute Männer mit klarem Kopf, die ohne jegliche Vorurteile voranschreiten können, wie die Dialectical Society 92 in London, die das Phänomen einstimmig befürwortete.

„Nochmals alle Grüße,

(Unterzeichnet) „ A. CONAN DOYLE ."

Am 21., 22. und 24. Mai hielt der *Scientific American* seine ersten Testsitzungen ab. Die ständigen Sitze waren Herr Walker, Herr Lescurboura , Herr J. Malcolm Bird von der Redaktion des *Scientific American* , Herr Owen von der *Times* , Herr Granville Lehrmann vom American Telephone and Telegraph und Richard I. Worrell, *ein Freund* des Mediums. Dr. Carrington und Prince vom Richterausschuss saßen am Montag zusammen. Dr. Prince und ich am Donnerstag. Am Dienstag wurde das Komitee durch Herrn Frederick Keating, Zauberer, vertreten.

Das Medium, ein Mann namens George Valentine aus Wilkes-Barre, Pennsylvania, behauptete, echt zu sein. Er wurde gefangen, indem er auf einem Stuhl saß, der so angeordnet war, dass, als er aufstand, im angrenzenden Raum eine elektrische Lichtanlage angebracht war, zusammen mit Diktogrammen und einem Phosphorknopf. Nach Einschätzung des Komitees war Mr. Valentine nur ein gewöhnlicher Betrüger.

Lady Doyle, Miss Juliet Karcher , Mrs. Houdini, Sir Arthur und ich aßen am 11. Mai 1920 im Royal Automobile Club in London zu Mittag, und Sir Arthur machte darauf aufmerksam, dass sie einige Tage zuvor zusammen gesessen hatten Tisch mit einem starken Medium, und er erzählte mir in einem sehr ernsten Ton, der von Lady Doyle bestätigt wurde, dass der Tisch begann, sich im ganzen Raum zu bewegen, zum Erstaunen des Kellners, der sich der unmittelbaren Nähe des Tisches nicht bewusst war Mittel.

Während er es erzählte, beobachtete ich ihn aufmerksam und sah, dass sowohl er als auch Lady Doyle äußerst aufrichtig waren und glaubten, dass das, was sie mir erzählt hatten, eine tatsächliche Tatsache war.

Es gibt Zeiten, in denen ich fast an der Aufrichtigkeit einiger *Aussagen von Sir Arthur zweifle* , obwohl ich nicht an der Aufrichtigkeit seines Glaubens zweifle.

Ich habe eine Reihe von Briefen durchgesehen, die ich in den letzten Jahren von Sir Arthur erhalten habe, und habe die folgenden Auszüge ausgewählt, die seinen Standpunkt zu vielen der von uns besprochenen Themen darlegen.

„Ich wundere mich nicht, dass sie dich als Okkulten abstempeln. Während ich die Berichte lese , verstehe ich nicht, wie Sie das machen. Sie müssen sowohl ein mutiger als auch außergewöhnlich geschickter Mann sein."

„Wie man aus den Taucheranzügen herauskommt, ist mir überlegen, aber die ganze Sache ist mir vollkommen überlegen."

„Ich habe von den Davenport Brothers gesprochen. Ihr Wort in dieser Angelegenheit, da Sie sowohl den Mann als auch die Möglichkeiten seiner Kunst kennen, wäre endgültig."

„Du bist für mich ein ewiges Mysterium. Zweifellos bist du es für alle."

„In einem schönen Licht sah ich meine tote Mutter so deutlich, wie ich sie jemals im Leben gesehen habe. Ich bin ein cooler Beobachter und mache keine Fehler. Es war wunderbar – aber es hat mir nichts beigebracht, was ich vorher nicht wusste."

„Unsere besten Erinnerungen an Ihre Frau und Sie. Seien Sie um Gottes willen vorsichtig bei Ihren furchterregenden Taten. Du solltest jetzt in den Ruhestand gehen können."

„Diese Hellseher, deren Namen ich Ihnen genannt habe, sind an sich passive Agenten und machtlos. Wenn sie sich selbst überlassen bleiben, raten sie und verwirren – was sie manchmal tun, wenn die wahre Verbindung hergestellt ist, ist alles klar. Diese Verbindung hängt von den Kräften dahinter ab, die von Frivolität oder Neugier abgestoßen werden, aber unter dem Impuls der Sympathie handeln."

„Ich sehe, dass Sie viel über die negative Seite des Spiritualismus wissen."

„Wenn Sie an einen verlorenen Freund denken, bevor Sie zu einer Séance gehen, und beten, dass Sie Kontakt aufnehmen dürfen, haben Sie eine Chance – andernfalls keine. Es hängt wirklich von psychischen oder mentalen Schwingungen und Harmonien ab."

„Ich fürchte, es gibt viel Betrug unter amerikanischen Medien, bei denen der Spiritualismus zu Recht in Verruf geraten zu sein scheint. Selbst wenn es echt ist, wird es für Börsenzwecke und andere weltliche Zwecke verwendet. Kein Wunder, dass es in dem Land, das durch die ersten spirituellen Manifestationen der Serie geehrt wurde, tief gesunken ist."

„Du verfügst sicherlich über wunderbare Kräfte, ob angeboren oder erworben."

„Ich beneide Sie um das Privileg, Ira Davenport kennengelernt zu haben."

„Die meisten unserer großen Medien sind derzeit unbezahlte Amateure, die für niemanden außer Spiritualisten zugänglich sind."

„Es *muss etwas* auf dich zukommen, wenn du wirklich durchhältst und den Gedanken verlierst, dass du ihm folgen sollst, so wie ein Terrier einer Ratte folgt."

„Geistige Harmonie hebt den gesunden Menschenverstand keineswegs auf."

„Ich habe von Ihrer bemerkenswerten Leistung in Bristol gehört. Mein lieber Freund, warum gehst du um die Welt, um eine Demonstration des Okkultismus zu suchen, wenn du ständig eine Demonstration gibst?"

„Ich *weiß*, dass Hope ein wahrer Hellseher ist, und werde Ihnen meine Gründe nennen, wenn ich es behandle, aber Sie können niemandem bei jeder Gelegenheit einen Blankoscheck für Ehrlichkeit ausstellen, ob es eine Versuchung gibt, sich abzusichern, wenn die psychische Kraft zur Neige geht Frage, die es zu berücksichtigen gilt. Ich bin für eine kompromisslose Ehrlichkeit – aber auch für eine gründliche Prüfung auf der Grundlage wahrer Erkenntnisse."

„Ich amüsiere mich über Ihre Untersuchung bei der Society for Psychical Research. Haben sie nie daran gedacht, gegen Sie zu ermitteln?"

„Es war gut von dir, diesen armen Invaliden eine Show zu bieten, und du wirst dich in der dritten Sphäre wiederfinden, in Ordnung mit deiner lieben Frau, eine Welt ohne Ende, was auch immer du glauben magst."

„Ungläubigkeit scheint mir unter den gegebenen Umständen eine Art Wahnsinn zu sein." Dies bezog sich auf einige Fotos von Ektoplasma, die ich in Frage stellte.

„Dieses Gerede von ‚Fälschung' ist in den meisten Fällen Unsinn und zeigt unser eigenes unvollkommenes Wissen über die Bedingungen und die Vorgehensweise der Kontrollen, die oft Abkürzungen nehmen, um ihre Ziele zu erreichen, ohne Rücksicht auf unsere kritische Idee."

„Unsere Gegner reden von einem Misserfolg und lassen eine tolle Erfolgsserie aus. Aber die Wahrheit siegt und es bleibt viel Zeit."

„Ich lasse nie zu, dass ein Pressesprecher (Zeitungsmann) ungestraft davonkommt, wenn ich es vermeiden kann." 93

„Unsere Beziehungen sind sicherlich neugierig und werden es wahrscheinlich noch neugieriger werden, denn solange Sie das angreifen, von dem *ich* aus Erfahrung weiß, dass es wahr ist, habe ich keine andere Wahl, als Sie wiederum anzugreifen. Wie lange eine private Freundschaft eine solche Tortur überstehen kann, weiß ich nicht, aber zumindest habe ich die Situation nicht geschaffen."

„Sie haben unter Spiritualisten den Ruf, ein zutiefst voreingenommener Feind zu sein, der Ärger machen würde, wenn es möglich wäre – ich weiß, dass dem nicht so ist."

Auf Seite 150 von Sir Arthurs Buch „Our American Adventure" sagt er:

„Houdini gehört nicht zu den oberflächlichen Männern, die sich einbilden, sie könnten spirituelle Phänomene mit Salontricks wegerklären, aber er behält einen offenen – und, wie ich glaube, immer empfänglicheren – Geist gegenüber Mysterien, die über seine Kunst hinausgehen. Ich hoffe, er versteht, dass man, um die Wahrheit in dieser Angelegenheit zu erfahren, nicht wie der Circle of Conjurors in London als Sanhedrim des Urteils fungieren muss, da spirituelle Wahrheit nicht als Schuldiger in eine Anwaltskammer kommt, sondern man sich unterwerfen muss ein demütiger Geist gegenüber psychischen Erkrankungen und gehe daher weiter und mache die meisten Fortschritte, wenn du auf den Knien liegst."

Sir Arthur hat mir immer wieder erzählt, dass sein ganzes Leben auf dem Thema Spiritualismus basiert und dass er einige der besten Jahre seines Lebens der Verbesserung und Verbreitung der Sache geopfert hat, was aufgrund seiner Aufrichtigkeit der Fall ist ein wunderschöner Glaube. 94 Aber meiner Meinung nach ist es kein „Opfer", Menschen, die kürzlich einen Verlust erlitten haben, von der Möglichkeit und Realität der Kommunikation mit ihren Lieben zu überzeugen. Für mich sind die armen leidenden Anhänger, die eifrig nach Linderung des Herzschmerzes suchen, der auf den Tod eines lieben Menschen folgt, das „Opfer".

Sir Arthur glaubt, dass ich über große mediale Kräfte verfüge und dass einige meiner Taten mit Hilfe von Geistern vollbracht werden. Alles, was ich tue, wird mit materiellen Mitteln erreicht, die menschlich möglich sind, egal wie verwirrend es für den Laien ist. Er sagt, dass ich nicht in der richtigen Stimmung in eine Séance gehe, dass ich unterwürfiger sein sollte, aber bei all den Séancen, an denen ich teilgenommen habe, habe ich nie ein Gefühl von Feindseligkeit verspürt. Ich habe keine Lust, den Spiritualismus zu diskreditieren; Ich habe keinen Krieg mit Sir Arthur; Ich habe keinen Kampf mit den Spiritisten ; Aber ich glaube, dass es zum Wohle der Menschheit meine Pflicht ist, der Öffentlichkeit die Ergebnisse meiner langen Forschung zum Spiritualismus offen vorzustellen. Ich bin bereit, mich überzeugen zu lassen; Mein Geist ist offen, aber der Beweis muss so sein, dass er keinen

Zweifel daran lässt, dass das, was behauptet wird, nur durch oder durch übernatürliche Kräfte erreicht wurde. Bisher habe ich in all den Séancen, an denen ich teilgenommen habe, noch nie etwas gesehen, was mich dazu veranlassen würde, einer medialen Leistung eine übernatürliche Hilfe zuzuschreiben, noch habe ich jemals etwas gesehen, das mich davon überzeugt hätte, dass es möglich ist, mit ihnen zu kommunizieren die aus diesem Leben gestorben sind. Deshalb stimme ich Sir Arthur nicht zu.

KAPITEL X
WARUM ECTOPLASMA?

JAHRE vergangen. Everard Feilding! Viele Male in diesen Jahren habe ich mit ihm über Spiritualismus gesprochen, und niemand war jemals mehr an den Ergebnissen meiner Untersuchungen und Studien darüber interessiert als er, und durch seine Hilfe konnte ich die berühmte Eva Carriere persönlich besser untersuchen bekannt vielleicht als Mlle. Eva.

Eines Abends im Frühjahr 1920, während eines ruhigen Abendessens in seinem Haus in London, drehte sich das Gespräch um Ektoplasma. Ich erzählte Herrn und Frau 95 Feilding von der Teilnahme an einem Sonntagstreffen des London Psychical College mit freundlicher Genehmigung von Hewat McKenzie. Bei diesem Treffen Frau. Bisson und Mlle. Eva wurde von Fornieur vorgestellt d'Albe und Frau. Während Bisson einen spontanen Vortrag hielt, nutzte sie die Gelegenheit, um sich über den Angriff eines französischen Zauberers zu ärgern und in unverkennbaren Tönen ihre Abneigung gegen Prestidigitatoren zu erklären.

Mr. Feilding versicherte mir, dass ich mit ihrer Abneigung gegenüber Zauberern recht hatte, und schlug vor, dass die einzige Möglichkeit, jemals an einer ihrer Séancen teilnehmen zu können, darin bestehe, das Medium davon zu überzeugen, dass ich nicht zu der voreingenommenen Klasse der Prestidigitatoren gehöre, und schlug dies als Mittel vor Um dieses Ziel zu erreichen, veranstaltete ich eine Theaterparty, um meinen Auftritt zu sehen und so Frau zu ermöglichen. Bisson und Mlle. Eva, um selbst zu urteilen. Dies wurde arrangiert und an dem Abend, als sie zu mir ins Theater kamen, führte ich das Folterzellen-Rätsel auf, bei dem ich mit dem Kopf voran in einem Wassertank völlig untergetaucht bin und es physikalisch unmöglich ist, Luft zu bekommen, während ich darin eingeschlossen bin Gerät. Sie waren so verblüfft, dass sie den Wunsch äußerten, irgendwann in naher Zukunft einer weiteren Aufführung von mir beizuwohnen. Ich hatte gerade die Herausforderung angenommen, einem Packkoffer zu entkommen, der von erfahrenen Tischlern auf der Bühne gebaut werden sollte, und dachte, dass es eine interessante Aufführung für Frau sein würde. Als ich Bisson als Zeugin bezeugte, lud ich sie ein und erhielt als Antwort den folgenden Brief.

„19. Mai 1920.

„Sehr geehrter Herr Houdini:

„Wir, Mlle. Eva und ich werden uns freuen, Sie am nächsten Mittwoch bei der Aufführung zu sehen, von der Sie mit mir gesprochen haben. Da Sie die große Freundlichkeit hatten, uns mehrere Eintrittskarten anzubieten, ist es mir eine große Freude, diese anzunehmen, und wenn Sie möchten, können Sie uns auch vier schicken, da wir erwarten, mit Herrn und Frau Feilding in den Applaus einzustimmen.

„Ich möchte dir noch etwas anderes sagen!

„Sie wissen, dass wir hier Séancen veranstalten und die Phänomene der Materialisierung zeigen. Dies sind keine Geistesstudien. Sie sind wissenschaftlich.

„Es würde Herrn Feilding und uns interessieren, bei unseren Sitzungen einen Meister in der Kunst des Prestidigitators zu haben, aber ich habe mich immer geweigert, einen gewöhnlichen Prestidigitator oder auch nur einen von höherem Rang in mein Haus zu lassen. Unsere Arbeit ist ernst und real, und die Gabe von Mlle. Eva könnte für immer verschwinden, wenn irgendein ungeschickter Mensch darauf beharrt, zu glauben, es handele sich um Betrug, statt um echte und interessante Fakten, die vor allem die Wissenschaft interessieren.

„Für dich gilt das nicht! Du stehst über all dem. Sie sind ein großartiger Schauspieler, der sich nicht als Prestidigitator bezeichnen kann, ein Titel, der unter einem Mann Ihres Talents liegt.

„Deshalb werde ich (vielmehr werden wir) stolz darauf sein, Sie an unseren Sitzungen teilnehmen zu sehen und zu hören, wie Sie uns allen sagen, nachdem Sie selbst gründlich davon überzeugt wurden, dass ihre Verdienste weit unter Ihren eigenen liegen, denn diese Manifestationen hängen lediglich davon ab, dass Sie dies zulassen Naturgewalten wirken und lügen einfach in der Wahrheit der Tatsachen. Bei Ihnen hingegen sind es Ihre Verdienste, Ihr Talent und Ihre persönliche Tapferkeit, die es Ihnen ermöglicht haben, den Platz eines Königs in Ihrer Kunst zu erlangen.

„Mit freundlichen und geschätzten Grüßen an Frau. Houdini und du selbst,

(Unterzeichnet) Juliette Bisson."

(Übersetzt.)

Als ich Herrn Feilding diesen Brief zeigte, war er sowohl überrascht als auch erfreut, denn es gab ihm die Gelegenheit, mich einzuladen, Mitglied des Ausschusses zu werden, der Frau untersuchen sollte. Bisson und Mlle. Evas Séancen sollten von der Society for Psychical Research abgehalten werden, und so nahm ich auf gemeinsame Einladung der Medien und Herrn Feilding an acht Sitzungen teil. Jeder von ihnen dauerte drei Stunden und ich bin fest davon überzeugt, dass eine Beschreibung von ihnen und ihren Ergebnissen wichtig ist.

Bei diesen Sitzungen war mein Wort verpflichtet, vollständige und heilige Gedanken zu vermitteln, und ich versuchte, meine Gedanken so zu kontrollieren, dass meine ganze Aufmerksamkeit dem Medium gewidmet werden konnte. Es gab keinen Spott und es gab den Willen zu glauben. Ich hatte das Gefühl, dass mein Gewissen rein wäre, wenn die Geister irgendetwas manifestieren würden. Ich saß jedoch mit offenen Augen da, nahm selbst die kleinsten Details auf und war auf der Hut vor jeglichen Tricks. Einige Male saß ich auf einem „Kontroll"-Stuhl links vom Medium, wobei ihr linkes Glied zwischen meinem lag und ich mit beiden Händen ihre linke Hand und ihr Handgelenk hielt, während Eric Dingwall rechts von ihr den Ausschusssitz hatte. Eva wurde bei allen Séancen von Frau begleitet. Bisson und die Vorgehensweise waren immer die gleichen. Nachdem Eva ausgezogen und von den Damen des Komitees in einem Nebenzimmer durchsucht worden war, kam sie in Strumpfhosen und Frau zurück. Bisson würde sie dann in einen hypnotischen Schlaf versetzen. Ich habe keinen Zweifel daran, dass das Mädchen wirklich eingeschläfert wurde. Wir wurden alle gebeten, sie bei jeder Krise etwa fünfzehn Minuten lang gemeinsam zu bitten, „zu geben" – „ donnez " –, dann würde sie nach etwa drei Stunden dieses angebliche Ektoplasma hervorbringen.

Bei einer der Sitzungen wurde der Hon. Feilding bestand darauf, dass Eva Cracker aß und Kaffee trank, damit der Kaffee den Magen verfärben würde, wenn sie etwas in ihrem Magen versteckt hätte, das sie durch Aufstoßen ausstoßen könnte.

Die Séance vom 22. Juni 1920 fand am 20 Hanover Square in London statt. Frau. Bisson und Eva zogen sich in ein anderes Zimmer zurück und Eric Dingwall nähte einen schwarzen Spitzenschleier an die Strumpfhosen, die Eva trug. Dieser Schleier hüllte sie vollständig ein und sah aus wie eine Art Tasche oder Netz. Der Zweck bestand darin, sie daran zu hindern, etwas in den Mund zu stecken oder etwas von ihrer Strumpfhose an den Hals zu bekommen – tatsächlich war es eine doppelte Sicherheit gegen Betrug. Wir saßen da und warteten und schließlich stieß sie eine große Menge Schaum aus ihrem Mund.

Feilding und Baggley gaben an, dass es aussah, als käme es aus ihrer Nase. Ich sah deutlich, dass es sich um einen dicken Schaum handelte, der innen an ihrem Schleier klebte. Dingwall, die neben dem Medium saß, stimmte mir zu, dass es aus ihrem Mund kam, aber als sie sich nach vorne beugte, sah es so aus, als käme es aus ihrer Nase. Sie holte ein weißes Pflaster hervor und schaffte es schließlich, es über ihr Auge zu jonglieren. Darin befand sich ein Gesicht, das für mich wie ein farbiger Zeichentrickfilm aussah und aussah, als wäre es abgerollt.

Das Letzte, was sie an diesem Abend hervorbrachte, war eine Substanz, die sie, wie sie sagte, in ihrem Mund gespürt und um Erlaubnis gebeten hatte, sie mit den Händen zeigen zu dürfen. Dies wurde gewährt und sie nahm eine Ladung aus ihrem Mund hinter dem Schleier, der nass war und durchnässt aussah. Es schien sich um aufgepumptes Gummi zu handeln. Niemand sah ein darauf gemaltes Gesicht. Plötzlich schien es zu verschwinden. Sie alle sagten, es sei „plötzlich verschwunden", aber meine jahrelange Erfahrung in der Präsentation des Hindu-Nadeltricks 97 überzeugte mich davon, dass sie es „mit Taschenspielertrick" in ihren Mund steckte, während sie so tat, als hätte sie es zwischen ihren Fingern. Ich bin mir sicher, dass der Schritt, den sie gemacht hat, fast identisch ist mit der Art und Weise, wie ich mein Experiment manipuliere. Dingwall war sehr zuversichtlich und sagte es Frau. Bisson sagte, er sei mit Evas Experimenten *nahezu zufrieden*. Sie zeigte Feilding gegenüber ihre Verärgerung so deutlich, dass ich mein Lächeln kaum verbergen konnte.

Im Verlauf des Gesprächs nach der Séance sagte Frau. Bisson erzählte dem Komitee, dass Eva einmal auf ihren Knien den Kopf eines amerikanischen Soldaten mit dickem Schnurrbart und blauen Augen materialisiert hatte. Es sorgte für einige Heiterkeit, als Dingwall sie fragte, wie sie im Dunkeln die Augenfarbe eines Mannes erkennen könne. Frau. Bisson fragte verwirrt und in betrübtem Tonfall, ob sie misstrauisch seien oder ihr einfach nicht glaubten. Sie versuchten mit aller Kraft, sie zu beruhigen, aber ohne Erfolg.

MME. BISSON, FRAU. FEILDING (TOMCHICK) UND MLLE. EVA

Bei der Séance vom 24. Juni, die am selben Ort stattfand, kam ich etwas verspätet an, aber das Komitee erlaubte mir, hereinzukommen. An diesem Abend hatte ich das Gefühl, dass etwas in der Luft nicht stimmte, und nach Ablauf von zwei Stunden sagte Frau … Bisson erzählte uns, dass sie traurig und sehr entmutigt sei, weil so viel Misstrauen gegen sie gerichtet sei. Sie war besonders verärgert über Dingwall, der ihr gesagt hatte, dass er nur „fast" überzeugt sei. Ich war zu keinem Zeitpunkt feindselig, sondern im Gegenteil bereit, mitzuhelfen.

Anschließend verließ Feilding in recht heiterer Stimmung den Raum, um frische Luft zu schnappen. Als er zurückkam, meinte er es sehr ernst und bat darum, dass sie weitermachen. Frau. Bisson glaubte, er wollte sie ärgern und wurde sehr wütend. Meiner Meinung nach hatte sie Unrecht, aber sie stritten und provozierten eine halbe Stunde lang, und dann brach die Séance ab. Während des Streits äußerte sich Eva, die sich in einem Kabinett im „Trancezustand" befand, so, als wäre sie nicht in Trance gewesen.

Anschließend fragte ich Herrn Feilding, ob das nicht verdächtig sei, aber er sagte mir, dass es für einen Menschen möglich sei, in Trance oder im hypnotischen Zustand ein Gespräch bewusst zu führen. Als Frau. Bisson verließ uns. Herr Feilding sagte mir, dass er die Unannehmlichkeiten sehr bedauere und alles Mögliche wiedergutmachen würde.

Nach mehreren Sitzungen mit Eva, in denen nichts Aufregendes geschah , entschloss ich mich, dem Medium gegenüber nachsichtig zu sein und ihr zu helfen, also hielt ich eine Zeit lang ihre Hände und zog sie nach und nach zurück, um ihr den Spielraum zu geben, den sie brauchte Falls sie den Wunsch verspürte, die Hand zu benutzen, die ich halten sollte, aber sie machte überhaupt keine Bewegung.

Die Demonstrationen, denen ich beiwohnte, überzeugten mich überhaupt nicht. Ich glaube, dass Evas Leistungen durch Aufstoßen vollbracht werden. Wenn nicht, handelt es sich bei der Arbeit, die sie angeblich verrichtet, um einen „Insider-Job". [98] Ich bedaure, dass ich Frau nicht glaube. Bisson hat Anspruch auf ein einwandfreies Gesundheitszeugnis. Während der Séancen, an denen ich teilnahm, führte sie eine quasi hypnotische Arbeit voller Gesten und Andeutungen darüber durch, was zu sehen sei, und vermittelte den Anwesenden „schattenhafte Formen und Gesichter". Meiner Meinung nach ist sie eine subtile und begabte Assistentin von Eva, von der ich nicht glaube, dass sie ehrlich ist. Im Gegenteil, ich kann ohne zu zögern sagen, dass die beiden meiner Meinung nach einfach die Leichtgläubigkeit und Gutmütigkeit der verschiedenen Männer ausgenutzt haben, mit denen sie zu tun hatten.

Mit dieser Schlussfolgerung bin ich nicht allein, denn bei der Betrachtung der Villa-Carmine-Seancen von Mlle. Eva, Herr Heuze schreibt im *London Telegraph* vom 4. September 1922:

„Das Weiß, das angeblich aus der ‚Jenseitswelt' kam, war nichts anderes als der Schleier eines Kommunikanten, der in der Tasche des Mediums zusammengerollt war."

Er zitiert auch Mlle. Eva sagt:

„Monsieur, ich habe nie ein Geständnis abgelegt."

„In diesem Fall", kommentiert er, „kann ich nur sagen, dass M. Carborrnel , M. Coulom , Maître Marsault , Maître Jourman , Dr. Demis , Mlle. Mare , M. Verdier , Cochet M. Portal, Mme. Portal und andere müssen alle zusammen gelogen haben, um Mlle zu verfolgen. Eva."

Auch die Sorbonne-Wissenschaftler in Paris erklärten laut einem Bericht der *New York Times* offiziell, dass sie während fünfzehn Sitzungen mit Mlle.

Eva, es gab nichts außer dem einfachen Akt des Aufstoßens. In zwei Fällen wurde zu keinem Zeitpunkt Ektoplasma gesehen, obwohl Frau. Bisson schlug vor, zwei kleine Scheiben von Mlle. Eva nahm Formen und Gesichter an. Keiner der Professoren konnte jedoch etwas Derartiges feststellen, sondern erklärte im Gegenteil:

„Die Substanz war absolut träge und bewegte sich nur, wenn ihr der Mund des Mediums Bewegung verlieh. Nachdem die Substanz resorbiert worden war, schien das Medium einige Sekunden lang zu kauen und es dann offenbar zu schlucken." 99

W. J. Crawford, Doktor der Naturwissenschaften und Dozent für Maschinenbau aus Belfast, Irland, interessierte sich sehr für eine Medienfamilie, bestehend aus einem Vater, vier Töchtern, einem Sohn und einem Schwiegersohn, bekannt als die Goligher- Kreis. Von den sieben war Miss Kathleen Goligher die erfolgreichste. 100

Als ich bei Mr. Feilding in London war, hatte ich das Vergnügen, diesen Dr. Crawford zu treffen und mehrere Stunden mit ihm zu sprechen. Während des Vortrags zeigte er mir Bilder von Ektoplasma, das aus verschiedenen Teilen von Kathleen Golighers Körper austrat, und sagte mir, dass er sie in einem bald erscheinenden Buch verwenden würde.

„Glauben Sie wirklich, dass alles, was Sie durch Ihren Kontakt und Ihre Experimente mit dem Mädchen erlebt haben, absolut echt ist?" Ich fragte ihn.

„Ich bin überzeugt von meinem Glauben", antwortete er.

Nachdem er gegangen war, wandte sich Herr Feilding an mich und fragte:

„Was halten Sie von Dr. Crawford?"

„Er scheint mir verrückt zu sein", antwortete ich.

„Houdini, du irrst dich", antwortete er.

Dennoch glaube ich nicht, dass Dr. Crawford der richtige Mann war oder den richtigen Verstand für eine Untersuchung hatte. Für mich schien seine Leichtgläubigkeit grenzenlos. E. E. Fournier d'Albes Bericht über Dr. Crawfords Séance mit dem Goligher -Kreis deckt sich mit meinem Urteil. In einer an „Light" gerichteten Mitteilung vom August 1922 sagt d'Albe unter Bezugnahme auf seine eigene zehnte Séance:

„Ich stellte zu meiner Überraschung fest, dass ich die Phänomene mit ein wenig Geschick selbst mit meinen Füßen genau so erzeugen konnte, wie ich sie beobachtet hatte."

Dr. Von Schrenk-Notzing 101 beschuldigte d'Albe, seine Untersuchung mit „Vorurteilen gegenüber der Echtheit der Goligher- Phänomene" begonnen zu haben. Dies bestritt d'Albe mit den Worten:

„Ich war frisch von der Seance von Eva C. mit einer starken Überzeugung von der Realität und mit festem Vertrauen in Dr. Crawfords Zuverlässigkeit und Genauigkeit nach Belfast gereist. Ich erwartete ein begabtes Medium, umgeben von seinen ehrlichen Leuten, aber dann kam der Rückschlag: zuerst die Kontaktfotos, dann die Beweise für Betrug. Der Anblick des „Mediums", das mit dem Fuß einen Hocker hob, erfüllte mich mit bitterer Enttäuschung. *Die einfachen, ehrlichen Leute erwiesen sich allesamt als wachsame, geheimnisvolle und lästige Gruppe gut organisierter Künstler.* "

Hier ist die Erfahrung eines Mannes, der mit einem *voreingenommenen Geist* eine Reihe von Tests in Angriff nahm, in der Erwartung, dass die Eindrücke, die er bereits aus seinen Erfahrungen mit Eva C. gewonnen hatte, vollständig bestätigt werden konnten, der aber bereit war zu glauben, aber nicht voreingenommen gegenüber den Schlussfolgerungen war rationale Schlussfolgerung. Seine Zusammenfassung ist zwar kurz, aber bemerkenswert:

„Der Goligher- Kreis wurde von mir und anderen wiederholt aufgefordert, sich weiteren Untersuchungen durch einen neuen Ermittler zu unterziehen, bisher jedoch ohne Erfolg. Wenn es zustimmt, kann ich zwei Dinge mit Sicherheit vorhersagen:

I. Es werden keine echten psychischen Phänomene beobachtet.

II. Es werden keine Beweise für Betrug erhoben, da die Mitglieder des Zirkels äußerst vorsichtig sind und die Beweise für Betrug, die ich erhalten habe, unter Bedingungen gesammelt wurden, die sie nicht vorhergesehen hatten, die sie aber zweifellos in der Zukunft vermeiden werden.

„Ich kann auch sicher vorhersagen, dass es keinerlei Levitation geben wird, wenn Miss Golighers Füße und Hände kontrolliert werden *und die Kooperation der anderen Sitzenden unterbunden wird*.

(Unterzeichnet) E. E. Fournier d'Albe.
21 Gower Street,
WC1

Armer Dr. Crawford! Er beging 1920 in Belfast Selbstmord und hinterließ eine Notiz, in der es hieß, dass seine Forschungen zum Spiritualismus nichts mit seinem Selbstmord zu tun hätten. Es tut mir in der Tat sehr leid, dass dieser aufrichtige Ermittler sein eigener Richter wurde, weil das, was er geschrieben hatte, in gutem Glauben getan worden war.

Kurz nach Dr Theorien zu entwickeln und mehr Daten über die Natur dieser Erscheinungen zu sammeln. d'Albe erzählt in seinem Buch, wie er Katie Goligher bei der Manipulation ertappte und wie er vor dem trüben, roten Hintergrund der Wand den Hocker sah, den Katies Fuß und ein Teil ihres Beins hielten. Bei einigen dieser Manipulationen halfen die Leute am Tisch.

Als er Belfast verließ, schrieb er einen sehr netten Brief, in dem er andeutete, dass das Ergebnis seiner dreimonatigen Erfahrung mit dem Goligher-Kreis keine eindeutigen Beweise für den psychischen Ursprung der zahlreichen Phänomene lieferte, die er beobachtete, und für deren Existenz Da es keinen wissenschaftlichen Wert hatte, hatte er beschlossen, keine weiteren Sitzungen abzuhalten. Es wurde vorgeschlagen, dass Katie Goligher zwölf weitere Sitzungen unter Testbedingungen abhält, sie lehnte jedoch mit der Begründung ab, dass ihr Gesundheitszustand es ihr nicht erlauben würde, einen solchen Vorschlag mindestens ein Jahr lang zu prüfen.

Ich saß mit d'Albe bei einer von Mlle. Evas Séancen. Ich mochte seine Methoden und halte ihn für einen aufrichtigen Ermittler. Als Antwort auf einen meiner Briefe habe ich die folgende Notiz von ihm erhalten.

Kingston-on-Thames.
10. Oktober 1922.

„Lieber Houdini:

„Mit freundlichen Grüßen vom 26. Ult. Gerade bekommen. Ja, die Goligher-Legende hat ihren Glanz verloren. Ich muss sagen, ich war sehr überrascht über Crawfords Blindheit ...

„Mit freundlichen Grüßen,
d'Albe."

Im Jahr 1920 veröffentlichte Kapitän C. Marsh Beadnell aus London eine Broschüre, in der er zwanzig Pfund anbot, wenn Dr. Crawfords Medien unter Bedingungen, die Tricks ausschließen würden, eine einzige Levitation erzeugen würden. Ich bin mir sicher, dass jeder Magier mit einem Kreis von sechs Leuten seiner Wahl und mit nur einem Beobachter vom Typ Crawford unter den gleichen Bedingungen viel verblüffendere Effekte erzielen könnte als alle, die der vertrauensvolle Arzt beschrieben hat.

Das Buch, auf das sich Dr. Crawford bezog, als er mir die Fotos zeigte, die er darin verwenden wollte, wurde seit seinem Tod von David Gow, Herausgeber der spiritistischen Zeitschrift *Light, veröffentlicht*. In einer Vorbemerkung schreibt er:

„Ich könnte viel über das vorliegende Buch mit seiner bemerkenswerten Aufklärung vieler Probleme sagen, die mit den psychischen Phänomenen des Spiritualismus verbunden sind, aber ich begnüge mich mit einem Verweis auf solche Experimente wie die mit dem weichen Ton und dem Methylenblau, die schließlich sicher klären." Verdachtsmomente, die psychischen Medien im Zusammenhang mit Materialisierungsphänomenen bei ungebildeten Forschern seit jeher entgegengebracht werden. Dies ist nicht der unwichtigste Teil eines wertvollen Buches."

Die obige Aussage wirft die Frage auf, welche Auswirkungen eines dieser Experimente auf einen zukünftigen Zustand hat, vorausgesetzt, dass jedes behauptete Detail eine Tatsache wäre. Welche möglichen Informationen könnten Abdrücke in Ton oder mit Farbe verschmutzte Strümpfe über den zukünftigen Zustand einer Seele liefern?

Ejner Nielson aus Kopenhagen wurde von Dr. Oscar Jaeger, Professor für Wirtschaftswissenschaften an der Universität Christiania, Norwegen und Präsident der Norwegischen Gesellschaft für psychische Forschung, gesponsert. Professor Jaeger wurde vom Herausgeber des *Politikon* in Kopenhagen eingeladen, eine Séance mit Neilson abzuhalten. Er akzeptierte und es fand im Januar 1922 vor einem speziell ausgewählten Komitee 102 statt, das vom Präsidenten der norwegischen Universität, Professor Frederick Stange, ernannt wurde. Einige Wochen später berichtete das Komitee, dass Nielson nicht in der Lage gewesen sei, ein sogenanntes Teleplasma oder Materialisierungsphänomene zu erzeugen. Anschließend berichtete die Society for Psychical Research, dass Teleplasma „künstlich in den Körper des Mediums eingebracht" worden sei.

Paul Heuze schreibt über das polnische Medium im *London Daily Telegraph* vom 18. September 1922:

"S. D. Stamislaski traf am 7. April in Paris ein. Am 10. hatte er an der Sorbonne ein Interview mit Professor Piéron und am 11. ging ich auf seine Bitte hin, um an der ersten Séance teilzunehmen, die in einem Schlafzimmer seines Hotels stattfand. Dies war natürlich nur eine vorbereitende Séance. Mein Eindruck war überhaupt nicht positiv."

Als er über die nachfolgenden Sitzungen dieses Mediums spricht, erklärt er:

„Das Ganze lässt sich in einem einzigen Satz zusammenfassen; Das Ergebnis war erbärmlich. Es genügt zu sagen, dass ich trotz unzureichender Kontrolle nicht nur nie eines der leuchtenden Phänomene der ersten Sitzungen gesehen habe, sondern dass auch kaum etwas passierte, und wenn doch, dann war es lediglich eine dieser plumpen Täuschungen, die es gibt in den gewöhnlichsten spiritistischen Sitzungen praktiziert: – Gegenstände werden bewegt, nach vorne geworfen, Berührungen , Ohrfeigen, Bücher werden auf den Kopf geworfen usw. Das Ganze wird auf eine Art und Weise durchgeführt, dass es nicht den geringsten Zweifel an der groben Täuschung geben kann womit es durchgeführt wurde."

Ich habe persönlich an Sitzungen teilgenommen, die von zwei der ektoplasmatischen Medien abgehalten wurden, Mlle. Eva und Mrs. Thompson, und ich habe keinen Zweifel daran, dass es nur eine Frage der Zeit ist, bis all diese Medien, ebenso wie diese beiden, einschließlich Stamislawa , P. Frank Kluski , S. G. Stamislaski , Jean Guzek, 103 Kathleen Goligher , Ejner Nielson , Frau Siebert und Willy Sch, werden authentisch als fragwürdig eingestuft.

Bedenken Sie, ich bin kein Skeptiker. Es ist mein Wille zu glauben, und wenn überzeugende Beweise vorgelegt werden, werde ich der Erste sein, der meinen Fehler eingesteht, aber bis zum heutigen Tag ist mir nichts über den Weg gelaufen, was mich glauben lassen würde, dass der Große Allmächtige Emanationen aus einem menschlichen Körper zulassen würde so schreckliche, abstoßende, zähflüssige Substanzen wie Baron von Schrenk Notzing behauptet, abscheuliche Gestalten, die wie „Genii aus der Bronzeflasche" Glocken läuten, Taschentücher bewegen, Tische wackeln und andere „Flap-Doodle"-Stunts machen.

KAPITEL XI
NEBENPRODUKTE DES SPIRITUALISMUS

ICH darauf aufmerksam, dass die breite Öffentlichkeit den Spiritualismus nur im Sinne von Medien und Séancen denkt und dass der Durchschnittsmensch sich offenbar nicht der Leiden, Verluste, Unglücke, Verbrechen und Gräueltaten bewusst ist, um die es sich dabei handelt die zugrunde liegende Ursache und muss die Hauptverantwortung tragen. In den mehr als dreißig Jahren, in denen ich mich mit dem Spiritualismus beschäftige, habe ich fleißig alle möglichen Daten zu diesem Thema gesammelt, und in den Tausenden von Ausschnitten aus der Zeit von 1854 bis heute, die in meiner Bibliothek abgelegt sind, sind es Hunderte erzählen von Verbrechen, die dem Spiritualismus zuzuschreiben sind. In meiner großen Sammlung von Büchern gibt es viele von weltbekannten Schriftstellern, Wissenschaftlern, Ärzten und Philosophen, die sich alle mit dem Fluch des Spiritualismus befassen. Es berührt jede Phase menschlicher Angelegenheiten und Emotionen und hinterlässt eine Schar von Opfern, deren Schicksal oft erbärmlich, manchmal lächerlich, oft elend und unglücklich ist und die immer getäuscht sind. Auf diese selten berücksichtigten Wirkungen des Spiritualismus möchte ich in diesem Kapitel die Aufmerksamkeit des Lesers lenken.

Der *New York Herald* berichtete am 16. Juni 1923 unter einer Datumszeile aus Syracuse über den folgenden Vorfall:

„William H. Burr aus Rochester sagte heute auf der Geschäftssitzung der New York State Assembly of Spiritualists, deren Präsident er ist, dass er die Tatsache der Kommunikation mit der Geisterwelt wissenschaftlich und schlüssig beweisen könne. Herr Burr forderte die Abschaffung der Todesstrafe. Er erklärte, dass er mit Geistern aus den Körpern von Mördern kommuniziert und deren Leiden erkannt habe, was diejenigen, die der psychischen Kommunikation skeptisch gegenüberstehen, niemals können."

Die *New York Evening World* vom 8. März 1922 berichtet, dass:

„Donnerstag Bergen Vigelius , ein Chemiestudent aus Brooklyn, N. Y., mit der Überzeugung, dass ein spiritueller ‚Blick' auf das Jenseits und die Kraft, ein Buch darüber zu schreiben, ein deutlicher Beitrag zu Wissenschaft und Literatur wäre, wenn er ‚sich in ein ‚projizieren' könnte." „Der komatöse Zustand, der den Tod vortäuscht", versetzte sich häufig in experimentellen Schlaf, aber bei seinem letzten Experiment verließ ihn nicht nur sein Bewusstsein, sondern auch Atem und Leben begleiteten ihn. Er galt als außergewöhnlich begabter Student mit allen Aussichten auf eine vielversprechende Karriere, wenn er nicht anfällig für einen Trugschluss gewesen wäre."

Einer der traurigsten Fälle der Neuzeit ist der der jungen Studentin des Barnard College, Miss Marie Bloomfield, die erklärte, sie sei in einen Geist verliebt und schließlich in den Selbstmord getrieben wurde, um sich ihm anzuschließen. Die junge Dame war eine leidenschaftliche Schülerin des Spiritualismus und engagierte sich sehr aktiv für dessen Anliegen. Alle Zeitungen brachten am 9. Februar 1923 einen Bericht über ihren Tod, der so viel Aufsehen erregte, dass in der New Yorker Versammlung ein Gesetz zur Verhinderung von Séancen vorgeschlagen wurde, das jedoch nicht verabschiedet wurde.

Die *Washington Times* (D. C.) vom 14. Januar 1923 berichtet von einem Earl L. Clark, der eine Scheidung mit der Begründung durchsetzte, dass seine Frau behauptete, sie hätte eine „Geistaffinität" namens Alfred und dass dieser Alfred durch Clarks Frau sein Leben bestritt unerträglich, sogar seinen Tod vorherzusagen, damit sie einen Mann heiraten würde, der „Alfreds spirituelle Führung annehmen" würde.

Laut einem Bericht in der *New York World* behauptet John Slater, Chefmedium der National Spiritualists Association, dass es über fünfhundert Spiritualisten gab, die bei der American Expeditionary Force dienten, von denen keiner verwundet oder an „Cooties" erkrankt war. Die Freiheit von Wunden führte er auf den Einfluss von Geistern zurück.

Die *New York Times* berichtete am 27. April 1922 von einem John Cornyn in San Francisco, der zwei seiner Jungen, einen sieben und einen acht, erschoss, weil er laut Polizei in „Kommunikation" gestanden hatte. mit seiner Frau, die seit einem Jahr tot war und „ihn gebeten hatte, alle ihre fünf Kinder zu ihr zu schicken".

Die folgende Geschichte in der *New York Times* vom 22. April 1887 stammt aus Philadelphia:

„Die Jury im Fall von Frau Sarah Patterson, einem mutmaßlichen Medium, das von der County Medical Society angeklagt wurde, Medizin und Chirurgie zu praktizieren, ohne als Ärztin registriert zu sein, verkündete heute Nachmittag ein Schuldspruch. Die Verteidigung des Angeklagten bestand darin, dass Frau Patterson ein Medium war und unter der Kontrolle von Geistern stand und daher nicht für das verantwortlich war, was sie in Trance tat. Die Anwälte des Angeklagten sind beide Spiritualisten und der Fall hat großes Interesse geweckt, da der Gerichtssaal seit Beginn des Prozesses überfüllt war."

Dies sind die Dinge, für die der Spiritualismus verantwortlich ist und über die in den Zeitungen häufig berichtet wird. Zu diesen wenigen Beispielen könnte ich Hunderte aus meinen Dateien hinzufügen und sie werden ständig größer.

Ein Schwindel, der normalerweise Aufsehen erregt, sich aber letzten Endes ausgesprochen negativ auf die Nerven der Gläubigen auswirkt, besteht darin, jemandem zu erlauben, einen materialisierten Geist zu berühren oder gar zu streicheln. Eine solche Demonstration fand in einer Stadt im Süden statt, wo ein Medium namens Frau M. lebte. Ihre Séancen waren immer gut besucht und größtenteils von der Elite der Stadt vertreten. In einer bestimmten Nacht kam ein Geist hervor und rief nach Andreas und sagte in den strengsten Tönen:

„Ich bin der Geist von ‚Josie' und ich möchte meine Geliebte wiedersehen, die ich vor zwanzig Jahren verlassen habe. Ich weiß, dass er da ist und von mir hören möchte, und was noch wichtiger ist, ich weiß, dass er mich immer noch liebt, denn in diesen zwanzig Jahren hat er nie geheiratet."

Mit zitternden Knien und zitternden Händen stieg der Mann auf die Bühne und erkannte und umarmte unter Tränen seine Liebste. Es war eine sehr rührende und erbärmliche Szene und die Gläubigen waren sehr berührt, und auf den Vorschlag von irgendjemandem hin heiratete ein ehemaliger Geistlicher und Herausgeber einer spiritistischen Zeitschrift, der anwesend war, die Geistbraut mit dem lebenden Bräutigam. Es war ein sensationeller Beweis für die Medialität und Frau M. stand in den Schlagzeilen aller Lokalzeitungen. Unglücklicherweise war jedoch für die Sache des Spiritualismus mein alter Freund, Professor Harry Cook, zufällig in der Nachbarschaft und als er davon hörte, mietete er einen Saal, forderte das Medium zu einem Test heraus und vollbrachte und enthüllte mit einer Assistentin das Wunder.

Ich erinnere mich an einen anderen Fall, bei dem einer meiner Freunde eine Materialisierungsseance untersuchte. Es wurde behauptet, dass sich der Geist seiner verstorbenen Frau manifestierte und er um Erlaubnis bat, sie küssen zu dürfen. Dies wurde ihm gnädigerweise gewährt und er erzählte mir später, dass sie wohl vergessen hatte, sich zu rasieren, denn sie hatte einen Stoppelbart. Übrigens möchte ich hinzufügen, dass seine echte Frau, während er der Séance beiwohnte, in einem nahegelegenen Theater auf ihn wartete.

Ein so bedeutender Wissenschaftler wie Sir William Crookes fiel offensichtlich auf den Materialisierungsschwindel herein, wenn man bedenkt, was er uns über seine Erfahrung bei einer Séance erzählt, bei der Florence Cook das Medium und Katie King das Phantom war. Ich werde die Geschichte mit seinen eigenen Worten zitieren, wie er sie in seinem Buch „Researches in Spiritualism" erzählt.

„Mehrmals nahm sie meinen Arm und der Eindruck, dass es sich um eine lebende Frau an meiner Seite und nicht um einen Besucher aus der anderen Welt handelte, war so stark, dass die Versuchung, ein kürzliches und merkwürdiges Experiment zu wiederholen, fast unwiderstehlich wurde.

„Da mir klar wurde, dass es sich neben mir nicht um einen Geist handelte, sondern auf jeden Fall um eine Dame, bat ich sie um Erlaubnis, sie in meine Arme nehmen zu dürfen, um die interessante Beobachtung zu bestätigen, die ein kühner Experimentator kürzlich gemacht hatte. Diese Erlaubnis wurde freundlicherweise erteilt und ich nutzte sie respektvoll, wie es jeder Gentleman unter den gleichen Umständen getan hätte. Der „Geist", der keinen Widerstand leistete, war ein ebenso materielles Wesen wie Miss Cook selbst.

„Katie erklärte dann, dass sie sich bei dieser Gelegenheit in der Lage fühlte, sich gleichzeitig mit Miss Cook zu zeigen. Ich senkte das Gas und betrat mit meiner Phosphorlampe den Raum, der als Schrank diente. Es war dunkel und ich tastete nach Miss Cook und fand sie auf dem Boden kauernd. Ich kniete nieder, ließ die Luft in meine Lampe eindringen und sah in ihrem Licht die junge Frau, die wie zu Beginn der Séance in schwarzen Samt gekleidet war und völlig bewusstlos wirkte.

„Sie rührte sich nicht, als ich ihre Hand nahm und die Lampe an ihr Gesicht hielt, aber sie atmete ruhig weiter. Ich hob meine Lampe, schaute mich um und sah Katie, die dicht hinter Miss Cook stand. Sie war in fließende weiße Drapierungen gekleidet, wie wir sie bereits in der Séance gesehen hatten. Ich hielt eine von Miss Cooks Händen in meiner und kniete immer noch, hob und senkte die Lampe, sowohl um die gesamte Gestalt von Katie zu beleuchten, als auch um mich völlig davon zu überzeugen, dass ich wirklich die wahre Katie sah, die ich in meinen Armen gehalten hatte vor wenigen Augenblicken und nicht das Phantom eines gestörten Gehirns.

„Sie sagte nichts, nickte aber anerkennend. Dreimal untersuchte ich Miss Cook, die vor mir hockte, sorgfältig, um mich zu vergewissern, dass die Hand, die ich hielt, tatsächlich die einer lebenden Frau war, und richtete meine Lampe dreimal auf Katie, um sie mit anhaltender Aufmerksamkeit zu prüfen, bis ich nicht mehr den geringsten Zweifel hatte dass sie wirklich vor mir da war."

Ein anderes Beispiel dieser Art wird von Florence Marryat in ihrem Buch „There Is No Death" beschrieben.

„Ich öffnete die Vorhänge des Kabinetts und da stand John Powles selbst, standhaft und lebendig. Er trat brüsk auf mich zu, nahm mich in die Arme und küsste mich vier- oder fünfmal, wie es ein längst verstorbener Bruder getan hätte; Und seltsamerweise war ich darüber nicht im Geringsten überrascht, sondern klammerte mich wie eine Schwester an ihn. John Powles hatte mich in seinem Leben kein einziges Mal geküsst. Obwohl wir vier Jahre lang in engster Vertrautheit, oft unter einem Dach, gelebt hatten, hatten wir uns nie einer Vertrautheit hingegeben."

Leider ist bloße Täuschung nicht das einzige oder schlimmste Übel dieser spiritistischen Materialisierungen. Häufig werden sie als Mittel zur Verwirklichung krimineller Absichten eingesetzt. Ich wurde auf einen Fall ganz besonderer Art aufmerksam, bei dem einer Witwe ein großes Vermögen geraubt wurde. Es scheint, dass es einen reichen alten Witwer gab, einen hingebungsvollen Spiritualisten, der sich leicht von bestimmten Medien beeinflussen ließ. Dieselben Medien hatten auch eine eher schwachsinnige Witwe zu ihren Kunden. Bei einer Séance brachten sie den alten Mann dazu, dieser Witwe einen Heiratsantrag zu machen, der wiederum durch sie vom Geist ihres Mannes geraten wurde, den alten Mann zu heiraten. Der alte Mann lebte nicht mehr lange nach der Hochzeit und versprach der Frau auf seinem Sterbebett, dass er zurückkommen würde, um ihr zu helfen und ihr finanzielle Ratschläge zu geben. Er hatte ihr zuvor in einem Testament die uneingeschränkte Verfügungsgewalt über seinen Nachlass übertragen.

Der Leichnam wurde in eine Pflegeeinrichtung gebracht, wo er bis zur Beerdigung betreut wurde, und am Tag vor dem Gottesdienst nahm die Witwe an einer Séance teil, bei der ihr Mann ihr sagte:

„Du gehst morgen früh vor der Zeremonie zu meinem Sarg und ich werde mit dir sprechen und dir meine letzten Anweisungen aus meinem sterblichen Körper geben."

Am nächsten Morgen ging die Frau in Begleitung einer Krankenschwester zum Bestatter und wurde in den Raum gebracht, in dem die Leiche in ihrem Sarg lag. Sie sprach und zu ihrem Erstaunen öffnete die Leiche die Augen und sagte:

„Ich möchte, dass du die Hälfte des Vermögens, das ich dir vermacht habe, B—— und M—, den Medien, gibst. Sie haben mir jahrelang geholfen und ich möchte ihnen meine Wertschätzung zeigen. Lebe wohl, ich werde bei Sitzungen zu dir sprechen, aber nie wieder aus dem Körper."

Die verblüffte Witwe warf sich auf den Körper und rief:

"Das verspreche ich! Ich werde! Das verspreche ich!"

"Versprechen?" fragte die Leiche.

„Ich verspreche es treu", antwortete sie.

Getreu ihrem Wort teilte die Witwe das Vermögen mit den Medien, die nun in fremden Ländern ein friedliches Leben führen, sofern ihr Gewissen nicht beunruhigt ist.

Die Täuschung wurde wie folgt durchgeführt: Die Medien nutzten die Schwäche des Leichenbestatters aus, hielten ihn betrunken und konnten so in der Nähe seiner Einrichtung alles tun, was sie wollten. Der Sarg hatte einen doppelten Boden, der auf Kugellagern ein- und auslief, und ein Ende war zum Öffnen vorgesehen. Kurz vor dem Besuch der Witwe in der Unternehmung wurde dieser doppelte Boden mit dem Körper des alten Mannes aus dem Sarg geholt und in einem Nebenraum versteckt, und eines der Medien, das den Toten darstellen sollte, wurde in den Sarg gelegt. Sobald die Tat beendet war, wurde die Leiche wieder an ihren richtigen Platz gelegt.

Dies ist keineswegs der einzige Fall dieser Art. Mir sind zwei weitere Fälle bekannt, in denen Leichen für Betrugszwecke verwendet wurden. In einem lag ein Mann im Sterben. Ein Anwalt wurde gerufen, und die Krankenschwester wich unter irgendeinem plausiblen Vorwand aus dem Weg. Nachdem der Mann gestorben war, aber bevor der Anwalt eintraf, wurde seine Leiche unter dem Bett versteckt. Einer aus der Bande nahm seinen Platz im Bett ein, diktierte mit keuchendem Atem ein Testament und hinterließ anschließend im Beisein eines vollkommen ehrlichen Anwalts und Zeugen sein Zeichen. Bevor die Krankenschwester zurückkam, war die Leiche ins Bett gelegt worden und es gab keine Anhaltspunkte dafür, dass ein Betrug begangen worden war.

Um zu zeigen, dass solche Dinge möglich sind und dass der Austausch von Leichen in einem Sarg möglich ist, möchte ich auf die Sarg-Aktion aufmerksam machen, die ich für die Boston Athletic Association durchgeführt habe. Ein solider Eichensarg wurde von der National Casket Company eingerichtet und an den Verein geliefert. Zur Befestigung des Deckels wurden 15 cm lange Schrauben verwendet, aber ich konnte trotzdem entkommen und hinterließ keine Spuren.

Es ist nicht allgemein bekannt, dass Charles J. Guiteau, der Attentäter von Präsident Garfield, ein ausgeprägter Spiritualist war. Er behauptete, viermal von den Geistern inspiriert worden zu sein. Einmal im Zusammenhang mit seinem Eintritt in die Oneida-Gemeinschaft. Einmal vor seinem Versuch, eine Zeitung namens „The Theocrat" zu gründen. Wieder beim Schreiben seines Buches „The Truth a Companion to the Bible" und noch einmal, als er inspiriert wurde, den Präsidenten zu töten.

Ein weiterer Fall, in dem behauptet wurde, Geister seien für die Umleitung von Geldern verantwortlich, wird in „The Fallacies of Spiritualism" erzählt.

„Im September 1920 wurde vor den New Yorker Gerichten eine Klage gegen ein Medium namens Mrs. Mabelle Hirons eingereicht, mit dem Ziel, zwölftausendvierhundert Dollar zurückzufordern, die angeblich auf spirituellem Weg von Dr. J. B. Hubbell erlangt worden waren. aus Rockville, Maryland. Dr. Hubbell erklärte, dass nach dem Tod von Clara Barton, der Gründerin des Amerikanischen Roten Kreuzes, deren Sekretär er gewesen war, geplant sei, ein Denkmal für diese Dame zu errichten, und dass er vorschlug, zwölftausendvierhundert Dollar von ihm beizusteuern eigenes Geld, einschließlich neunhundert Dollar, die ihm Clara Barton selbst vermacht hatte. Im Jahr 1914 besuchte er Mrs. Hirons , die, wie er sagte, in Trance geriet und ihm eine „Botschaft" überbrachte, die angeblich von Clara Barton kam und ihn anwies, Mrs. Hirons das gesamte Geld für das Denkmal zu geben. Dr. Hubbell hielt die „Botschaft" für echt und gab ihr das Geld, aber das Denkmal wurde nie errichtet – daher die Aktion."

Vor einigen Jahren berichteten die Zeitungen über den Fall einer Frau im Mittleren Westen, die von einem Medium auf sensationelle und grausame Weise getäuscht wurde. Als sie ihr kleines Mädchen verlor , befürchtete man, dass sie sich nicht von der großen Trauer erholen würde, die sie überkam. Auf der Farm der Frau lebte ein Angestellter, dessen Frau Medium war. Er sprach mitfühlend mit ihr und brachte sie dazu, ihm zu erlauben, nach seiner Frau zu schicken, die in Chicago war. Gleich nach ihrer Ankunft begann sie, Spiritualismus zu predigen, und fand die Frau als willige Zuhörerin. Als dem Medium klar wurde, dass die Frau völlig an ihre Lehre glaubte, begann sie ihr zu raten, jede Nacht für die Wiederherstellung ihres Kindes zu beten, und schließlich verkündete sie der leichtgläubigen Frau eines Nachts, dass ihr Kind vier Tage später um Mitternacht wiederhergestellt werden würde ihr. Sie ermahnte sie, an diesem Tag zu fasten, ihr Zimmer und ihr Bett in Weiß zu kleiden und diese Nacht allein zu schlafen. Die Anweisungen wurden buchstabengetreu befolgt. Um Mitternacht hörte sie die Treppe knarren. Dann wurde plötzlich ihre Tür aufgestoßen und sie sah etwas Leuchtendes, das sich ihrem Bett näherte. Es trug ein Bündel und eine Stimme verkündete, dass ihre Tochter zu ihr zurückkommen würde. Nachdem die Erscheinung gegangen war, fand die Frau ein kleines Mädchen bei sich im Bett. Bald darauf überredete das Medium die Frau und ihren Mann, ihr Eigentum zu veräußern und in eine Geisterkolonie in Kalifornien zu gehen. Nach fast drei Jahren kehrten sie praktisch mittellos in ihr Zuhause zurück, aber mit dem Wissen, dass das kleine Mädchen aus einer Findelkindergesellschaft in Chicago stammte.

Nicht das geringste Übel des Spiritualismus ist der Wahnsinn, den er verursacht. Ein hochrangiger Geistesspezialist aus Birmingham, England, gab 1922 eine Warnung heraus, in der er zahlreiche Fälle anführte, die unter seine Beobachtung fielen und das Ergebnis spiritistischer Lehren waren. Ein englischer Arzt hat die Zahl solcher Fälle auf eine Million geschätzt. Es ist eine wohlbekannte Tatsache, dass die menschliche Vernunft unter der aufregenden Spannung des Spiritualismus nachgibt. Die Liste ist nicht auf europäische Länder beschränkt; Wir haben zu Hause eine ganze Reihe verhängnisvoller Ergebnisse. Vor nicht allzu langer Zeit gab Dr. Curry, medizinischer Direktor der staatlichen Irrenanstalt von New Jersey, eine Warnung bezüglich des „Ouija-Bretts" heraus, in der er sagte:

„Das ‚Ouija-Brett' ist besonders ernst, weil es vor allem von Personen mit ausgeprägter neurotischer Tendenz übernommen wird, die bei spiritistischen Sitzungen Opfer tatsächlicher Illusionen des Sehens, Hörens und Fühlens werden."

Er sagte voraus, dass die Irrenanstalten mit Patienten überschwemmt würden, wenn der öffentliche Geschmack nicht zu gesünderen Ablenkungen übergehen würde.

Im März 1920 wurde in den Zeitungen berichtet, dass die Begeisterung für die Ouija-Bretter, mit denen man Geisterbotschaften empfangen konnte, in dem kleinen Dorf Carrito auf der anderen Seite der Bucht von San Francisco ein solches Ausmaß erreicht hatte, dass es fünf gab Die Leute waren in den Wahnsinn getrieben worden.

Die verfügbare Menge an Beweisen dieser Art ist fast unglaublich, aber es wurden genug Beweise vorgelegt, um das Ausmaß des Übels zu zeigen. Das durchschnittliche Medium arbeitet nur für das Geld, das es der Öffentlichkeit entlocken kann; Geld, das man erhält, indem man die tiefsten Gefühle in der menschlichen Seele bewegt. Ist es richtig, das Medium rechtlich zu sanktionieren und ihm zu gestatten, die Öffentlichkeit auszubeuten – und ihm nicht nur zu erlauben, den irdischen Besitz seiner Opfer, sondern auch ihre Seele und oft auch ihren Geist zu nehmen? Spiritualismus ist nichts anderes als ein geistiger Rausch, der Rausch von Worten, Gefühlen und suggerierten Überzeugungen. Ein Rausch jeglicher Art ist, wenn er zur Gewohnheit wird, schädlich für den Körper, aber ein Rausch des Geistes ist für den Geist immer tödlich. Wir haben ein Alkoholverbot, wir haben ein Drogenverbot, aber wir haben kein Gesetz, das diese menschlichen Blutegel daran hindert, ihren Opfern jedes bisschen Vernunft und gesunden Menschenverstand auszusaugen. Es sollte gestoppt werden, es muss gestoppt werden, und es scheint, dass die Vielzahl der Enthüllungen und die Vielzahl der Strafverfolgungen, die einer rationalen Untersuchung folgten, ausreichen sollten, um Gesetze zur vollständigen Vernichtung eines auf Falschheit aufgebauten Kults zu rechtfertigen, ja, zu fordern Vortäuschung , fadenscheinige Beweise vom Hören und die Absurdität, eine optische *Täuschung* als Tatsache zu akzeptieren.

KAPITEL XII
UNTERSUCHUNGEN – KLUG UND ANDERS

DER SPIRITUALISMUS war Anlass vieler Diskussionen zwischen Männern der Wissenschaft, Männern der Magie und Gläubigen der „Geisterwelt". In den meisten Ländern der Welt wurden unzählige Ermittlungen durchgeführt, ob klug oder nicht. Viele von ihnen wurden von fairen, unvoreingenommenen Männern gemacht; Männer, die mit gutem Gewissen tief ins Unbekannte vordrangen und, ob erfolgreich oder nicht, bereit waren, der Welt das Ergebnis ihrer Nachforschungen mitzuteilen . Männer, die sich nicht scheuten zuzugeben, dass ihre Erfahrung nicht ausreiche, um mit den Fähigkeiten und der jahrelangen Ausbildung des Mediums zurechtzukommen, und dass sie getäuscht worden waren. Aber es gab auch andere sogenannte Ermittler, die an Séancen teilnahmen und sich täuschen lassen wollten, und weil „der Wunsch der Vater des Gedankens" ist, wurden sie in die Irre geführt.

Was diese Ermittler *sehen* und was sie zu sehen *glauben* , sind in Wirklichkeit zwei völlig verschiedene Dinge, und wenn sie anfangen, ihre Erfahrungen aufzuschreiben, kommt es normalerweise zu Komplikationen. Ich glaube selten hundertprozentig an die Erklärungen, die ich höre oder lese. Man muss den Ermittlern zugute halten, dass sie nicht absichtlich falsche Angaben machen, aber die Natur des Gehirns ist so beschaffen, dass es fast unmöglich ist, Fehlbeobachtungen zu vermeiden, und diese Fehlbeobachtungen sind der Fluch der Untersuchung.

Untersuchungen unter für das Medium günstigen Bedingungen können nicht als „Untersuchungen" bezeichnet werden. Sie sind nichts weiter als eine Demonstration der Fähigkeit des Mediums, die Aufmerksamkeit abzulenken, sie nach Belieben an jeden gewünschten Ort zu lenken und das Unterbewusstsein zu betäuben. Unter solchen Bedingungen sind sie nicht nur in der Lage, Unschuldige und Einfältige zu täuschen, sondern auch Männer, deren Leistungen bewiesen haben, dass ihr Intellekt über dem Durchschnitt liegt.

Wenn ein Medium Bedingungen ausgesetzt wird, die, gelinde gesagt, beunruhigend sind und die üblichen Wirkungen nicht erzielt werden, wird fast immer behauptet, dass es antagonistische Wellen gibt und dass die „Auren" schlecht sind, und wenn ja, so oft Wenn dies geschieht, ist das Ergebnis eine unqualifizierte Enthüllung und der Machtverlust des Mediums. Die Anhänger des Spiritualismus geben in der Regel eine Erklärung ab, in der es heißt, das Medium habe bei dem Versuch, Ergebnisse zu liefern, die Grenzen überschritten und auf Tricks zurückgegriffen, die meisten früheren Sitzungen seien jedoch echt gewesen.

Vielleicht sind meine Vorstellungen zur Durchführung einer Untersuchung falsch; Ich bin jedoch völlig davon überzeugt, dass der einzige Weg, eine erfolgreiche Sitzung durchzuführen, darin besteht, das Komitee vor der Séance zusammenzubringen, die erwarteten Manifestationen zu besprechen, einen Plan für konzertierte Aktionen zu formulieren und, wenn möglich, jedem Mitglied eine bestimmte Rolle zuzuweisen, wie es auch geschehen ist im Fall von Palladinos Sturz. Diese Teile sollten geprobt werden, und wenn dann die Séance abgehalten wird, besteht eine viel größere Chance, dass das Komitee in der Lage ist, intelligent zu urteilen. Aber wenn Wissenschaftler berichten, dass ein Kunststück der Taschenspielertricks abnormal ist, nur weil sie die Täuschung nicht entdecken können, dann ist es meiner Meinung nach an der Zeit, jedem Untersuchungsausschuss einen erfolgreichen und angesehenen professionellen Mystifizierer hinzuzufügen , und ich möchte hinzufügen, dass alle Medien es hassen, wenn ein Zauberer dabei ist eine Séance.

Aus den vielen Untersuchungen seit Beginn des modernen Spiritualismus habe ich einige der wichtigsten ausgewählt und werde versuchen, dem Leser die Notwendigkeit aufzuzeigen, in Untersuchungsausschüsse Männer zu berufen, die nicht durch gedämpftes Licht oder seltsame und mysteriöse Geräusche voreingenommen oder beeinflusst werden können ; Männer, die ihre gottgegebene Vernunftgabe nach besten Kräften nutzen; Männer, deren Aufmerksamkeit nicht durch das Medium abgelenkt werden kann; Männer, deren Gehirnzellen vielseitig und nicht in eine bestimmte Richtung überentwickelt sind; Männer, die ihrem Auftrag strikt nachkommen und sich nicht von der Irreführung des leichtfertigen Mediums in die Irre führen lassen. Dann werden wir echte Untersuchungen durchführen und die ganze Welt wird davon profitieren.

Kurz vor seinem Tod gab Henry Seybert , ein begeisterter Spiritualist mit dem gewissenhaften Wunsch, dass der Spiritualismus authentisch etabliert werden sollte, der University of Pennsylvania ausreichend Geld, um einen Lehrstuhl für Philosophie einzurichten, unter der Bedingung, dass eine Kommission eingesetzt werden sollte, die „alle Systeme von ..." untersuchen sollte Moral, Religion oder Philosophie, die angeblich die *Wahrheit* repräsentiert, und insbesondere der moderne Spiritualismus." Dementsprechend wurden aus den Ärzten und Professoren der Universität zehn Männer ausgewählt, die als „ Seybert- Kommission" bekannt wurden. Eine gerechtere und unparteiischere Kommission hätte nicht eingesetzt werden können. Jeder Mann hatte erklärt, dass er aufgeschlossen sei und bereit sei, alles zu akzeptieren, was es zu beweisen gäbe, aber als er erkannte, „dass Männer, die sich durch Intelligenz und Errungenschaft auszeichnen, dem Spiritualismus völlige Glaubwürdigkeit verleihen", meinten sie, dass man

„nicht umhin könne, beiseite zu treten". zärtliche Ehrfurcht, wenn man sieht, wie zerschlagene und blutende Herzen Trost und Hoffnung suchen." Um ausreichend vorbereitet zu sein, ihre Arbeit auf intelligente und verständnisvolle Weise zu erledigen, versorgten sie sich mit der besten Literatur des Tages zu diesem Thema und den verfügbaren Aufzeichnungen früherer Untersuchungen. Nach einer sorgfältigen Auswertung all dieser Informationen konnte die Kommission im März 1884 mit ihrer eigentlichen Arbeit beginnen. *Alle zehn Männer* der Kommission *waren bereit zu glauben*, und ihr Berater, Herr Thomas R. Hazard, war ein persönlicher Freund gewesen von Herrn Seybert und war im ganzen Land als *kompromissloser Spiritualist bekannt*."

Das erste Medium, dem die Kommission ihre Aufmerksamkeit schenkte, war Frau S. E. Patterson, eine Schieferschrift- Mystifiziererin und automatische Schriftstellerin. Das Ergebnis dieses ersten Falles war *gleich Null*. Nachdem man anderthalb Stunden geduldig darauf gewartet hatte, dass die Geister sich bewegen würden, wurde das Treffen zur Enttäuschung aller vertagt. Herr Hazard war besonders verärgert, denn das Medium galt als „eines der allerbesten der Welt". Sie hatte ihm am Abend zuvor eine private Sitzung gegeben, bei der „Botschaften aus dem Geist von Henry Seybert zahlreich eintrafen", aber sie lehnten es ab, für die Kommission zu erscheinen.

Diese Séance erwies sich als typisch für alles, was die Seybert-Kommission zu untersuchen hatte. Es setzte seine Arbeit drei Jahre lang fort und untersuchte jeden wichtigen Fall, der ihm vorgelegt wurde. Eine davon war Margaret Fox, mit der die Kommission zwei Sitzungen hatte und zu der Überzeugung kam, dass die Vergewaltigungen von ihr stammten. Als ihr das Ergebnis mitgeteilt wurde, gab sie zu, dass die Séancen nicht zufriedenstellend waren, lehnte jedoch weitere Sitzungen aus gesundheitlichen Gründen ab und weil sie bezweifelte, dass zufriedenstellendere Ergebnisse folgen würden, und gab zu, dass diese zu einer „Bestätigung" der Überzeugung der Kommission *führen* könnten über die Ursache der Vergewaltigungen.

Viele der damals bedeutendsten Medien traten während ihrer dreijährigen Arbeit vor der Kommission auf. Einige von ihnen wurden einer ganzen Reihe von Tests unterzogen, und die Phänomene deckten die gesamte Bandbreite ab, vom einfachen Rappen bis zur Geisterfotografie, automatischem und Schieferschreiben, Materialisierung usw. In jedem Fall, mit einer Ausnahme, war das Ergebnis entweder eine leere Séance oder ein positiver Misserfolg, oder ein absichtlicher Betrug. Die Ausnahme war, als Herr Harry Kellar als Zauberer hinzugezogen wurde, um seine Fähigkeiten als Schieferschreiber zu demonstrieren. Die Kommission wurde erfolgreich verblüfft, und kein einziges Mitglied konnte seine Methode verstehen, bis er sie erklärte.

Die Kommission wog alle ihr vorgelegten Beweise sorgfältig ab und zog ihre Schlussfolgerungen mit solcher Überlegung und Gründlichkeit, dass die kritischsten auf beiden Seiten keinen Grund sahen, Einwände zu erheben oder zu sagen, dass sie durch irgendeinen unzulässigen Einfluss beeinflusst oder voreingenommen sei. Sie verfolgte ihre Arbeit nach rein rationalen, wissenschaftlichen Grundsätzen und vermied energisch alle Bedingungen, die als zweifelhafte Schlussfolgerungen begünstigend angesehen werden könnten. Es wurde auf sachliche Weise nach Fakten gesucht, und da es keine Möglichkeit gab, Kunstgriffe zu überprüfen, konnten keine okkulten oder übersinnlichen Phänomene nachgewiesen werden. Als Beweis für die Fairness , mit der die Kommission ihre Arbeit erledigt hat, zitiere ich den folgenden Brief von Dr. Henry Slade an die Kommission.

"NEIN. 11 E. 13th Street, N. Y., 4. Februar 1885.

„Sehr geehrter Herr Furness, ich nutze diese Gelegenheit, um Ihnen und durch Sie auch den anderen Mitgliedern der Seybert- Kommission meine herzliche Zustimmung zu dem Kurs auszudrücken, den sie bei der Untersuchung der in meiner Gegenwart auftretenden Phänomene verfolgt haben. Da ich mir vollkommen darüber im Klaren bin, dass ich nur das Instrument oder der Kanal bin, durch den diese Manifestationen hervorgerufen werden, wäre es für mich eine Anmaßung, eine Linie festzulegen, der die unsichtbare Intelligenz, deren Diener ich bin, folgen soll . Deshalb habe ich gesagt, dass ihren Bedingungen zugestimmt werden muss, sonst würde ich nach New York zurückkehren. Dass sie dies taten, geht für mich aus den erzielten Ergebnissen hervor, die ich als notwendige Voraussetzung für eine Fortsetzung betrachte, wenn andere Experimente mit besseren Erfolgsaussichten eingeführt werden können. Es kann gut sein, nicht darauf zu bestehen, dem genauen Kurs zu folgen, den Professor Zollner eingeschlagen hat , sondern ihn originellen oder spontanen Vorschlägen zu überlassen, die ohne vorherige Überlegung übernommen werden können und die im Erfolgsfall als Beweis für ihre Echtheit von gleichem Wert wären. gleichzeitig den Experimenten eine größere Breite verleihen. Lassen Sie mich abschließend sagen, dass es mir eine Freude sein wird, Vereinbarungen zu diesem Zweck zu treffen, falls der Ausschuss diese Experimente in einer weiteren Sitzungsreihe mit mir fortsetzen möchte.

„Mit freundlichen Grüßen,
Henry Slade."

Seybert- Kommission übernehmen würden, könnten sie leicht die Wahrheit herausfinden und sich nicht länger der Auferlegung durch

Scharlatane unterwerfen oder ihnen helfen und Vorschub leisten, indem sie die Behauptungen einer Klasse, von der sie zugeben, dass sie niedrig ist, als wahr anerkennen typvoll, unehrlich und ansonsten anrüchig. Wenn sie aufrichtig sind, würden sie alle angemessenen Versuche zur Aufdeckung von Betrug unterstützen und den irrationalen Vorwand nicht akzeptieren, dass Licht und Berührung schädlich für die Gesundheit oder das Leben eines Mediums seien.

In den Fußstapfen der Seybert- Kommission wurde in Amerika und England die Society for Psychical Research gegründet, mit dem Ziel, alle sogenannten Phänomene und ungewöhnlichen Ereignisse zu untersuchen, die nicht einfach durch Naturgesetze zu erklären sind und trotz der folgenden Botschaft, die behauptet wird vom Geist des verstorbenen William Walker, Präsident des Buxton Camera Club, an den Crewe Circle geschickt wurde, glaube ich, dass sie gute Arbeit leisten.

„Liebe Freunde des Kreises, 105

„Ich würde keinen Moment mit der Psychical Research Society verbringen, weil sie nicht mehr und nicht weniger als Betrugsjäger sind, und ich möchte, dass Sie ungefähr am 8. und 9. zu einer Sitzung mit Mrs. Walker, 3, Palace Rd., nach Buxton kommen , im August. Dann können die Geisterfreunde weiter die wundersamen Kräfte demonstrieren, die heute mehr denn je benötigt werden. Friede sei mit dir.

„Mit freundlichen Grüßen
", W. Gehhilfe."

Die Mitglieder dieser Gesellschaften setzen sich aus Männern und Frauen mit einer bestimmten wissenschaftlichen Ausbildung zusammen, wobei alle Wissenschaftszweige und Berufsgruppen vertreten sind. Infolgedessen waren die Untersuchungen äußerst umfassend und wurden von Personen durchgeführt, die für die Arbeit besonders qualifiziert waren. Die Ergebnisse widersprachen jedoch nachdrücklich dem Glauben an die Rückkehr einer Seele nach dem Tod in Gestalt eines Geistes oder an das Auftreten von etwas Übernatürlichem auf Geheiß eines Mediums.

Natürlich können wir unter einer Gruppe wissenschaftlicher Gelehrter, die aus unterschiedlichen Blickwinkeln in das Forschungsgebiet eingetreten sind, keine allgemeine Zustimmung erwarten, aber ich glaube, ohne Angst vor Widersprüchen sagen zu können, dass alle, die sich dieser Aufgabe unbeschadet angenommen haben Die Mehrheit stimmt der Meinung zu, dass alle Phänomene, die der geistigen Kraft zugeschrieben werden, die durch ein

Medium entwickelt und dargestellt wird, tatsächlich jeder Grundlage entbehren und dass das Ergebnis ihrer Untersuchungen vollkommen mit den Erkenntnissen der Seybert- Kommission übereinstimmt .

Im Januar 1869 ernannte die London Dialectical Society ein Komitee mit 33 Mitgliedern, um die angeblich spirituellen Manifestationen zu untersuchen und über ihre Ergebnisse zu berichten. Professor Huxley, Professor John Tyndall und Herr George Henry Lewes wurden eingeladen, mit dem Ausschuss zusammenzuarbeiten. Professor Huxley weigerte sich, irgendetwas mit der Untersuchung zu tun zu haben, und bezeichnete den Spiritualismus in dem folgenden Brief, der als Antwort auf die Einladung des Komitees verfasst wurde, als „grobe Betrügerei". 106

„ Sir, ich bedaure, dass ich der Einladung des Rates der Dialectical Society zur Zusammenarbeit mit einem Komitee zur Untersuchung des ‚Spiritualismus' nicht folgen kann, und zwar aus zwei Gründen. Erstens habe ich keine Zeit für eine solche Anfrage, die viel Mühe und (es sei denn, es wäre anders als alle Anfragen dieser Art, die ich kenne) viel Ärger mit sich bringen würde. Zweitens interessiere ich mich nicht für das Thema. Der einzige Fall von „Spiritualismus", den ich selbst untersuchen konnte, war eine so grobe Betrügerei, wie ich sie noch nie zuvor bemerkt hatte. Aber angenommen, die Phänomene wären echt – sie interessieren mich nicht. Wenn mir jemand die Fähigkeit verleihen würde, dem Geplapper alter Frauen und Pfarrer in der nächstgelegenen Domstadt zuzuhören, würde ich dieses Privileg ablehnen, da ich bessere Dinge zu tun hätte.

„Und wenn die Menschen in der spirituellen Welt nicht klüger und vernünftiger reden, als ihre Freunde es ihnen berichten, ordne ich sie derselben Kategorie zu.

„Das einzig Gute, das ich in einer Demonstration der Wahrheit des ‚Spiritualismus' sehen kann, besteht darin, ein zusätzliches Argument gegen Selbstmord zu liefern. Es ist besser , als Straßenfeger zu leben , als zu sterben und von einem „Medium", das bei einer Guinea- *Séance angeheuert wurde, zum Reden und Geschwätz gezwungen zu werden* .

„Ich bin, Sir usw.,
„T. H. Huxley."

„29. Januar 1869."

Einige Tage später lehnte Herr Lewes die Einladung des Ausschusses wie folgt ab:

„Sehr geehrter Herr, ich kann der Untersuchung des ‚Spiritualismus' nicht beiwohnen; und in Bezug auf Ihre Frage zu Vorschlägen möchte ich nur sagen, dass der einzige Hinweis darin besteht, dass alle Anwesenden zwischen Fakten und Schlussfolgerungen aus Fakten unterscheiden sollten. Wenn jemand sagt, dass Phänomene durch *keine* bekannten physikalischen Gesetze hervorgerufen werden, erklärt er, dass er die Gesetze kennt, durch die sie hervorgerufen werden.

„Deine, &c.,
„G. H. Lewes.

„Dienstag, 2. Februar 1869."

Am 22. Dezember 1869 schrieb Professor Tyndall Folgendes als Antwort auf seine Einladung, dem Komitee zu helfen.

„Sir – Sie erwähnen in Ihrer Notiz an mich drei Herren, von denen ich zwei persönlich kenne und für die ich aufrichtige Wertschätzung hege.

„Das Haus von einem von ihnen, nämlich Mr. Wallace, habe ich bereits besucht und dort die Bekanntschaft der Dame gemacht, die als Vermittlerin zwischen Mr. Wallace und dem Übernatürlichen galt.

„Und wenn Mr. Crookes, der Herausgeber der ‚Chemical News', ihn ernsthaft einlädt, Phänomene zu beobachten, die seiner Meinung nach ‚dazu neigen, die Existenz einer Kraft (magnetischer oder anderer Art) zu demonstrieren, die von Männern der Wissenschaft noch nicht erkannt wurde „Ich sollte seiner Einladung gebührenden Respekt zollen."

„Aber verstehen Sie meine Position: Vor mehr als einem Jahr hat mir Herr Cromwell Varley, der meiner Meinung nach einer der größten modernen Spiritualisten ist, den Gefallen getan, mich zu besuchen, und dann einen Vergleich angestellt, der zwar schmeichelhaft war Meine spirituelle Stärke scheint mich als ungeeignet für spirituelle Untersuchungen einzustufen . Er sagte, meine Anwesenheit bei einer *Séance* sei wie ein großer Magnet unter vielen Kleinen gewesen. Ich bringe alles durcheinander. Dennoch äußerte er die Hoffnung, dass Vorkehrungen getroffen werden könnten, um mir die Phänomene zu zeigen, und ich drückte meine Bereitschaft aus, Zeuge solcher Dinge zu werden, von denen Mr. Varley es für lohnenswert halten würde, sie mir zu zeigen. Der Besuch von Mr. Varley hat mich seitdem nicht mehr begünstigt.

„Ich bin jetzt durchaus bereit, die persönliche Einladung von Mr. Crookes anzunehmen, sofern er der Meinung ist, dass er mir Phänomene des von Ihnen beschriebenen Charakters zeigen kann.

„Ich bin, Sir, Ihr gehorsamer Diener,
„John Tyndall."

"G. W. Bennett, Esq."

Im Gegensatz zur Seybert- Kommission, die der University of Pennsylvania unmittelbar nach Abschluss ihrer Arbeit einen formellen Bericht vorlegte, erstellte das 1869 eingesetzte Komitee der Dialectical Society erst 1877 einen Bericht und dann nur einen scheinbar verstümmelten Bericht Bericht der Unterausschüsse. Das *Spiritual Magazine* von 1870 kommentierte dieses Fehlen eines Berichts wie folgt:

„Wo ist der Bericht der Dialektischen Gesellschaft? Dies ist die Frage, die sich viele Menschen stellen, auf die jedoch offenbar niemand eine zufriedenstellende Antwort geben will. Hat dieser Bericht, der die Frage des Spiritualismus klären sollte, die Dialektische Gesellschaft nur verunsichert? Wie wir erfahren, hat er dazu geführt, dass einige ihrer wichtigsten Beamten und Mitglieder aus ihr ausgetreten sind, weil sie festgestellt haben, dass die Untersuchungen des Komitees auf eine andere Richtung hindeuteten was sie erwartet hatten und wozu sie sich verpflichtet hatten? Die Leute fragen: Ist der Ausschuss zu einer Meinung zu diesem Thema gelangt oder hat er zu viele Meinungen?"

Die einzigen Informationen, mit denen ich in Kontakt gekommen bin, die sich auf das Dialektische Komitee und seine Arbeit beziehen, stammen aus spiritistischen Veröffentlichungen, die meisten davon unter der Autorschaft von Herrn James Burns, und ich kopiere Folgendes aus „The Medium and Daybreak" vom 16. November: 1877:

„Manche Kreise haben Einwände gegen die Tatsache erhoben, dass die Gesellschaft den Bericht nicht selbst veröffentlicht hat, sondern die Frage der Veröffentlichung ihrem Ausschuss als offene Frage überlassen hat ." Nochmals: Am 20. Juli 1870 fasste der Rat einen Beschluss – „ dem Antrag des Komitees, den Bericht unter der Autorität der Gesellschaft zu drucken, nicht stattzugeben."

Die genaue Art der vom Komitee der Dialectical Society geleisteten Arbeit lässt sich in einem anderen Auszug aus derselben Ausgabe von „The Medium and Daybreak" zusammenfassen:

„Zu gegebener Zeit legte das Komitee dem Rat den allgemeinen Bericht und die Unterberichte vor und ergänzte diese durch eine umfangreiche Menge an Beweisen, die direkt aus dem Mund *von Spiritualisten stammten, die mit dem Thema praktisch vertraut waren – Personen von höchster Ansehenswürdigkeit, die nahezu jeden Grad von Religion repräsentierten.*" *Gesellschaft*." (Die Kursivschrift stammt von mir.)

Ein weiteres Element der Zwietracht in der dialektischen Untersuchung wird durch Folgendes gezeigt:

„Natürlich wurde versucht, diese aussagekräftigen Forschungsergebnisse zu unterschätzen. Die erfolglosen Komitees wurden freudig in den Vordergrund gerückt, in der Hoffnung, dass die *positiven* Ergebnisse der erfolgreichen Komitees dadurch diskreditiert würden."

Es scheint eine veröffentlichte Tatsache zu sein, dass diese Bewegung seitens der Dialektischen Gesellschaft zu viel Zwietracht führte, die einer Spaltung der Gesellschaft gleichkam. Herr Burns sagt in seiner Leitartikelkolumne von „Medium and Daybreak":

„Unsere vorliegende Ausgabe stellt eine wichtige und wertvolle Ergänzung zur billigen Literatur des Spiritualismus dar. Es enthält nützliche Informationen für Forscher, die *sorgfältig aus dem Bericht der London Dialectical Society entnommen wurden*." (Meine Kursivschrift.)

Die Anhänger des Spiritualismus legen großen Wert auf die Tatsache, dass einige ihrer Mitarbeiter prominente Männer in wissenschaftlichen und literarischen Kreisen sind, aber diese sind in der Minderheit, wenn man sie mit Männern aus derselben Zeit vergleicht, die nicht mit ihnen zusammenarbeiten. Wir gehen davon aus, dass die Spiritualisten, um ihrer Argumentation Kraft und Würde zu verleihen, bei diesen wenigen Namen „Änderungen hervorrufen" und sie prominent im Vordergrund halten, ungeachtet dessen, dass dies bei diesen Weisen selbst immer wieder zweifelsfrei bewiesen wurde wurden häufig Opfer betrügerischer Medien, manchmal sogar wissentlich.

Doyle sagt in seinem Buch „The New Revelation":

„Die Zeiten vergehen sicherlich, in denen die reifen und rücksichtsvollen Meinungen solcher Männer ... mit den leeren Formeln ‚voller Mist' oder ‚ekelerregendes Gefasel' abgetan werden können."

Der vielleicht prominenteste Mann in dieser Hinsicht, dessen Schlussfolgerungen, insbesondere in seinen späteren Jahren, von Spiritualisten als unbestreitbar bezeichnet wurden, war der bedeutende Chemiker Sir William Crookes. Bereits im Jahr 1870 begann er sich intensiv für spirituelle Forschungsarbeiten zu interessieren und widmete in den ersten vier Jahren die meiste Aufmerksamkeit D. D. Home, dem es offenbar gelungen war, Crookes' Superwissen über wissenschaftliche Forschung zu verwirren. Im Jahr 1874 richtete er seine Aufmerksamkeit auf Florrie Cook, ein fünfzehnjähriges Medium, das seit etwa drei Jahren für Aufsehen sorgte. Sie schien ihn bereits im ersten Monat so sehr fasziniert zu haben, dass er sie in gedruckter Form verteidigte, nachdem ein „ *schändlicher Vorfall* " zu einer „ *Kontroverse* " geführt hatte , woraufhin er sie in seinem Haus bewirtete. Der überzeugendste Test fand jedoch in ihrem Haus in Hackney statt. Im Februar 1874 schrieb er:

„Diese *Sitzungen* haben nicht viele Wochen gedauert, aber es hat genug stattgefunden, um mich gründlich von der vollkommenen Wahrheit und Ehrlichkeit von Miss Cook zu überzeugen und mir allen Grund zu der Annahme zu geben, dass die Versprechen, die Katie mir so freigiebig gemacht hat, gehalten werden." . Alles, was ich jetzt bitte, ist, dass Ihre Leser nicht voreilig davon ausgehen, dass alles, was *auf den ersten Blick* verdächtig ist, notwendigerweise eine Täuschung beinhaltet, und dass sie ihr Urteil zurückhalten, bis sie erneut von mir zu diesem Thema hören."

Offensichtlich dauerte es nicht lange, bis der Wissenschaftler aus seinem Traum erwachte, denn am 1. August 1874 schrieb er an eine russische Dame, dass er nach vier Jahren der Forschung, darunter monatelanger Erfahrung mit Home, Katie Fox und Florence Cook, ... fanden „keinen zufriedenstellenden Beweis dafür, dass die Toten zurückkehren und kommunizieren können". Eine Kopie dieses Briefes wurde von Aksakoff an *Light geschickt* und am 12. Mai 1900 in dieser Zeitschrift veröffentlicht. „Sir W. Crookes widersprach nicht." 107 Irgendwann im Jahr 1875 wurden vierundvierzig Fotonegative, die er von Katie King und ihrem Medium Florrie Cook angefertigt hatte, zusammen mit den Abzügen, die er hatte, aus irgendeinem Grund versehentlich zerstört, und er verbot Freunden, die Kopien hatten, die Reproduktion ihnen. Er muss eine Art Entdeckung gemacht haben, denn er „vergrub sich vierzig Jahre lang in einem mürrischen Schweigen, das er nicht brechen wollte". „Niemand wusste, ob er ein Spiritualist war oder nicht", seine einzige Aussage war, dass „er bei all seinen spirituellen Forschungen ‚an eine Mauer gekommen' war." 108 Als er 1914 eindeutig gefragt wurde, ob er ein Spiritualist sei, „wich er aus Frage." Vielleicht änderte sich seine Meinung, als er erfuhr, dass Florence Cook (die spätere Mrs. Corner) auf einer Kontinentaltour entlarvt und in Ungnade zurückgeschickt wurde . Aber im Jahr 1916 gab er, ungeachtet seiner Aussage im Jahr 1900 und anderer früherer Aussagen, in der *Light*- Ausgabe vom 9. Dezember bekannt, dass er den Spiritualismus akzeptierte.

All dies ist ein Beweis dafür, dass Professor Crookes, selbst nachdem er zum Ritter geschlagen wurde, ein schwankender Geist war und es ihm aus irgendeinem Grund an rationalen Methoden zur Wahrheitsfindung mangelte oder er zumindest nicht geneigt war, sie außerhalb seines Fachgebiets anzuwenden Linie der Wissenschaft. Möglicherweise waren die „Tricks", die Annie Eva Fay ihm antrug, einer der überzeugenden Beweise für ihn, denn wenn ich mich nicht irre, war sein Versäumnis, ihre Tricks zu entdecken, der Wendepunkt, der ihn zum Glauben an den Spiritualismus brachte. Sie erzählte mir, dass sie gezwungen war, auf Strategie zurückzugreifen, als Maskelyne, die Zauberin, ein Exposé über ihre Arbeit herausbrachte. Als sie zum Haus von Professor Crookes ging, überließ sie sich seiner Gnade und führte eine Reihe spezieller Tests durch. Mit blitzenden Augen erzählte sie, dass sie ihn ausgenutzt hatte. Es scheint, dass sie nur eine Chance auf der Welt hatte, am Galvanometer 110 vorbeizukommen, aber durch einen glücklichen Zufall für sie und einen bösen Zufall für Professor Crookes ging in dem Theater, in dem sie auftrat, für eine Sekunde das elektrische Licht aus. und sie nutzte die Gelegenheit, um ihn zu täuschen. Einer der Tests wurde von Professor Harry Cooke, einem Zauberer, nachgeahmt.

Ich habe nicht den geringsten Zweifel daran, dass dieser kluge Mann getäuscht wurde und dass sein Selbstvertrauen von den sogenannten Medien, die er testete, missbraucht wurde. Seine Beobachtungsgabe war geblendet und sein Denkvermögen war durch seine Vorurteile gegenüber allem Psychischen oder Okkulten so geschwächt, dass er dem Einfluss nicht widerstehen konnte oder wollte. 111 Dies scheint schwieriger zu verstehen, wenn man bedenkt, dass er den Spiritualismus erst gegen Ende seiner irdischen Karriere vollständig akzeptierte. Die Schwäche und Unzuverlässigkeit von Sir Williams Urteil als Ermittler wird außerdem durch die Tatsache bewiesen, dass er zugab, dass viele der von ihm vorgeschlagenen Tests von den Medien, die er untersuchte, abgelehnt wurden. Solche Bedingungen machten den Test unmöglich und er schien sich dessen nicht bewusst zu sein, aber trotz alledem ist er eine der am häufigsten zitierten Autoritäten auf spirituellen Gebieten, insbesondere von Sir Arthur Conan Doyle.

Ein anderer, der sich von der Schikane der Medien, die er in vielen Jahren seiner Forschung untersuchte, in die Irre führen ließ, ist Sir Oliver Lodge. Bis 1904 gelang es ihm nicht, genügend Beweise zu finden, die ihn dazu veranlassten, die Lehren des Spiritualismus zu verbreiten. Danach sandte er gelegentlich „durch ein kühnes Glaubensbekenntnis einen Glanz durch die spiritistische Welt". Im Jahr 1905 war er nicht ganz bereit, Medien zu unterstützen, lobte sie aber nachdrücklich. Aber 1916 war er „der große Wissenschaftler der Bewegung, das Bindeglied zwischen dem Volksglauben und der wissenschaftlichen Theorie". Es ist jedoch äußerst schwer zu verstehen, wie ein führender Wissenschaftler seiner Feder erlauben kann, einer denkenden Welt solch widersprüchliche Unmöglichkeiten wie die folgenden vorzulegen:

„Ein Tisch kann Zögern zeigen, er kann nach Informationen suchen, er kann einen Neuankömmling willkommen heißen, er kann Freude oder Trauer, Spaß oder Ernsthaftigkeit anzeigen, er kann mit einem Lied im Takt bleiben, als würde er in den Refrain einstimmen, und vor allem kann er das." zeigen Sie Ihre Zuneigung auf unverkennbare Weise."

Was hat das alles mit dem Geist der Verstorbenen zu tun? Wie ist es möglich, solch einen dummen Unsinn zu akzeptieren? Denk daran! Ein *Tisch* mit Intelligenz, Gehirnen – ein *Tisch* mit Bewusstsein – ein *Tisch* mit Emotionen. Dennoch ist dies die Art von Argumentation, die Sir Oliver in seinem Buch „Raymond" verwendet, und sie ist für alle begeisterten Befürworter okkulter Lehren akzeptabel. Wenn wir lesen, dass ein so hochkultivierter Geist von solch einem Unglück heimgesucht wird, empfinden wir eher Mitgefühl als Tadel und können nur vermuten, dass der Verlust seines geliebten Sohnes Raymond in einem verfluchten Krieg die Ursache dafür war.

Margaret Deland schrieb:

„Was den wissenschaftlichen Wert der von Sir Oliver vorgelegten Beweise angeht, darf man nicht die Tatsache aus den Augen verlieren, dass der weitaus größte Teil davon aus der Erfahrung anderer stammt und von ihm als gesicherte Tatsachen akzeptiert wird, in vielen Fällen mit wenig oder wenig Keine Untersuchung in Bezug auf Telepathie. Wenn man seine Karriere verfolgt, wird jemand, der mit der Psychologie der Täuschung vertraut ist, erkennen, dass er ein außergewöhnlich ‚leichtes Ziel' war."

Sir Oliver beschreibt eine private Aufführung dessen, was unter Zauberern als „Langstrecken-Second-Sight" bekannt ist, und schreibt nach ausführlicher Beschreibung der Tests:

„Was Absprachen und Tricks angeht, niemand, der die absolut authentische und schlichte Art und Weise, in der die Eindrücke beschrieben werden, miterlebt hat, aber vollkommen von der transparenten Ehrlichkeit aller Beteiligten überzeugt war."

„Dies ist jedoch kein Beweis für diejenigen, die nicht anwesend waren, und ihnen kann ich nur sagen, dass nach meinem besten wissenschaftlichen Gewissen unter den unterschiedlichen Umständen der Experimente keine Absprachen oder Tricks möglich waren."

Anhand des oben Gesagten kann sich der Leser eine eigene Meinung über den Wert der Untersuchung von Sir Oliver Lodge bilden und sollte gleichzeitig bedenken, dass seine sogenannte Untersuchung typisch für alle Untersuchungen von Wissenschaftlern und Weisen ist, die den Spiritualismus angenommen haben als Tatsache oder Religion (?).

Die verbleibende Persönlichkeit dieser Art, die derzeit am deutlichsten im Rampenlicht der Spiritualistenbühne steht, ist mein geschätzter Freund, Sir Arthur Conan Doyle. Ähnlich wie bei Sir Oliver hing seine Meinung während der vielen Jahre der *Ermittlungen*, etwa dreißig oder fünfunddreißig, auf dem Spiel, und es ist bezeichnend, dass er seine tiefe Besorgnis über den Kult erst zum Ausdruck brachte, als auch er, wie Sir Oliver, verloren hatte Er hatte im letzten Krieg einen Sohn gehabt, und sein Herz war von einem ähnlichen Kummer erfüllt gewesen.

er sich dreißig Jahre lang „ *unvorsichtig* " mit dem Thema Spiritualismus beschäftigt habe und dann plötzlich in *einer Gefühlskrise* 112 einen möglichen Balsam darin sieht Aber anstatt zu begreifen, dass dies die Zeit für eine echte Untersuchung war oder sein sollte, warf er die Hände hoch und rief:

„Die objektive Seite davon interessierte mich nicht mehr, denn nachdem man zu dem Schluss gekommen war, dass es wahr sei, war die Sache erledigt." 113

Aus seinem eigenen Geständnis geht hervor, dass er sich entschieden hat, den Spiritualismus anzunehmen, ungeachtet einer echten Offenbarung, die sich zu einem späteren Zeitpunkt ergeben könnte, und die Tatsache, dass er die intelligente Forschung eingestellt hat, wird durch seine eigenen veröffentlichten Aussagen bewiesen, die unten zitiert werden.

In einem Brief in der *New York Evening Mail vom* 29. Dezember 1921 heißt es:

„ Ich brauche keinen wissenschaftlichen Beweis für das, was ich mit meinen eigenen Ohren höre, mit meinen eigenen Augen sehe." Niemand tut. Das ist eines der schönen Dinge am Spiritualismus. Jeder Mensch kann es für sich selbst beweisen. Es beweist Unsterblichkeit und je besser Sie hier leben, desto weiter werden Sie dorthin gelangen und schließlich den perfekten Zustand erreichen."

In der *New York World vom* 22. Juni 1922 sagt er:

„ Dass von mir empfohlene Medien wegen Betrugs verurteilt wurden; Jedes Medium kann verurteilt werden, weil die bloße Tatsache, ein Medium zu sein, nach unseren finsteren Gesetzen illegal ist, aber kein Medium, das ich jemals empfohlen habe, hat sich als betrügerisch in einem Sinne erwiesen, der von jedem echten Hellseher-Studenten akzeptiert würde. 114 *Dies gilt meiner Meinung nach auch für die von Sir Oliver Lodge empfohlenen Medien."* 115

Im Zusammenhang mit seiner Bestätigung von Sir Olivers Meinung über Medien soll Sir Arthur gesagt haben:

„Sir Oliver ist zu verdammt wissenschaftlich."

Und die *New York World* vom 3. Juni 1922 zitiert ihn mit den Worten:

„ Die meisten Medien nehmen ihre Verantwortung sehr ernst und betrachten ihre Arbeit in einem religiösen Licht. Eine Versuchung, der mehrere große Medien erlegen sind, ist die des Alkohols. Dies geschieht auf ganz natürliche Weise, denn Überlastung versetzt sie in einen Zustand körperlicher Erschöpfung, und der Reiz des Alkohols stellt eine willkommene Erleichterung dar und kann schließlich zur Gewohnheit und schließlich zum Fluch werden. 116 Alkoholismus schwächt immer den moralischen Sinn, so dass diese entarteten Medien leichter dem Betrug erliegen. Trinkgeld und moralischer Verfall sind keineswegs auf Hellseher beschränkt.

„ Diese psychische Bewegung ist weit davon entfernt, der Religion feindlich gesinnt zu sein, sie ist vielmehr dazu bestimmt, die Religion wiederzubeleben. Wir stoßen auf das, was vernünftig, was gemäßigt, was vernünftig ist, was mit der schrittweisen Entwicklung und der Güte Gottes vereinbar ist. Diese neue Welle der Inspiration wurde von Gott in die Welt gesandt. "

Ich werde die obigen Aussagen an dieser Stelle nicht näher analysieren und analysieren, sondern lasse lieber den Leser selbst entscheiden, nachdem er sie sorgfältig durchgelesen und ihre wörtliche Bedeutung verstanden hat. Es reicht aus, die Aufmerksamkeit auf die verschiedenen widersprüchlichen Aussagen und Unterschiede in den Bereichen Recht, Moral und Religion sowie auf deren Anwendung auf das Thema Spiritualismus zu lenken.

Von Sir Arthur wird berichtet, dass er sagte, dass die Medialität wie ein Ohr für Musik sei und in „irgendeiner vulgären Person" vorhanden sein könnte, dass das Medium jedoch nur ein Überträger von Nachrichten sei, vergleichbar mit dem Jungen, der Telegramme überbringt. Aus den vorstehenden Auszügen von Sir Arthurs eigenen Aussagen geht hervor, dass er sich für seine Aussage ausschließlich auf seine *Sinne* des *Sehens* und *Hörens* (die beiden schwächsten und am leichtesten zu täuschenden Sinne) verlässt. Wenn ein Medium erst einmal sein Vertrauen gewonnen hat, glaubt es implizit an das, was das Medium ihm sagt, und akzeptiert deren „Hörensagen" als Evangeliumswahrheit, obwohl er zugibt, dass sie möglicherweise einer vulgären, unehrlichen Klasse angehören und oft bis zu einem gewissen Grad alkoholabhängig sind Ausschweifung. Es ist äußerst schwierig, diese Aussagen zu harmonisieren.

Was den mit dem Hörsinn gekoppelten Sehsinn betrifft: Während seines Aufenthalts in Washington, D. C. hatte Sir Arthur eine „Sitzung" mit den Zancigs und nachdem er Phänomene unter deren erfahrenen Händen und Köpfen beobachtet hatte, überreichte er ihnen einen Brief, der wie folgt wiedergegeben ist ein Transkript:

Zancig heute getestet und bin ziemlich sicher, dass ihre bemerkenswerte Leistung, wie ich es sah, auf psychische Ursachen (Gedankenübertragung) und nicht auf Tricks zurückzuführen war.

(Unterzeichnet) „Arthur Conan Doyle."

Herr Jules Zancig ist ein Zauberer und Mitglied der Society of American Magicians, deren Präsident ich in den letzten sieben Jahren war. Ich glaube, er ist einer der größten Zweitblick-Künstler, die es in der magischen Geschichte gibt. Bei meinen Nachforschungen im letzten Vierteljahrhundert ist es mir nicht gelungen, jemanden ausfindig zu machen, der sein Vorgesetzter war. Sein System scheint unübertroffen zu sein. Er behauptete zu keinem Zeitpunkt, Telepathie zu betreiben, und da er meines Wissens kein Geld durch Vortäuschen von Telepathie oder Geisterpräsentationen verdient hat, wäre es nicht fair, seine Methoden offenzulegen, obwohl Sir Arthur Conan Doyle ihnen den Stempel der Echtheit aufgedrückt hat arbeiten. Zweifellos *erschien es* Sir Arthur unvorstellbar und er kam daher zu dem Schluss, dass es psychisch bedingt war und es keine andere Lösung geben konnte.

Falsche Beobachtungen sind für viele Missverständnisse und folglich auch für falsche Darstellungen verantwortlich und führen dazu, dass viele Untersuchungen wertlos werden. Eine solche Falschdarstellung dient nicht der Täuschung, sondern ist ein ehrlicher Ausdruck einer Überzeugung, die auf angeblichen Tatsachen von Personen beruht, die sich nicht bewusst sind, dass sie Opfer einer Illusion sind. Einer der offensichtlichsten, wenn nicht der krasseste Fall von Fehlbeobachtung, den ich je erlebt habe, wird in einem Buch von J. Hewat McKenzie, Präsident des British College of Psychic Science, mit dem Titel „Spirit Intercourse" beschrieben. Auf Seite 107 sagt er:

„Houdini, genannt der ‚König der Handschellen', der seine Kräfte auf den Tribünen öffentlicher Hallen so geschickt unter Beweis gestellt hat, ist durch psychische Kräfte (obwohl er dies nicht anpreist) in der Lage, Schlösser, Handschellen oder Riegel zu öffnen, die ihm vorgelegt werden. Er wurde in stark vergitterten Zellen eingesperrt, die doppelt und dreifach verschlossen waren, und aus allen konnte er mit Leichtigkeit entkommen. Diese Fähigkeit, verschlossene Türen zu entriegeln, ist zweifellos seinen medialen Kräften zu verdanken und nicht einer normalen mechanischen Betätigung des Schlosses. Die Kraft, die nötig ist, um einen Bolzen in ein Schloss zu schießen, wird von Houdini, dem Medium, bezogen, aber man darf nicht glauben, dass dies das einzige Mittel ist, mit dem er aus seinem Gefängnis entkommen kann, denn zeitweise wurde sein Körper entmaterialisiert und zurückgezogen, aber Dies wird in einem anderen Teil dieses Kapitels behandelt."

Da mir dieser Vorwurf am meisten am Herzen liegt , bin ich auch am besten in der Lage, solche falschen Aussagen zu widerlegen. Ich erhebe den Anspruch, mich von den Fesseln und der Gefangenschaft zu befreien, behaupte aber ausdrücklich, dass ich mein Ziel ausschließlich mit physischen und nicht mit psychischen Mitteln erreiche. Die Kraft, die nötig ist, um „einen Bolzen in ein Schloss zu schießen", kommt von Houdini, dem lebenden Menschen und nicht von einem Medium. Meine Methoden sind völlig natürlich und basieren auf den Naturgesetzen der Physik. Ich *entmaterialisiere* oder *materialisiere* nichts; Ich kontrolliere und manipuliere materielle Dinge einfach auf eine Art und Weise, die ich selbst vollkommen verstehe und die jeder Person, der ich meine Geheimnisse preisgeben möchte, vollkommen Rechenschaft ablegen und sie gleichermaßen verstehen (wenn nicht nachahmen) kann. Aber ich hoffe, dass ich diese Geheimnisse mit ins Grab nehmen kann, da sie für die Menschheit keinen materiellen Nutzen haben und wenn sie von unehrlichen Personen genutzt werden, könnten sie zu einem ernsthaften Schaden werden.

Auf Seite 112 seines Buches erwähnt Mr. McKenzie erneut, dass ich sage:

weltberühmte Houdini demonstrierte jahrelang die Dematerialisierung und den Durchgang von Materie durch Materie auf der öffentlichen Bühne, während Mrs. Thompson aus Amerika die Materialisierung demonstrierte. Frau Zancig hat zusammen mit ihrem Mann in allen führenden Zentren der Welt ihre übersinnliche Begabung, „Gedankenübertragung" genannt, bei der es sich um eine reine Seelenprojektion handelt, öffentlich zur Schau gestellt . Miss Fay und mehrere bekannte japanische Medien demonstrierten jahrelang den Durchgang von Materie durch Materie und auch die Materialisierung. Dies sind nur einige der vielen, die genannt werden könnten, die vor der Öffentlichkeit übersinnliche Begabungen zur Schau stellen. Solche öffentlichen Medien machen natürlich keine Werbung dafür, dass sie ihre Wunder durch okkulte Kräfte oder mit Hilfe von Geistern vollbringen, und die Öffentlichkeit bleibt daher im Unwissen darüber, wie sie ihre sogenannten wunderbaren Tricks vollbringen. Der Autor hat jedes der erwähnten Werke durch ein persönliches Experiment auf der Bühne und einige auch privat getestet und kann bezeugen, dass es sich um Medien handelt, die die meisten, wenn nicht alle ihrer großen Wunder durch geistige Betätigung vollbringen. Sie sträuben sich natürlich davor, diese Tatsache anzuerkennen, denn das Publikum im Musiksaal würde sich sofort über jede Behauptung ärgern, sie hätten ihre Wunder durch die Kraft eines Geistes vollbracht. Ihr Publikum würde solche Behauptungen als „Blödsinn" betrachten und sie wahrscheinlich einer Beleidigung, wenn nicht sogar einer Misshandlung aussetzen, denn die breite Öffentlichkeit ist sich der Möglichkeiten der Manipulation psychischer Materie, wie sie in diesem Buch beschrieben werden und die ein Medium kann, überhaupt nicht bewusst entwickeln sich in Zusammenarbeit mit

Geistwesen. Es kann der Fantasie des Lesers überlassen werden, sich das Gesicht eines Musikhallenmanagers vorzustellen, wenn er gebeten würde, auf der Bühne eine Demonstration geistiger Kräfte zuzulassen. Horror! Der arme Mann könnte nächtelang nicht schlafen, wenn er glaubte, dass in seinen Gebäuden oder auf seiner Bühne Geister am Werk seien. Wenn man also die Einstellung der Menschen zu solchen Dingen kennt, werden diese Wunder über Wunder als clevere „Mystery"-Tricks auf der Bühne des Varietés inszeniert. Der Autor möchte nicht, dass seine Leser annehmen, dass die mechanischen Taschenspielertricks von Maskelyne und Devant und ähnlichen Betreibern irgendetwas mit der medialen Begabung zu tun haben, denn sie sind eine mechanische Kopie wahrer Magie. Diese Tricks werden mit Tonnen von Maschinen ausgeführt, während das echte Medium seine Wunder bei Bedarf nackt und in einem leeren Raum vollbringen kann.

„Das letzte Mal, dass der Autor Houdini unter strengen Testbedingungen seine Dematerialisierungsfähigkeiten demonstrieren sah, fand vor Tausenden von Menschen auf der öffentlichen Bühne des Grand Theatre in Islington, London, statt. Hier wurde ein kleiner, mit Wasser gefüllter Eisentank auf die Bühne gestellt und Houdini hineingelegt, wobei das Wasser seinen Körper vollständig bedeckte . Darüber wurde ein eiserner Deckel mit drei Schließbügeln und Klammern angebracht und diese sicher verschlossen. Der Körper wurde dann in diesem Tank innerhalb von eineinhalb Minuten vollständig entmaterialisiert, während der Autor unmittelbar darüber stand. Ohne eine der Schleusen zu stören, wurde Houdini in entmaterialisiertem Zustand vom Tank direkt auf die Rückseite der Bühne gebracht. Dort tauchte er auf und kehrte, triefend vor Wasser, und gekleidet in den blauen Trikotanzug, in dem er den Tank betrat, zur Bühnenfront zurück. Von seinem Betreten bis zu seinem Auftritt auf der Bühne waren nur anderthalb Minuten vergangen. Während der Autor neben dem Tank stand, verspürte er während des Dematerialisierungsprozesses einen großen Verlust an physischer Energie, wie er normalerweise von Teilnehmern in materialisierenden Séancen erlebt wird, die über einen guten Vorrat an Lebensenergie verfügen, wie bei solchen Phänomenen. Es ist eine große Energiemenge erforderlich. Die Dematerialisierung erfolgt durch Methoden, die in ihrer Funktionsweise denen ähneln, bei denen die psychoplastische Essenz aus dem Medium entnommen wird. Der Körper des Mediums kann im Materialisierungsraum auf die Hälfte seines normalen Gewichts reduziert werden, aber im Falle der Dematerialisierung wird die Essenz weiter angesaugt, bis der gesamte physische Körper verschwindet und die Substanz, aus der er besteht, in der Atmosphäre in Schwebe gehalten wird. Ähnlich wie Feuchtigkeit durch Verdunstung gespeichert wird. In diesem Zustand wurde Houdini von der Bühne in den Ruheraum dahinter gebracht und materialisierte sich dort fast augenblicklich. Die Geschwindigkeit, mit der diese Dematerialisierung durchgeführt wurde, ist viel schneller, als dies im materialisierenden Séance-Raum möglich ist, wo Zeit benötigt wird, bis die Essenz in psychoplastische Materie kristallisiert ist. Houdinis Körper wurde nicht nur entmaterialisiert, sondern er wurde auch durch den verschlossenen Eisentank getragen und demonstrierte so den Durchgang von Materie durch Materie. Diese verblüffende Manifestation eines der tiefgreifendsten Wunder der Natur wurde von den meisten Zuschauern wahrscheinlich als sehr cleverer Trick angesehen."

Mit der Nachsicht des Lesers kann es mir vielleicht verziehen werden, wenn ich darauf beharre, dass es genau das ist, was ich behaupte – *einfach ein überlegener Trick* . Der Effekt ist für mich originell und wurde im Laufe meiner beruflichen Laufbahn als öffentlicher Entertainer erfunden, mit dem alleinigen Zweck, das Publikum *zu unterhalten* , indem man es vor ein Rätsel stellt. Mein Erfolg scheint von Mr. McKenzie bestätigt zu werden, der zugibt, dass er in den Glauben an meine medialen Fähigkeiten getäuscht wurde; dass ich meinen Körper und meine materielle Substanz entmaterialisierte und diese Dinge materialisierte und sie so in einen normalen Zustand zurückversetzte.

Um dieses Missverständnis zu widerlegen , kann ich nur sagen, dass es sich um einen Beweis einer Fehlbeobachtung handelt; Es gab nichts Übernatürliches in meiner Darbietung. Wenn ich wirklich solch ungewöhnliche Kräfte besäße, wie Mr. McKenzie sie mir zuschreibt, wäre ich nur allzu bereit, sie zu beweisen, um eine wartende Welt aufzuklären. Ich stimme nicht mit Herrn McKenzie überein, dass eine solche Anerkennung dem „Music-Hall" oder den Theatermanagern missfallen würde; im Gegenteil, ich bin mir sicher, dass sie ihre Bühnen gerne für die Demonstration öffnen würden und es als gutes Management und Effekthascherei betrachten würden. Was die Leistung von Mrs. Thompson of America und Miss Fay betrifft, so ist ihre Arbeit nicht übersinnlicher als meine. Es handelt sich lediglich um eine weitere Phase magischer Täuschung, und ich bin bereit, solche Leistungen im Notfall zu reproduzieren.

Was die von Herrn McKenzie persönlich durchgeführten Tests meiner Arbeit betrifft, so hat er nicht mehr oder weniger getan, als alle meine Ausschüsse während meiner Auftritte auf der Bühne tun dürfen. Wie alle spiritistischen Gläubigen verließ sich Herr McKenzie auf das, was er zu sehen *glaubte* , und versäumte es daher, seine fehlgeleitete und fehlgeleitete Vision durch rationale Anwendung seiner bewussten Intelligenz zu bestätigen oder zu verneinen. Hätte er sein Denkvermögen zum Tragen gebracht, wie es alle aufrichtigen, unvoreingenommenen Ermittler tun sollten, hätte er die völlige Widersprüchlichkeit seiner Schlussfolgerungen entdeckt und wäre nie als Urheber einer solchen Torheit aktenkundig geworden, ohne einen Funken realer Beweise, die er untermauern könnte sein Anspruch.

Dr. Crawford, dessen Leben der wissenschaftlichen Beschäftigung und Forschung gewidmet war, widmete die letzten drei Jahre seines Lebens der *Erforschung* okkulter oder übersinnlicher Phänomene und scheiterte völlig. Sein Geist wurde beeinträchtigt und er beendete sein eigenes Leben durch Selbstmord, da er eingestand, dass sein Gehirn mit abstrusen Problemen überfordert war. Er war von den Tricks der Familie Goligher so völlig verblüfft und verwirrt , dass er sie als echte Medien anprangerte; und der unglückliche Mann starb, ohne seine eigene Schwäche und seinen Fehler zu erkennen. Hätte er sein geistiges Gleichgewicht noch ein oder zwei Jahre länger bewahrt, wäre er von seinem wissenschaftlichen Kollegen, meinem Freund E. E. Fournier d'Albe , desillusioniert gewesen, dessen Untersuchungsergebnis an anderer Stelle in diesem Band zu finden ist.

Die erfolglosen Ermittlungen der von mir genannten Personen sind typisch für alles, mit dem ich in Kontakt kam oder von dem ich erfahren habe, und das Hindernis für ihren Erfolg war ihre vollkommene Bereitschaft, sich täuschen zu lassen. Sie stimmen den absurdesten Vorschlägen über die Bedingungen, unter denen die sogenannten Untersuchungen durchgeführt werden, zu und tolerieren sie; so wie sie von den Medien selbst *festgelegt werden*. Sie stimmen dem Medium zu und unterstützen es dabei, Ergebnisse zu erzielen, und akzeptieren diese Ergebnisse als schlüssigen Beweis für das Übernatürliche.

Was soll das alles heißen?

Welche Bedeutung kann einem dieser angeblichen Phänomene als Beweis für die Rückkehr verstorbener Geister beigemessen werden?

KAPITEL XIII
WIE MEDIEN INFORMATIONEN ERHALTEN

WIR lesen in den Zeitungen von einem Lohnbanditen, der den Zahlmeister eines großen Konzerns überfällt und Tausende von Dollar stiehlt, oder von Einbrechern, die in Häuser und Geschäfte eindringen, Safes aufbrechen und wertvolle Beute mitnehmen, aber diese Fälle, von denen wir lesen, sind nichts Vergleich mit einigen Nachrichten, die nie an unser Ohr gelangen, Nachrichten von Medien, die aufgrund ihres Einfallsreichtums bei der Beschaffung von Informationen Millionen von Dollar verdient haben; Blutgeld, das um den Preis der Folter an den Seelen ihrer Opfer verdient wurde.

Angenommen, ein Medium kommt in Ihre Stadt. Er wirbt für eine private Séance. Wie der Durchschnittsmensch sind Sie neugierig und möchten Dinge über sich selbst erfahren, von denen Sie ehrlich glauben, dass niemand auf der Welt sie kennt, nicht einmal Ihr engster Freund. Vielleicht möchten Sie ein paar Fakten über einen Geschäftsabschluss erfahren oder wissen, was das Ergebnis einer Liebesbeziehung sein wird, oder vielleicht suchen Sie nach dem Trost und der Trost, nach dem man sich nach dem Tod eines nahestehenden Menschen sehnt. Sie gehen zu diesem Medium und sind erstaunt über die Dinge, die Ihnen über sich selbst erzählt werden.

Ich behaupte nicht, dass ich alle Methoden erklären kann, die Medien nutzen, um dieses Wissen zu erlangen. Ein Leser könnte einer Séance beiwohnen, bei der das Medium ganz andere Mittel einsetzen würde, um an die Fakten zu gelangen, aber ich bin mit vielen Methoden dieser menschlichen Geier vertraut. Ich denke zwar, dass es eine Beleidigung für diesen Aasfresser aller Aasfresser ist, solche Menschen mit ihm zu vergleichen, aber meiner Meinung nach gibt es keinen anderen passenden Vergleich.

Der Kern dieser Betrügereien ist die Menge an Wissen, die sie erlangen können. Es ist von unschätzbarem Wert und sie werden vor nichts zurückschrecken, um es zu erlangen. Sie werden die Todesanzeigen in den Zeitungen tabellarisch zusammenfassen; Indexierung der Geburten und Nachverfolgung der Verlobungs- und Heiratsanzeigen; beschäftigen junge Männer, die sich um gesellschaftliche Angelegenheiten kümmern und sich eng mit den Gästen, insbesondere den Frauen, unterhalten.

Es kommt selten vor, dass eines dieser Medien eine Person an dem Tag empfängt, an dem sie anruft, die Séance jedoch von ein oder zwei Tagen auf eine Woche oder mehr verschiebt. Als die Person das Gebäude verlässt, folgt ihr einer der Verbündeten des Mediums, der genügend Informationen über ihn sammelt, um die Kräfte des Mediums bei der Séance überzeugend darzustellen.

Es kommt häufig vor, dass Medien dieser Marke die Gerichtsakten von Eigentum und Hypotheken durchsuchen. Es sind Fälle bekannt, in denen Männer damit beauftragt wurden, Korrekturbögen in den Presseräumen von Zeitungen zu lesen, um Material zu finden, mit dem sich Ereignisse bei Sitzungen „vorhersagen" ließen. Sie zapfen häufig Telefonleitungen an. Bei diesen Medien ist es üblich, Briefkästen zu durchsuchen, die Briefe mit Dampf zu öffnen und Kopien für die spätere Verwendung anzufertigen. Es ist bekannt, dass sie die alten Briefe aufkaufen, die von großen Konzernen an Papierfabriken verkauft wurden, wobei ein einziger nützlicher Brief aus einer Tonne Müll ausreiche, um ihnen einen großen Gewinn zu bescheren. Es ist auch üblich, dass Medien Assistenten als Kellner in Restaurants „einsetzen", um Gespräche zu belauschen, insbesondere in Restaurants der besseren Klasse, Geschäftsclubs und Mittagsclubs, wo angesehene Männer ihre Pläne und Geheimnisse frei besprechen. und in den „vergoldeten Hummerpalästen" am Broadway und in vielen Hotelkabaretts in anderen Städten gibt es Männer, die die guten Geldgeber überprüfen und tabellarisch erfassen und auf die eine oder andere Weise, meist wenn die Opfer unter Alkoholeinfluss stehen, ihr Vertrauen gewinnen und sichere Informationen, die für Geld verkauft werden.

Meine Aufmerksamkeit wurde auf einen Fall gelenkt, in dem es hieß, ein Medium habe in einem Metropolitan-Hotel Angestellte „eingesetzt", die die Briefe der Gäste öffneten, lasen und wieder versiegelten. Das Medium konnte auch Mädchen an der Telefonzentrale gewinnen, die Nachrichten abfingen und für ihn eine maschinenschriftliche Aufzeichnung der Telefongespräche anfertigten.

In vielen Wohnhäusern werden Aufzugsjungen, Aufseher und Bedienstete bestochen, damit sie täglich über die Vorgänge im Inneren des Hauses Bericht erstatten. Die meisten Medien agieren im Dunkeln und viele von ihnen beschäftigen erfahrene Taschendiebe, die geschickt Briefe, Namen, Memoranden usw. aus den Taschen der Porträtierten stehlen, während sie interviewt werden. Diese werden an das Medium weitergegeben, das dem Dargestellten mehr oder weniger von ihrem Inhalt erzählt. Nachdem sie ihren Zweck erfüllt haben, kehren sie in die Taschen des Dargestellten zurück, der, ohne dass dies klüger geworden wäre, hinausgeht, um dabei zu helfen, Berichte über die wunderbaren Fähigkeiten des Mediums zu verbreiten. Die Kampagnen der Medien sind lange im Voraus geplant. Sie machen Fahrten auf Dampfschiffen und sammeln, tabellarisch und indexieren die Informationen, die in den intimen Geschichten und Häppchen von Skandalen, die in den Raucherzimmern, Kartenzimmern und Damensalons ausgetauscht werden, belauscht werden können, um später darauf zurückgreifen zu können.

Ein Mann erzählte in einem vertraulichen Moment einem zufälligen Reisebekannten einige sehr intime Geheimnisse seines Geschäfts, während sie im Raucherabteil eines Pullman-Wagens saßen. Unglücklicherweise gehörte dieser Bekannte zu einer skrupellosen Medienbande, die die Informationen nutzte, um ihn zu erpressen. Diese Banden hellseherischer Erpresser werden vor nichts zurückschrecken. Sie werden in das Apartmenthaus ziehen, in dem ihr Opfer lebt, und auf seine Gewohnheiten achten. Wenn sie genügend Zeit haben, werden sie in seine Räume einbrechen, nicht um Wertgegenstände zu stehlen, sondern um Informationen zu stehlen, die ihnen viel mehr einbringen als die geringe Menge an Diamanten und Bargeld, die sie erbeuten könnten. Wenn es möglich ist, die Aufzeichnungen großer politischer Parteien zu stehlen, wie viel einfacher ist es dann, die geheimen Papiere einer Familie zu stehlen? Wenn Sie bezweifeln, dass Informationen nach außen dringen, schauen Sie sich einige der Fälle an, die den Gerichten zur Kenntnis gebracht wurden. Fälle, in denen Papiere von Geheimorganisationen fehlten; wo die intimsten Dokumente veröffentlicht wurden. Solche Informationen sind weitaus schwieriger zu beschaffen als die Aufzeichnungen der Toten. Die Anwaltskammer schützt ihren Ruf, indem sie Anwälte aussortiert, die Mandanten ausnutzen. Sie kann jedoch nicht so leicht einen unehrlichen Mitarbeiter in einer Anwaltskanzlei entdecken, der Informationen ausnutzt, von denen er weiß, dass sie heilig und geheim sind.

Medien sind besonders daran interessiert, mit verärgerten Mitarbeitern in Kontakt zu bleiben. Es gibt keine Grenzen für das, was sie tun werden. Es ist bekannt, dass sie für die Anstellung von Komplizen als Hausangestellte und Chauffeure in Familien gesorgt haben, in denen sie besonders darauf bedacht waren, an Informationen zu gelangen, und häufig wurden ihnen von falschen oder illoyalen Dienern Diktatgraphen in den Häusern angebracht, die nach etwa einem Monat des Tabellierens von Geheimnissen und Informationen wieder entfernt wurden Sie bereiteten sich auf eine Séance vor, bei der die Anwesenden die erstaunlichen Dinge, die ihnen erzählt wurden, nur dadurch erklären konnten, dass sie glaubten, das Medium hätte okkulte Hilfe. Die Folge war ein uneingeschränktes Vertrauen in die medialen Mächte, das die Dargestellten am Ende eine exorbitante Summe kostete.

Ich habe von einem Medium gehört, das ein stilles Paar mit der ausdrücklichen Absicht beschäftigte, Beerdigungen beizuwohnen, sich unter die Trauernden zu mischen und Informationen zu sammeln, die schließlich in Gold verwandelt wurden, und eine sogenannte „sichere" Methode besteht darin, sich ein wenig zu kleiden Nehmen Sie die Frau zurückhaltend zur Kenntnis und stellen Sie sie in den Empfangsraum, wo sie die Besucher begrüßt, ihnen von ihren Sorgen erzählt und natürlich ihr Vertrauen entgegennimmt.

Ich kenne sogar zwei Fälle, in denen diese menschlichen Wölfe, offenbar aus Herzensgüte, Mädchen in ein Seminar für junge Damen schickten, wo sie ihren Mitbewohnern Geheimnisse entlocken konnten, was den Verlust mehrerer Vermögen zur Folge hatte.

Eine der größten Enttäuschungen, über die selbst unter Betrügerbrüdern nur mit gedämpfter Stimme gesprochen wird, ist die eines alten Zirkusdiebes, der nach seiner Entlassung an der Wall Street nicht mehr weiter weiß, um seinen Lebensunterhalt zu verdienen. Eines Abends, müde und erschöpft von den erfolglosen Bemühungen eines Tages, eine ehrliche Anstellung zu finden, hörte er, wie seine beiden Töchter über einen Skandal diskutierten, den sie in dem Friseursalon, in dem sie angestellt waren, gehört hatten und der den Namen einer prominenten Frau aus der Gesellschaft gefährdete. Der alte Mann spitzte die Ohren, erkannte die Möglichkeiten und investierte schon kurze Zeit später das wenige Kapital, das er hatte, und alles, was er leihen konnte, in einen Schönheitssalon, und mit den Informationen, die er durch die Hilfe seiner Frau und seiner Töchter erhielt, war er es war in der Lage, sich als Medium zu etablieren, und das Unterfangen brachte bereits im ersten Jahr beachtliche Erträge.

Eine äußerst neuartige Methode zur Informationsbeschaffung wurde von einem Mann entwickelt, der, nachdem er dem Gespräch in einem türkischen Bad zugehört hatte, beschloss, selbst eines zu eröffnen. Die meisten seiner Begleiter waren Komplizen, und während die Gäste das Bad genossen, wurden ihre Kleidung durchsucht, Briefe geöffnet und Unterschriften ausfindig gemacht. Am Ende des ersten Jahres genoss er ein Landhaus in einem aristokratischen Viertel.

Während eines meiner Engagements in Berlin, Deutschland, lernte ich den Vorarbeiter einer Tresorfabrik kennen, der mir erzählte, dass er für jeden Tresor, der durch seine Hände ging, einen Nachschlüssel 117 anfertigte und dass er diese Schlüssel an Medien verkaufte, jedoch mit dem äußern Sie Verständnis dafür, dass nichts gestohlen werden darf. Die Medien versicherten ihm, dass sie lediglich die Gelegenheit hätten, die Post und privaten Papiere zu lesen, die sich in den Safes befanden.

Ich kenne eine Reihe von Fällen, in denen das Medium einen Drogenabhängigen benutzte, um an Informationen zu gelangen, und dem armen gequälten Geschöpf die nötige Droge nur als Gegenleistung für Fakten gab, die es haben wollte, wohlwissend, dass der Süchtige, wenn er unter dem Reiz der Droge litt, damit aufhören würde nichts, um es zu sichern.

In Kleinstädten wurden manchmal „Bibelverkäufer" eingesetzt, die in der Lage waren, genaue Daten, Namen und Geburtsorte zu beschaffen, die schließlich in irgendeiner Form verwendet wurden. Männer, die von Medien angestellt werden, um Informationen zu sammeln, werden oft als Agenten getarnt. Ich kenne besonders einen, der von Haus zu Haus zieht und versucht, Schreibmaschinen und Waschmaschinen auf Raten zu verkaufen. Auch wenn er keinen Verkauf tätigt, kann er zumindest die Dame des Hauses in ein Gespräch verwickeln und ihr Mitgefühl wecken, indem er von den Strapazen und Wirrungen eines Buchhändlers erzählt und eine erbärmliche Geschichte darüber erzählt, wie er zu dieser Arbeit und im Gegenzug dazu getrieben wurde Normalerweise erhält sie Einzelheiten über einen ähnlichen Fall bei ihren Freunden oder Verwandten. Informationen, die sorgfältig für die zukünftige Verwendung gespeichert werden.

Die Regierung der Vereinigten Staaten musste spezielle Männer damit beauftragen, eine Bande gefälschter Volkszählungszähler aufzulösen, die, indem sie von Nachbarschaft zu Nachbarschaft wandern, vollständige Familiengeschichten sichern, die später für große Geldsummen an Medien verkauft werden.

Einer der interessantesten Fälle, von denen ich in letzter Zeit gehört habe, ist der eines jungen Mannes, der hoch verschuldet war und den Rat eines Mediums suchte. Das Medium bot an, seine Schulden zu begleichen, wenn er im Gegenzug eine Stelle annehmen würde, die ihm das Medium im Bureau of Records sichern würde, und dem Medium zusätzlich zu seiner Arbeit Kopien bestimmter Dokumente zur Verfügung stellen würde. Die Angst, dass seine Schulden bei seinen Eltern ans Licht kommen könnten, zwang ihn, das Angebot anzunehmen, und das Medium erhielt die gewünschten Daten, doch bevor sie missbräuchlich genutzt werden konnten, veranlasste ihn das Gewissen des jungen Mannes, die ganze Angelegenheit bei der Polizei zu bereinigen und ein gigantischer Betrug wurde „im Keim erstickt".

Die heimtückischsten und skrupellosesten Methoden, von denen ich je gehört habe, Methoden, die fast unvorstellbar sind, wurden von einem Medium angewendet, das Vereinbarungen mit einer Gruppe „weißer Sklavenhändler" traf, in der er ihnen für jede Information, die die „Mädchen" erhielten, eine bestimmte Summe zahlte " in ihren „Häusern" sichern konnten. Darüber hinaus gründete er eine Reihe von Orten, an denen die Mädchen unter der Leitung einer Frau viele Geheimnisse ans Licht brachten, die unter anderen Umständen nie ans Licht gekommen wären.

Was die Arbeit dieser Medien erleichtert, ist die Tatsache, dass viele Menschen Dinge über sich selbst erzählen, ohne es zu merken. Ich habe Leute erlebt, die nachdrücklich bestritten haben, bestimmte Aussagen gemacht oder bestimmte Dinge in einer Séance erwähnt zu haben, obwohl ich persönlich gehört hatte, wie sie genau diese Dinge nicht mehr als zwanzig Minuten zuvor gesagt hatten. Unter der Aufregung des Augenblicks spricht ihr Unterbewusstsein, während ihr Bewusstsein vergisst. Dies entgeht dem Medium nicht, das alles ausnutzt, was möglich ist.

Ein Vorfall, den mir der verstorbene Harry Kellar erzählt hat, zeigt auf eindrucksvolle Weise, was mit Informationen geschehen kann, deren Besitz nicht vermutet wird und deren Quelle das Opfer nicht angibt. Er hatte in Hongkong eine Truppe reisender Spieler getroffen, die als „Loftus Truppe" bekannt war und in der Jefferson De Angelus auftrat. Zu diesen Spielern gehörte einer, Jim Mass, der sich während einer Diskussion über den Spiritualismus darüber lustig machte, dass irgendjemand daran glaubte. Kellar sagte ihm, er solle am nächsten Abend sein Hotel besuchen und ihm eine Séance geben. Mass tat es und Kellar tat so, als würde er in tiefe Trance verfallen, rollte mit den Augen und ahmte alle anderen Effekte nach. Während er in Trance war, erzählte er der Messe seine Geschichte von der Zeit, als er aus Newark, N. J., weglief, von seinen Sorgen und Nöten und seinen Bemühungen, auf der Bühne Erfolg zu haben, bis zu dem Zeitpunkt, als eine junge Dame in San Francisco Selbstmord beging seine Eifersucht. Dann drehte sich Kellar zu ihm um und sagte:

"Wie heißt du?"

„Jim Mass", war die Antwort.

„Das ist nicht Ihr richtiger Name", erwiderte Kellar , „Ihr richtiger Name ist James Cropsey!"

„Es ist eine Lüge", sagte Mass.

„Nein, es ist keine Lüge, denn ich sehe deinen Namen vor mir. Ich sehe, dass Ihr Vater aufgrund Ihres Verhaltens gerade an gebrochenem Herzen gestorben ist . Ich sehe, wie deine Mutter dir einen entsprechenden Brief schreibt und dich anfleht, nach Hause zu kommen und wieder ihr Sohn zu sein. Ich sehe das Grab Ihres Vaters und auf dem Grabstein steht „James Cropsey".

Kellar erwachte aus der Trance und Mass sprang auf und rief:

„Mein Gott, du hast mir Dinge erzählt, die nur der Allmächtige und ich wissen!"

Kellar behauptete gegenüber Mass, er wisse nichts von dem, was in der Trance geschehen sei. Am nächsten Tag erhielt Mass einen Brief von seiner Mutter, in dem er ihn über den Tod seines Vaters informierte. Dies überzeugte ihn völlig davon, dass Kellar über starke mediale Kräfte verfügte, und zwar so sehr, dass Mass sich weigerte, es zu glauben, als sie sich ein paar Tage später trafen und Kellar ihm sagte, dass alles eine Fälschung sei.

KELLAR UND HOUDINI

Kellar erklärte mir, dass er einige Wochen zuvor in Manila einen amerikanischen Reisenden getroffen hatte, der ihm, während sie über die verschiedenen Theatergruppen im Orient diskutierten, alle Vorfälle erzählt hatte, die er in der angeblichen Trance in der Messe wiederholt hatte. Dieser Reisende hatte Mass' Mutter nach Hause geschrieben und ihr den Aufenthaltsort ihres Sohnes mitgeteilt, und Kellar war sich daher ziemlich sicher, dass er in ein paar Tagen einen Brief erhalten würde, aber trotz Kellars Geständnis glaubte Mass weiterhin fest daran, dass er ein echter Hellseher war.

Es sind Medien bekannt, die, nachdem sie das Vertrauen des Dargestellten ausreichend gewonnen hatten, durch einen Geist zum Kauf bestimmter Aktien, Anleihen oder „Sumpfland" rieten, und eine bestimmte Gruppe, von der ich weiß, hat mit diesem System über eine Million Dollar verdient. Einer der klügsten und skrupellosesten dieser Klasse, ein Mann, der derzeit im Ausland auf das Scheitern wartet, hatte eine Methode, die ihm ein riesiges Vermögen einbrachte. Er erlangte das Selbstvertrauen einer Witwe, deren Ehemann noch nicht lange tot war, und erforschte monatelang ohne ihr Wissen ihre Privatangelegenheiten. Dann würde er ein Treffen mit ihr vereinbaren, bei dem er beiläufig erwähnen würde, dass er Spiritualist sei und dass sie im Spiritualismus Trost und Trost finden könne. Bei einer spontanen Sitzung erzählte er ihr so viele sehr intime Dinge, dass sie überzeugt war. Nach einer Reihe von Séancen materialisierte und manifestierte er, was angeblich der Geist ihres Mannes war, der ihr sagen würde, sie solle bestimmte Besitztümer und Taten diesem Medium übergeben, das sich geschäftsmäßig um sie kümmern würde . Ausnahmslos ergab sich die arme, verblendete Witwe seinen Machenschaften, und das wäre das Letzte, was sie jemals von Medium oder Geld hören würde.

Zu einer Zeit, als es eine Modeerscheinung der britischen Gesellschaft war, sich mit den Angelegenheiten des Jenseits zu befassen, wurde im exklusivsten Teil Londons, dem modischen West End, ein Haus des Hellsehens eröffnet. Es war exquisit eingerichtet und die Innenausstattung war das Vorzeigewerk einer renommierten Firma. Obwohl der Besitzer als „Madame –" bekannt war, war er in Wirklichkeit die Tochter eines englischen Aristokraten. Sie hatte eine Partnerschaft mit einem Mann geschlossen, der in der Gesellschaft als „Sir …" bekannt war und von dem man annahm, er sei einfach ein „Mann aus der Stadt", in Wirklichkeit aber der Anführer einer verzweifelten Bande der Unterwelt.

Eine wohlhabende Klientel gewöhnte sich bald an die Regel, dass Sitzungen mindestens eine Woche im Voraus vereinbart werden mussten, was Madame – ihren Verbündeten genügend Zeit gab, die Angelegenheiten des Klienten zu untersuchen. Nach mehreren Sitzungen teilte die Madame ihrer Klientin mit, dass sie erschöpft sei, könne aber noch mehr preisgeben, wenn sie die Atmosphäre des Hauses betreten und in persönlichen Kontakt mit einigen der intimen Gegenstände der Klientin kommen könne. Dieser Hinweis sicherte ausnahmslos die gewünschte Einladung. Als sie einmal Gast im Haus des Kunden war, ging sie von Zimmer zu Zimmer, wählte verschiedene Dinge aus und schlug schließlich im psychologischen Moment vor, ihr den gesamten Schmuck des Kunden zu zeigen. Während dies herausgeholt wurde, verfiel Madame angeblich in Trance, beobachtete aber in Wirklichkeit genau, wo der Schmuck aufbewahrt wurde. Zurück in ihrem eigenen Haus nahm sie sofort Kontakt mit Sir auf und gab ihm so detaillierte Informationen über das Haus des Klienten, dass es für ihn einfach war, den erfolgreichen Raubüberfall durch seine Männer zu planen, während die Opfer nie ahnten, wie ihre geheimen Verstecke waren war entdeckt worden. Es dauerte nur fünf Jahre, bis das Paar auf diese Weise ein Vermögen von drei Millionen Dollar erwarb. Dann wurde Scotland Yard misstrauisch gegenüber ihrem Vorgehen und auf der Suche nach einem angenehmeren Klima kamen sie nach Amerika und begannen, ihr System in New York zu betreiben.

Sir – erfuhr durch Unterweltkanäle von einem reichen Exzentriker, der nichts mit Banken und Tresoren zu tun haben wollte, sondern sein gesamtes Geld und seine Wertsachen in seinem Haus aufbewahrte, wo er mit so vielen Einbruchalarmanlagen und anderen Schutzvorrichtungen prahlte, dass Diebe es geradezu herausfordern raube ihn aus. Nachdem sie sich vergewissert hatte, dass dieser Mann sehr starke spirituelle Tendenzen hatte, schrieb Madame ihm einen Brief, in dem sie ihm mitteilte, dass sie vom Geist seines toten Bruders gebeten worden sei, mit ihm in Kontakt zu treten. Es folgte ein Interview und dann eine Séance, bei der sich angeblich der Geist des Bruders materialisiert hatte. Der Mann war so überzeugt, dass er eine Nachricht von seinem Bruder erhalten hatte, dass die Anweisungen, sein Geld und seine Wertsachen zu schützen, indem er sie bei einer bestimmten Bank hinterlegte, bedingungslos befolgt wurden, bis hin zur Übergabe an den Präsidenten (?) der Bank zu Hause, anstatt mit ihnen zur Bank zu gehen. Es erübrigt sich zu erwähnen, dass der „Bankpräsident" kein anderer als Sir ... war. Dieser Exploit brachte ihnen etwa vierhunderttausend Dollar ein. Nicht lange nachdem sie in Paris erschienen waren, Madame – ging daran, einen Juwelier um eine Menge wertvoller Juwelen zu betrügen, und mit Sir – gelang es, nach Deutschland zu fliehen, wo sie versuchten, die Aufführung zu wiederholen, aber verhaftet wurden.

Die Mehrheit der Menschen, die geschröpft werden, geben dem Medium nicht die Schuld, sondern glauben wirklich, dass der Geist ihres Verstorbenen den Verlust verordnet hat und dass das Medium lediglich als Agent fungiert hat. Erst wenn die Medien herausfallen; Wenn es keine „Ehre unter Dieben" mehr gibt, werden die Fälle der Polizei zur Kenntnis gebracht. Auch wenn mir klar ist, dass die Durchsetzung schwierig wäre, sollte es ein Gesetz geben, um diese Betrügereien zu verhindern, denn als Ergebnis der Untersuchung weiß ich, dass diese spezielle Sparte unvorsichtigen, vertrauensvollen und gläubigen Menschen viele Millionen Dollar eingebracht hat. Dem sollte ein Ende gesetzt werden.

KAPITEL XIV
WAS SIE GLAUBEN MÜSSEN, UM SPIRITUALIST ZU SEIN

ES gibt ein altes Sprichwort: „Wahrheit ist seltsamer als Fiktion", aber einige der wundersamen Dinge, die den Geistern zugeschrieben werden, würden und könnten nicht einmal von einem so berühmten Autor wilder Romane wie Baron Münchhausen erzählt werden, wenn sie nicht unter dem Schutz stünden Millionen von Menschen glauben an diese lebendigen Geschichten, die den Mantel des Spiritualismus umhüllen. Die zusammengewürfelten Dinge, die Sie in gutem Glauben annehmen sollen, sind fast unvorstellbar. Wenn Sie das nicht tun, sind Sie kein echter Spiritualist. Sie dürfen nicht den geringsten Zweifel an der Wahrheit der extravaganten Taten hegen, die angeblich von den Geistern durch ihre irdischen Boten, die Medien, vollbracht wurden.

Zu den Geistern, die zurückgekehrt sind und Geschichten geschrieben haben, gehören den Spiritualisten zufolge keine geringeren Persönlichkeiten als Shakespeare, Bacon, Charles Dickens, der sein „Mysterium von Edwin Drood" vollendete, Jack London, Edgar Allan Poe, Mark Twain und neuerdings Oscar Wilde. Zeitschriften wurden von den „Geistern" 119 herausgegeben und es gibt eine Reihe von Fällen, in denen behauptet wurde, ganze Bücher seien ihr Werk. Ich frage den Leser, ob er die folgenden Begebenheiten glaubt, die ich aus verschiedenen spiritistischen Veröffentlichungen in meiner Bibliothek ausgewählt habe. Wenn ja, ist er berechtigt, der Sekte beizutreten.

Das „Medium and Daybreak" vom 9. Juni 1871 berichtet von einem Vorfall, bei dem „die Geister Herrn Herne am Tag der offenen Tür zu Frau Guppy ‚schweben' ließen", wie wir vor zwei Wochen berichteten ... Dies wurde schnell befolgt durch andere Fälle, von denen einige außerordentlich gut belegt sind. Am Samstagabend, als ein Kreis von etwa neun Personen mit den Herren Herne und Williams in der Unterkunft dieser Medien, 61 Lambs' Conduit Street, hinter verschlossenen Türen saß, spürte man nach einiger Zeit, dass ein Gegenstand auf den Tisch kam , und als ein Licht angezündet wurde, stellte sich heraus, dass es sich bei ihrer Besucherin um Frau Guppy handelte. Sie war keineswegs für einen Ausflug gekleidet, da sie keine Schuhe trug und in der einen Hand ein Notizbuch und in der anderen einen Stift hielt.

„Das letzte Wort, das in das Buch eingraviert war, war ‚Zwiebeln'. Die Schrift war noch nicht trocken und auf dem Stift befand sich Tinte. Als Frau Guppy wieder zu sich kam, erklärte sie, dass sie einige Ausgaben erfasst hatte, wurde bewusstlos und wusste nichts, bis sie sich im Kreis befand. Eine Gruppe Herren begleitete Mrs. Guppy nach Hause; Eine Abordnung ging zuerst hinein und befragte Miss Neyland, wie und wann Mrs. Guppy vermisst worden sei. Sie sagte, sie habe im selben Raum gesessen; Mrs. Guppy machte Eintragungen in ihr Buch und Miss Neyland erinnerte sie an die Dinge, die sie eintragen sollte. Miss Neyland las in den Gesprächspausen eine Zeitung, und als sie den Kopf von ihrer Lektüre erhob, war Mrs. Guppy nicht zu sehen. Durch Klopfen auf dem Tisch wurde angedeutet, dass die Geister sie entführt hatten, und da Mrs. Guppy vollstes Vertrauen in die Wohltätigkeit dieser Agenten hatte, gab Mrs. Guppys Entführung keinen Anlass zur Sorge. Sowohl Herr Herne als auch Herr Williams wurden am selben Abend „freigesetzt". Mr. Williams befand sich am oberen Ende der Treppe, während die Türen die ganze Zeit geschlossen waren.

„Bei der Séance in der Spiritual Institution wurde eine junge Dame, die eine Skeptikerin war, schweben gelassen. Bei der Seance der Herren Herne und Williams am selben Ort wurde eine Geranie in einem Topf aus dem Treppenfenster darüber in den Raum gebracht, während Türen und Fenster geschlossen waren. Mrs. Burns wurde ein Messer aus der Hand genommen, von dem „Katie" (der Geist) sagte, dass sie es bei Lizzie, also Mrs. Guppy, deponieren würde. Einem Herrn wurden zwei Geisterfotos aus der Hand gemacht. Ein Kissen wurde vom Vorderzimmer in das Hinterzimmer getragen, wo die Séance bei geschlossener Tür stattfand. Mr. Williams wurde der Mantel ausgezogen, während seine Hände festgehalten wurden. Herr Herne wurde freigelassen. Herr Andrews, ein Herr, der seine Gliedmaßen nicht gebrauchen kann, führte ein sehr interessantes Gespräch mit „Katie", die versprach, zu versuchen, ihm zu helfen. Das großzügige Mitgefühl dieser guten Geister zeigte sich deutlich in ihrem Eifer, den Notleidenden zu helfen. Ein Brief aus Northampton lässt darauf schließen, dass in dieser Stadt ähnliche Phänomene auftreten. Diese Leistungen leisten einen gewaltigen Beitrag dazu, Hunderte von Machthabern zu überzeugen.

„Bei einer Séance von Mrs. Guppy („Medium and Daybreak", 18. November 1870) brachten die Geister, da sie wussten, dass es Teezeit war, zunächst das Geschirr durch die feste Wand und stellten es auf den Tisch, dann transportierten sie Kuchen und heißer Tee, und in der Mitte des Tisches standen Veilchen, Reseda, Geranienblätter und Farnblätter, alle nass vom Regen, die von den Geistern gesammelt worden waren.

„Herne, mit dem Williams in Verbindung stand, machte es sich zur Aufgabe, seine Geister die Schiefertafeln vom Flur durch die geschlossene Tür hereinbringen zu lassen. Er ließ Bücher durch die festen Böden aus der Bibliothek über ihm sickern und auf den Séance-Tisch fallen. Williams würde im Kabinett verzaubert sein und die Geister würden ihn zu seiner „verzückten" Verlegenheit entkleiden.

Laut Aussage von Orville Pitcher stand John King bei einer Séance zwanzig Minuten lang im vollen Glanz des Tageslichts. Dann zog er sich zurück und wurde von niemand geringerem als Oliver Cromwell verfolgt, der umherging und sein Medium und alle Dargestellten umarmte. Anschließend kontrollierte er das Medium und äußerte Gedanken höchst erhabener Natur.

"Frau. Catherine Berry gibt zu Protokoll („Medium and Daybreak", 9. Juli 1876), dass sie durch die Vermittlung von Mrs. Guppy am Vortag den Sultan von Sansibar gesehen hatte. „Er hatte ein hübsches kupferfarbenes Gesicht und einen großen schwarzen Bart, auf dem Kopf trug er einen weißen Turban, wie ihn der Geist von John King trug."

"DR. Monck, ehemaliger Prediger, verschwand eines Nachts aus dem Bett, in dem er mit einem anderen Mann in Bristol geschlafen hatte, und fand sich zu seiner Überraschung, als er aufwachte, in Swindon wieder." (*Spiritualismus* , von Joseph McCabe.)

"Herr. Harris, seine Frau und ein Freund, der zufällig ein Medium war, wollten sich gerade zu einer Mittagsmahlzeit setzen, als das Medium, ein Mann namens Wilkinson, plötzlich „kontrolliert" wurde. Er kämpfte hart gegen dieses unerwartete Verhalten seiner Geisteskontrolle, aber ohne Erfolg. In seinem bewusstlosen Zustand klimperte er mit Geld in seiner Tasche und zeigte dann auf eine Zigarettenschachtel, die auf einem Regal in der gegenüberliegenden Ecke lag. In dieser Kiste befand sich offenbar die Summe von 17s und 6d. Herr und Frau Harris fragten sich, was das alles zu bedeuten hatte, als plötzlich die Kiste buchstäblich aus dem Regal flog, durch die geschlossene Tür flog und verschwunden war. Mrs. Harris verließ sofort den Raum und versuchte, eine Spur der Kiste zu finden. Sie fand es oben unter dem Kissen auf dem Bett. Das Geld war intakt." (*Eine erstaunliche Seance und eine Enthüllung* , von Sidney A. Mosley, Seite 21.)

, die Herr Thomas am 15. Februar 1919 im Haus von Herrn Wallace Penylan in Cardiff abhielt, waren Sir Arthur, Lady Doyle und andere anwesend, insgesamt etwa zwanzig. „Thomas, der von seinem Stuhl aus sprach (offenbar immer noch unter Kontrolle), fragte dann: ‚Ist Lady Doyle kalt?' Dann sagte Lady Doyle, dass sie „ein bisschen fröstelte", und Thomas sagte: „Oh, dir wird bald warm sein", und in ein oder zwei Sekunden fiel ihr etwas auf den Schoß. Am Ende der Séance stellte sich heraus, dass es sich dabei um die Holland-Jacke handelte, die irgendwie vom Medium entfernt worden war." (*Eine erstaunliche Seance* , Seite 51.)

Heutzutage haben die meisten Medien die Kunst des Schwebens von Tischen, Stühlen und anderen Möbelstücken perfektioniert, obwohl ich bezweifle, dass eines von ihnen jemals die Perfektion erreicht hat, die Palladino mit ihrer jahrelangen Erfahrung, ihrem unergründlichen Gesicht und ihrem unheimlichen Wissen, wann es geht, erreicht hat Nutzen Sie

Gelegenheiten, um ihre Ermittler zu täuschen, aber Sie werden auch gebeten, zu glauben, dass Daniel Dunglas Home aus einem Fenster über die Straße schwebte und durch ein anderes in einen anderen Raum stürzte.

Col. Olcott fragt in „Communication": Was ist diese Leistung im Vergleich zu der Erfahrung von Webster Eddy (einem jüngeren Bruder der Eddy Brothers), als ein erwachsener Mann in Anwesenheit von drei seriösen Zeugen aus einem Fenster und über das Fenster getragen wurde? Dach eines Hauses und landete eine Viertelmeile entfernt in einem Graben?

„William Eddy wurde körperlich in einen entfernten Wald getragen und dort drei Tage lang unter Kontrolle gehalten und dann wieder zurückgetragen.

„Horatio Eddy wurde körperlich drei Meilen auf einen Berggipfel gebracht und musste am nächsten Morgen alleine den Weg nach Hause finden.

„Im Lyceum Hall, Buffalo, wurde Horatio an 26 aufeinanderfolgenden Abenden schweben gelassen, während er an einen Stuhl gefesselt war und er und der Stuhl an einem Kronleuchterhaken an der Decke aufgehängt wurden. Anschließend wurde er sicher in seine frühere Position abgesenkt.

„Mary Eddy wurde in der Hope Chapel in New York City an die Decke gehoben und schrieb dort ihren Namen. Ihr kleiner Junge, Warren, schwebte viele Abende in dunklen Kreisen und quiekte die ganze Zeit laut, um im Stich gelassen zu werden.

„Seit 1347 belegen beglaubigte Berichte, dass Edward Irving, Margaret Rule, der heilige Philipp von Neri, die heilige Katharina von Columbine, Loyola, Savonarola, Jennie Lord, Madame Hauffe und viele andere ähnliche Erfahrungen gemacht haben."

Col. Olcott hat es unterlassen, mich selbst zu erwähnen. Ich stehe bereit, dafür zu bürgen, dass ich selbst viele Male in der Luft schwebte und *schwebte und mich über die Leichtigkeit* wunderte, mit der ich das tat, aber ich wachte später in der Nacht auf.

Horatio Eddy schrieb in einem persönlichen Brief an mich vom 6. Juli 1920:

„Ein sechs Zoll dickes Buch würde meine Geschichte nicht enthalten. Ich kann keine Version unseres Schwebens in der Luft wiedergeben, aber es ist genau so, wie es in „Kommunikation" angegeben ist. Webster Eddy ist mein jüngster Bruder. Mein Vater legte glühende Kohlen auf Williams Kopf und goss heißes Wasser über seinen Rücken. Wir alle wurden von ihm ausgepeitscht, um zu beweisen, dass der Teufel in uns steckte." [120]

In einem anderen Brief vom 3. Juli 1922 schreibt er, dass er und seine Schwester eine gemeinsame Ausstellung mit Ira Erastus Davenport gegeben hätten, der von den Behörden in Syrakus angewiesen worden war, eine Jongleurlizenz zu erwerben, dies aber nicht tat.

„Das Ergebnis war, dass wir während einer privaten Séance mit Handschellen gefesselt und ins Gefängnis gebracht wurden; Unterwegs wurden die Handschellen abgenommen. Wir fuhren nicht ins Gefängnis, sondern wurden mehr als eine Meile durch den Schnee geschleift. Sie steckten uns nicht in Zellen, da ich ihnen sagte, wenn sie es täten, würde ich die Tür aller Gefangenen vor Tagesanbruch öffnen, also saßen zwei Polizisten die ganze Nacht bei uns. Am Morgen forderte ein Mr. McDonald aus der 7 Beach Street unsere Kaution für fünfzehntausend Dollar.

„Unser Prozess sollte im März in Schenectady stattfinden. Wir kamen dort an und mussten drei Wochen warten, dann übergaben sie es drei Monate später an Albany und unsere Kaution wurde erneuert. Wir blieben in Albany, bis das Gerichtsverfahren fast abgeschlossen war. An dem Tag, an dem unser Prozess stattfinden sollte, erklärte der Richter, wir hätten behauptet, es handele sich um einen Teil der Religion, und entschied außergerichtlich."

Wenn Sie ein Spiritualist sein wollen, müssen Sie glauben, dass sich fünfzehn Personen, darunter mehrere Reporter, in Mrs. Youngs Salons in der 27. Straße in New York City trafen und auf Wunsch des Geistes mehrere englische Walnüsse in der Nähe des Klaviers platziert wurden dass sich das Klavier über die Walnüsse hob und senkte, ohne sie zu zerdrücken. Col. Olcott schreibt, dass sieben der schwersten Personen im Raum gebeten wurden, auf dem Instrument zu sitzen. Als Mrs. Young die Einladung annahm, spielte sie einen Marsch, und das Instrument und die darüberstehenden Personen wurden mehrere Meter angehoben.

„Eine Mappe mit Eliza Whites Katie-King-Notiz und Johns Duplikat befand sich zu diesem Zeitpunkt in meiner Manteltasche, wo sie seit dem Abend zuvor ständig gewesen war. John unterbrach unsere Überraschungsbekundungen, indem er klopfte: „Wollt ihr, dass ich für euch eine Fälschung begehe?" „Ich kann Ihnen den Blankoscheck einer beliebigen Nationalbank mitbringen und darauf den Namen eines beliebigen Präsidenten, Kassierers oder anderen Beamten unterschreiben." Ich dankte Seiner Unsichtbaren Hoheit und lehnte den Gefallen mit der hinreichenden Begründung ab, dass die Polizei nicht an Spiritualismus glaubte und ich nicht die Chance riskieren wollte, sie zu überzeugen, falls die gefälschten Papiere in meinem Besitz gefunden werden sollten." (*Menschen aus der anderen Welt* , Henry S. Olcott, Seite 458.)

„In einem Haus in der Ferretstone Road, Hornsey , London, waren Explosionen wie Bomben zu hören, Kohleklumpen wurden von einer unbekannten Agentur in alle Richtungen geschleudert. Besen wurden heftig von einem Treppenabsatz in die Küche geschleudert. Glas und Porzellan waren zerschlagen und Fenster zerbrochen worden, und um das Ganze noch zu krönen, wurde ein Junge, der auf einem Stuhl saß, mit dem Stuhl vom Boden hochgehoben." (The *London Evening News*, 15. Februar 1921.)

Vincenzo Gullots, ein sizilianischer Geiger aus Batavia, Illinois, bekannt durch seine Chautauqua-Konzerte, beschloss, eine Braut zu nehmen, die ihm nach seinem Tod „von der Gefährtin meiner aufregendsten Stunden, meiner verstorbenen Frau", ausgesucht wurde. Sie starb im August und ich war fast außer sich vor Trauer, aber in der Nacht konnte ich ihre Anwesenheit spüren und folgte bedingungslos ihrer Führung. Mein neuer Kumpel wird sie trösten." (The *New York World*, 17. Mai 1922.)

Sir Arthur Conan Doyle erklärte in einem Interview im Hotel Ambassador in New York City, wie die *New York World* am 11. April 1922 berichtete, dass „im ‚Summerland' die Ehe auf einer höheren und spirituelleren Ebene steht als hier und einfach ist." die Paarung von Gleichgesinnten, die immer glücklich sind. Es werden jedoch keine Babys geboren. Die Geister gehen ihren täglichen Aufgaben nach, behalten die irdischen Angelegenheiten im Auge und sind äußerst interessiert an den Geburten hier."

Er erklärte, dass es eine Ebene namens „Paradies" gebe, auf der „normalerweise anständige" Menschen nach dem Tod leben, und dass diese „Ebene" nur geringfügig von dieser irdischen Sphäre entfernt sei. Schlechte Menschen werden, wenn sie sterben, in ein Flugzeug transportiert, das erheblich niedriger ist als das, das respektable Menschen gemietet haben, und sie sinken immer tiefer, es sei denn, sie bereuen. Nach einer längeren Probezeit gelingt ihnen der Aufstieg ins „Paradies". Die durchschnittliche Aufenthaltsdauer im „Paradies" beträgt etwa vierzig Jahre, danach schweben sie auf immer höhere Ebenen. Alle Medien haben Schutzengel, denen sie besonders unterworfen sind, aber sie können mit anderen Geistern kommunizieren, wobei der „Schutzengel" bei solchen Gelegenheiten als eine Art Zeremonienmeister fungiert.

Sir Arthur verkündete, er habe einmal das Gesicht seiner toten Mutter im Ektoplasma eines Mediums gesehen. Dies geschah einige Monate nach ihrem Tod und er fügte hinzu: „Es gab nicht die geringste Frage dazu. Das war, als ich in Australien war. Das Gesicht wirkte so fest wie im Leben. Meine Mutter schrieb mir über das Medium einen Brief, in dem sie einen Kosenamen unterzeichnete, der dem Medium nicht bekannt sein konnte. Es steht außer Frage, dass ich auch mit meinem Sohn kommuniziert habe."

In einem Bericht im *New York American* vom 5. April 1923 heißt es, dass Sir Arthur Conan Doyle den Reportern erzählte, dass er sich kürzlich die

Bänder in seinem rechten Bein vom Schienbein bis zum Oberschenkel verletzt hatte und dass sein Sohn Kingsley, der in der Folge gestorben war War hatte das Glied mit wohltuenden Ergebnissen massiert: „Ich saß mit Evan Powell zusammen, einem sehr ungewöhnlichen und mächtigen Medium", sagte er, „als mein Sohn Kingsley erschien und sagte: ‚Es wird alles gut, Papa; „Ich werde dich in Ordnung bringen" und begann, mein Bein zu massieren."

In einem Artikel im *London Magazine* vom August 1920 sagt Herr C. W. Leadbeater, ein prominentes Mitglied der Theosophischen Gesellschaft und eine Autorität auf dem Gebiet okkulter Theorien, über die Bedeutung der Geister: „Wenn sie astral leben, so ist die vierte Dimension. " eine alltägliche Tatsache ihrer Natur, und das macht es ihnen ganz einfach, viele kleine Tricks auszuführen, die für uns wunderbar erscheinen, wie zum Beispiel das Herausnehmen von Gegenständen aus einer verschlossenen Kiste oder das Verteilen von Blumen in einen geschlossenen Raum."

Sir Arthur Conan Doyle widmet in seinem Buch „Wanderings of a Spiritualist" sieben Seiten Charles Bailey, der als „Apport-Medium" bekannt war. Sir Arthur verteidigt Bailey, obwohl er schon oft entlarvt wurde. 122 Unter den Dingen, die Bailey angeblich verteilt hat, befinden sich Vögel, orientalische Pflanzen, kleine Tiere und ein junger Hai von 18 Zoll Länge, den er vorgab, die Geistführer hätten ihn aus Indien mitgebracht und seien durch die Wände in den Séance-Raum gelangt.

Frau Johnson aus Newcastle-on-Tyne, England, erzählte mir persönlich, dass der Geist ihres verstorbenen Sohnes zeitweise sehr boshaft war und sie in große Verlegenheit brachte. Einer seiner Lieblingswitze, wenn sie auf Reisen war, war, ihre Reisetasche zu öffnen und all ihre Habseligkeiten herumliegen zu lassen. Sie erzählte mir auch, dass der Geist des Jungen das Feuer anzünden würde, damit sie frühstücken könne.

Eine Witwe in Brooklyn, New York, wurde Mutter und behauptete, der Geist ihres Mannes sei der Vater des Kindes.

Der berühmte Professor Hare, Professor für Chemie an der University of Pennsylvania, Absolvent von Yale und Harvard und Mitarbeiter des Smithsonian Institute of Washington, erzählt dies, als er mit einem Jungen reiste und in seinem Zimmer war, nachdem sie das Bügeleisen verschlossen hatten In seiner Reisetasche befanden sich ein zusammengeballtes Spiritscope , ein Rasieretui usw., der gesamte Inhalt wurde auf unerklärliche Weise aus der Tasche genommen und fiel in einen Regenschauer um ihn herum.

Anna Stuart, ein Medium von Terre Haute, konnte Geister hervorbringen, die von praktisch nichts bis über hundert Pfund wiegen, und von Spiritualisten wird erwartet, dass sie glauben, dass ein Mensch in Trance gehen und mit seinem eigenen Wesen drei oder vier Wesen hervorbringen kann Geisterform. W. T. Stead, einer der brillantesten Spiritualisten, der inzwischen verstorben ist, behauptete, den Geist eines Ägypters gesehen zu haben, der zur Zeit von Semir -Amid vor dreitausend Jahren das „irdische Leben" verließ. „Einige Minuten lang war der Geist für uns deutlich zu sehen, wie er einen Apfel kaute, aber ich fühlte mich durch den Verlust des Magnetismus so erschöpft und auch nervös, dass ich ihn anflehte, uns zu verlassen. Ich werde seinen gefühlvollen Gesichtsausdruck nie vergessen."

Florence Marryat, die Tochter von Kapitän Marryat, dem berühmten Autor von Meeresgeschichten, hat eine Reihe von Büchern über Spiritualismus geschrieben. Sie hat eine der besten Einleitungen zugunsten des Spiritualismus geschrieben, die ich je gelesen habe. Dennoch sind einige der Dinge, die sie angeblich miterlebt und erlebt hat, so beschaffen, dass ich sie nur kurz und kommentarlos erwähnen werde, um dem Leser die Möglichkeit zu geben sich seine eigene Meinung bilden. Sie stammen aus ihrem Buch „Es gibt keinen Tod".

Sie erzählt, dass ihr Schwager nach dem Schießen mit dem Gewehr in den Raum kam und als er ihm sein Gewehr zeigte, wurde es „versehentlich abgefeuert, wobei die Kugel die Wand durchschlug und nur fünf Zentimeter vom Kopf meiner ältesten Tochter entfernt war". Sie behauptet, sie habe den Vorfall in der Nacht zuvor vorhergesehen.

Oyley Cartes „Patience"-Kompanie angeschlossen habe, um die Rolle der Lady Jane zu spielen, und erzählt, dass die verschiedenen Mitglieder der Kompanie bei verschiedenen Gelegenheiten die Tatsache erwähnten, dass sie, obwohl sie auf der Bühne stand, so aussah, als ob sie es wäre im Parkett sitzen. Dies geschah immer zur gleichen Zeit, kurz vor dem Ende des zweiten Aktes.

An anderer Stelle sagt sie: „Wir haben einstimmig um Blumen gebeten. Es war Dezember und strenger Frost, gleichzeitig rochen wir den Geruch frischer Erde und man sagte uns, wir sollten das Gas wieder anzünden, als sich uns der folgende außergewöhnliche Anblick bot. In der Mitte der Sitzenden, die sich immer noch an den Händen hielten, türmte sich auf dem Teppich eine riesige Menge Schimmel, der offenbar mit den dazugehörigen Wurzeln herausgerissen worden war. Es gab Lorbeerbäume , Lorbeerbäume, Stechpalmen und einige andere, gerade als sie aus der Erde gezogen und in unsere Mitte geworfen worden waren. Mrs. Guppy sah beim Anblick ihres Teppichs alles andere als erfreut aus und flehte die Geister an, beim nächsten Mal sauberere Dinge mitzubringen. Dann forderten sie uns auf, das Licht wieder zu löschen, und jeder Sitzende sollte sich im Geiste etwas für sich selbst wünschen. Ich wünschte mir einen gelben Schmetterling, wohl wissend, dass es Dezember war , und als ich daran dachte, drückte man mir einen kleinen Karton in die Hand. Prinz Albert flüsterte mir zu: „Hast du etwas?"

„Ja", sagte ich, „aber nicht das, wonach ich gefragt habe." Ich gehe davon aus, dass sie mir ein Schmuckstück geschenkt haben.' Als das Gas wieder angezündet wurde , öffnete ich die Kiste und da lagen *zwei gelbe Schmetterlinge* , natürlich tot, aber trotzdem außergewöhnlich."

Während sie über eine Séance mit Katie King sprach, sagte sie: „ Sie sagte mir, ich solle die Schere nehmen und ihr die Haare abschneiden." In dieser Nacht flossen ihr eine Fülle von Locken bis zur Taille. Ich gehorchte gewissenhaft und schnitt mir die Haare, wo immer ich konnte, während sie immer wieder sagte: „ *Schneiden Sie mehr!" mehr schneiden! Nicht für dich selbst, das weißt du, denn du kannst es nicht wegnehmen.* „ Also schnitt ich eine Locke nach der anderen ab, und so schnell sie zu Boden fielen, *wuchsen auch die Haare auf ihrem Kopf wieder nach* ." Als ich fertig war, bat mich „Katie", ihre Haare zu untersuchen und zu sehen, ob ich irgendwo eine Stelle finden könnte, an der ich die Schere benutzt hatte, was ich jedoch ohne Erfolg tat. Auch ein abgeschnittenes Haar war nicht zu finden. Es war außer Sichtweite verschwunden."

An anderer Stelle sagt sie: „Einmal sprach mich ein Dirigent an. „Ich kenne deinen Namen nicht", sagte er (und ich dachte: „Nein, mein Freund, und ich werde ihn auch noch nicht kennen!"), „aber ein Geist hier wünscht, dass du zum Kabinett kommst." ' Ich ging näher und erwartete, einen Freund zu sehen, und dort stand ein katholischer Priester mit ausgestreckter segnender Hand. Ich kniete nieder und er gab mir den üblichen Segen und schloss dann den Vorhang. „Kannten Sie den Geist?" fragte mich der Schaffner. Ich schüttelte den Kopf und er fuhr fort: „Er war Pater Hayes, der bekannte Priester in dieser Stadt." Ich nehme an, Sie sind Katholik? Ich sagte „Ja" und ging zurück zu meinem Platz. Der Dirigent wandte sich erneut an mich: „Ich glaube, Pater Hayes muss gekommen sein, um einigen Ihrer Freunde den Weg zu ebnen", sagte er. „Hier ist ein Geist, der sagt, sie sei wegen einer Dame namens Florence gekommen, die gerade das Meer überquert hat. Entsprechen Sie dieser Beschreibung?' Ich wollte gerade Ja sagen, als sich der Vorhang wieder öffnete und meine Tochter „Florence" durch den Raum rannte und mir in die Arme fiel. „Mutter", rief sie, „ich sagte, ich würde mitkommen und auf dich aufpassen, nicht wahr?" Ich sah sie an. Sie sah genauso aus wie damals, als sie unter den verschiedenen Medien von Florence Cook, Arthur Coleman, Charles Williams und William Ellington zu mir nach England kam."

Sie erzählt von einem Geschäftsmann, der jeden Abend an einer Séance teilnahm und dem Geist seiner Frau, die an ihrem Hochzeitstag vor elf Jahren gestorben war, eine weiße Blume überreichte. 123 Das Buch ist voll von Vorfällen wie diesen, aber ich denke, dass sie genug wiederholt wurden, um dem Leser zu zeigen, woran man glauben muss, um ein guter Spiritualist zu sein. 124

In Richter Edmonds' Buch „Spiritualismus" lesen wir, dass es üblich war, auf leeren Blättern Nachrichten von den Geistern bekannter Männer zu erhalten; dass Benjamin Franklin in Begleitung zweier anderer Geister hereinkam; dass ein Bleistift von selbst aufstand und fünf Zeilen altes Hebräisch schrieb; dass Bücher mehrmals von einem Tisch schweben ließen, und eine Reihe anderer Vorfälle, die die Fantasie des Lesers anregten.

Daniel Dunglas Home berichtete in seiner Aussage im Juli 1869, wie die *London Times berichtete*, von einem Vorfall, der sich mehrere Jahre zuvor ereignet hatte. „Wir waren", sagte er, „in einem großen Raum im Salon de Quatorze. Der Kaiser und die Kaiserin waren anwesend – ich erzähle jetzt die Geschichte, wie ich den Kaiser erzählen hörte – ein Tisch wurde verschoben, dann sah man, wie eine Hand kam. Es war eine sehr schön geformte Hand. Auf dem Tisch lagen Bleistifte. Es hob sich, nicht das daneben, sondern das auf der anderen Seite. Wir hörten das Geräusch des Schreibens und sahen, wie es auf feinem Notizpapier schrieb. Die Hand ging an mir vorbei und ging zum Kaiser, und er küsste die Hand. Es ging an die Kaiserin; sie entzog sich seiner Berührung und die Hand folgte ihr. Der Kaiser sagte: „Fürchte dich nicht", und sie küsste es ebenfalls. Die Hand schien wie eine denkende Person zu sein, als würde sie sagen: „Warum sollte ich?" Es kam zu mir zurück. Es hatte das Wort „Napoleon" geschrieben und es bleibt auch jetzt geschrieben. Die Schrift war das Autogramm von Kaiser Napoleon I., der eine überaus schöne Hand hatte." Herr Home sagte auch, dass sowohl der Kaiser von Russland als auch Kaiser Napoleon Hände gesehen und sie ergriffen hätten, „als sie in die Luft zu schweben schienen."

Das sind die Dinge, die Spiritualisten glauben sollen und glauben. Ich könnte *bis ins Unendliche* und *bis zum Überdruss* weitere Vorfälle aufzählen, aber ich glaube, dass der Leser sich aus dem oben Gesagten sein eigenes Urteil bilden kann. Es ist die Art von Material, die Menschen in den Wahnsinn treibt, denn wenn ein armer, kranker Mensch kurz vor der Genesung steht, stürzen solche unsinnigen Äußerungen oft die Vernunft zunichte. Ist es ein Wunder, dass die Bevölkerung unserer Irrenanstalten mit „Anhängern" anschwillt, die versucht haben, diese Dinge zu glauben?

KAPITEL XV
MAGIER ALS BETRUGSERKENNER

DIE Schnelligkeit, mit der Spiritualisten Briefe oder andere Aussagen von Magiern aufgreifen, die ihrer Meinung nach glauben, dass die sogenannten Geistermanifestationen, deren Zeuge sie geworden sind, nicht durch Taschenspielertricks zustande gekommen seien, sondern übernatürlichen oder okkulten Kräften zuzuschreiben seien, hat mich erstaunt, und das möchte ich zwar widerlegen Ich möchte sie gleichzeitig auf die Inkompetenz der Meinung des gewöhnlichen Magiers aufmerksam machen, der zwei oder drei Experimente im Spiritualismus kennt und behauptet, er könne die Experimente jedes Mediums, das jemals gelebt hat, nachahmen.

Meine persönliche Meinung ist, dass trotz der Tatsache, dass unzählige Aufnahmen erfolgreich gemacht wurden, diese Tatsache kein Beweis dafür ist, dass irgendein Ermittler, egal ob Taschenkünstler oder sonstwie, in der Lage ist, jeden einzelnen erzeugten Effekt zu ergründen.

Manche Magier mit Kenntnissen pseudospiritualistischer Wirkungen glauben, dass sie alles haben, was sie brauchen, um sich als Forscher zu qualifizieren, und wenn bei einer Séance etwas passiert, was sie nicht erklären können, werden sie in einen vorübergehenden Glauben verführt und schreiben Briefe oder machen Aussagen, die sie recht haben Ich werde es wahrscheinlich im Laufe der Jahre bereuen. 125

Ein guter Karten-„Hai"- oder „Brace-Game" -Spieler 126 kann den geschicktesten Taschenspieler, der je gelebt hat, betrügen und austricksen, es sei denn, der Darsteller hat sich auf Glücksspieltricks spezialisiert. Es scheint seltsam, aber es ist wahr, dass Kartenmagier schlechte Spieler sind und Medien, wie die Spieler, auf Täuschung zurückgreifen und die Dargestellten in jeder Hinsicht ausnutzen.

Es ist offensichtlich unmöglich, alle Taten aufzuspüren und nachzuahmen, die betrügerischen Medien zugeschrieben werden, die keine Skrupel haben, den Anstand und sogar den Anstand zu verletzen, um ihre Ziele zu erreichen. Ein schlaues Medium wird sogar darauf zurückgreifen, die Dargestellten 127 nach gewünschten Informationen zu fragen, indem es auf etwas zurückgreift, das nur aus Spaß vorgegaukelt werden könnte, und wenn der Dargestellte den Köder verschluckt, wird der Umstand zu einem Vorwand für die Begehung eines vorsätzlichen Betrugs zu seiner Bestürzung und Verwirrung.

Auch hier sind viele der von Medien hervorgerufenen Wirkungen impulsiv, krampfhaft, entstehen spontan, werden durch die jeweiligen Umstände inspiriert oder gefördert und könnten von ihnen selbst nicht nachgeahmt werden. Da die Umstände ihrer Entstehung und Wirkung so eigenartig sind, ist die Erkennung und Vervielfältigung spiritistischer Phänomene manchmal eine äußerst komplexe Aufgabe. Medien sind nicht nur darauf bedacht, jeden Vorteil zu nutzen, den die Autosuggestion bietet, sondern sie nutzen auch jedes zufällige Ereignis aus. Zum Beispiel wurde meine größte geheimnisvolle Leistung am 4. Juli 1922 in Seacliffe , L. I., im Haus von Herrn B. M. L. Ernest aufgeführt. Als es anfing zu regnen, warteten die Kinder darauf, ihr Feuerwerk zu zünden. Der Himmel riss regelrecht los. Der kleine Richard drehte sich in seiner Bestürzung zu mir und sagte:

„Können Sie den Regen nicht aufhören lassen?"

„Ja, gewiss", antwortete ich und hob meine Hände und sagte flehend: „Regen und Sturm, ich befehle dir aufzuhören."

Dies wiederholte ich dreimal und wie durch ein Wunder hörte der Regen innerhalb der nächsten zwei Minuten auf und der Himmel wurde klar. Gegen Ende des Feuerwerks drehte sich der kleine Kerl zu mir um und sagte mit einem eigenartigen Glanz in seinen Augen:

„Warum, Herr Houdini, es hätte sowieso aufgehört zu regnen."

Ich wusste, dass ich mit dem Jugendlichen den Ruf meines Lebens aufs Spiel setzen würde, aber ich sagte:

"Ist das so? Ich zeige es dir."

Als ich voranging, hob ich flehend meine Hände zum Himmel und rief mit aller Kraft und Kraft, die ich in mir hatte:

„Höre auf meine Stimme, großer Herrscher des Regens, und lass das Wasser noch einmal zur Erde fließen und lass die Blumen und Bäume blühen."

Ein Schauer überkam mich, denn als hätte er auf meinen Befehl oder das Gebet meiner Worte reagiert, begann erneut ein Regenguss, aber trotz der Bitten der Kinder weigerte ich mich, dafür zu sorgen, dass er wieder aufhörte. Ich wollte kein Risiko mehr eingehen.

Ich bin mir auch der Tatsache bewusst, dass es von Magiern erzeugte Wirkungen gibt, von denen sie behaupten, dass sie durch natürliche Kräfte hervorgerufen werden, was andere Magier überhaupt nicht erklären oder zufriedenstellend erklären können. Ein bemerkenswerter Fall war eine Kartenvorstellung von Dr. Samuel C. Hooker, die das Schweben eines lebensgroßen Tierkopfes beinhaltete, der im Schwebezustand lebensechte Bewegungen ausführte und dennoch keine sichtbaren Stützmittel hatte. Einige dieser Séancen wurden nur für Gruppen von Zauberern abgehalten.

Einmal waren ein Dutzend oder mehr der erfahrensten professionellen Zauberer anwesend, aber niemand konnte eine zufriedenstellende Lösung anbieten.

Viele magische Mysterien, die zur Unterhaltung praktiziert werden , sind ebenso unverständlich wie sogenannte spiritistische Phänomene, und es ist nicht verwunderlich, dass selbst Geister, die zu analytischem Denken geschult sind, getäuscht und fehlgeleitet werden. Wäre ich bei einer Séance und nicht in der Lage zu erklären, was passiert ist, wäre das nicht unbedingt eine Anerkennung dafür, dass ich es für echten Spiritualismus halte. Die Tatsache, dass ich viele verwirrt habe, bedeutet nicht, dass das, was ich getan habe, obwohl es für sie unerklärlich war, mit Hilfe der Geister getan wurde. Herr Kellar sagte häufig, insbesondere in den letzten zwei Jahren seines Auftritts auf der Bühne, zum Publikum:

„Schäme dich nicht, wenn ich dich verwirre; Ich habe Houdini und seine Arbeit gesehen und weiß nicht, wie er es macht."

Die einfache Tatsache, dass eine Sache für einen geheimnisvoll erscheint, bedeutet nichts anderes als die Notwendigkeit einer analytischen Untersuchung für ein umfassenderes Verständnis. Aber um auf die Möglichkeiten zurückzukommen; Ich glaube, dass die große Mehrheit der sogenannten Manifestationen dupliziert werden kann, aber ich bin nicht bereit, alle einzubeziehen, da, wie bereits erläutert, einige spontan sind und nicht von den Medien selbst reproduziert werden können, es sei denn, dass sich die identische Gelegenheit bietet, was der Fall ist ist so ungewiss wie ein Blitz, der zweimal am selben Ort einschlägt – möglich, aber unwahrscheinlich.

Es wäre äußerst schwierig, wenn nicht sogar unmöglich, viele der „Phänomene" durch die Beschreibung derjenigen zu reproduzieren, die sie miterlebt haben. Der Zeitablauf und die Tatsache, dass eine zweimal erzählte Geschichte nie verliert, machen eine solche Reproduktion äußerst zweifelhaft. Sollte ich aufgefordert werden, eine bestimmte, von einem Medium dargestellte Phase nachzuahmen, müsste mir die Erlaubnis erteilt werden, mir mindestens drei Demonstrationen zu ermöglichen. Da ich mich zunächst nicht auf das Wort von irgendjemandem über das, was geschehen ist, verlassen wollte, wollte ich die Manifestation sehen, damit es später keinen Überraschungsangriff auf mein Gehirn gab. Bei der zweiten Sitzung würde ich darauf vorbereitet sein, mir anzusehen, was ich bei der ersten Sitzung gesehen hatte, und beim dritten Mal würde ich versuchen, es vollständig auf Doppelungen zu analysieren. Es könnte sein, dass eine besondere Ausbildung oder jahrelange Spezialpraxis das Medium dazu befähigte, eine bestimmte Aktion auszuführen, und natürlich wären mindestens drei Sitzungen erforderlich, um sich des Modus Operandi *oder* des verwendeten

Manipulationsprozesses gründlich bewusst zu werden. Wenn es keinen Betrug gäbe, gäbe es keine Einwände gegen die Demonstrationen.

Lassen Sie uns einige Aussagen des Magiers analysieren. Erstens: Belachini, Zauberer am kaiserlichen deutschen Hof, wird von Spiritualisten als großer Zauberer bezeichnet, der die Echtheit des Spiritualismus befürwortet und anerkennt, aber trotz der Bemühungen moderner Spiritualisten, dies zu beweisen, konnte er keineswegs als solcher eingestuft werden, denn die Natur seiner Tricks widerlegt seine Aussage. Kein heutiger Magier würde zulassen, dass er als Autorität des Spiritualismus erwähnt wird, ungeachtet der Tatsache, dass Spiritualisten aus seinen Briefen zu beweisen versuchen, dass er es war, so wie sie es immer getan haben, seit die Briefe geschrieben wurden.

Ich habe Berichte von Karl Wilmann aus Hamburg erhalten; A. Herman aus Berlin und Rosner aus Haisenhaid wiesen darauf hin, dass Belachini lediglich ein Apparat oder mechanischer Zauberer mit einer geschickten und gewagten Ansprache sei. Tatsächlich hat ihm sein grenzenloses Selbstvertrauen die Position eingebracht, für die er berühmt ist. Er trat vor Kaiser Wilhelm I. auf, der über seine höfliche Geschicklichkeit erstaunt war. Der Höhepunkt der Aufführung kam, als Belachini sich verneigte und Wilhelm eine Feder reichte.

„Nehmen Sie dies, Majestät", forderte er, „und versuchen Sie, damit zu schreiben. Ich warne Sie, es ist ein magischer Stift und unterliegt ausschließlich meiner Kontrolle. Ich kann damit alles schreiben oder schreiben lassen; Sie können nicht."

Wilhelm ergriff lachend mit selbstbewusster Miene den Stift und verbarg seine wahre Ehrfurcht vor Belachini. Er trug es auf das Papier vor sich auf, aber trotz seiner sorgfältigsten Bemühungen blieb der Stift stehen, spritzte und spritzte Tinte, während Belachini lächelnd daneben stand.

„Nun", sagte der Kaiser, „sagen Sie mir, was ich schreiben soll."

Belachini streichelte nachdenklich sein Kinn und antwortete dann mit einem trockenen Lächeln:

"Schreib Dies. Hiermit ernenne ich Belachini zum Hofbeschwörer."

Der Monarch lachte über den Witz und schrieb und unterzeichnete ohne Schwierigkeiten den Befehl.

Ein zweiter, zu seiner Zeit berühmter Mann war „Herr Alexander", ein Zauberer, dessen vollständiger Name Alexander Heinberger war. Er gab im Weißen Haus Sitzungen für Präsident Polk, der ihn einst auf einem Kriegsschiff nach Südamerika schickte. Der Präsident war bereit zu glauben, dass Heinberger von den Geistern geleitet und unterstützt wurde, aber

Heinberger wollte den vermuteten Ursprung seiner Taten weder bestätigen noch dementieren, sondern wie ein guter Schausteller seine Beobachter ihren eigenen Schlussfolgerungen überlassen, wie es bei den Davenport Brothers üblich war. Er wurde neunzig Jahre alt und war ein äußerst bemerkenswerter alter Mann. Ich besuchte ihn in seinem Haus im westfälischen Münster.

Manchmal führt ein Missverständnis dazu, dass ein Zauberer mit dem Spiritualismus in Berührung kommt. Folgendes Beispiel fällt mir ein. Unter Spiritualisten ist es eine weit verbreitete Meinung, dass bestimmte Briefe und Erklärungen, die die Unterschrift von Robert Houdin tragen , eine Anerkennung seines Glaubens an den Spiritualismus sind. Im Gegenteil beziehen sie sich lediglich auf bestimmte hellseherische Handlungen, die angeblich auf Veranlassung eines gewissen Alexis Didier stattgefunden haben. Die erste Aussage wurde als Interview von beträchtlicher Länge übersetzt, das wie folgt endet:

„Ah, Monsieur (Alexis Didier, wie von Houdin angesprochen), das mag einem Mann ohne Erfahrung in diesen Angelegenheiten, dem Durchschnittsmenschen , so erscheinen – obwohl selbst dann ein solcher Fehler kaum zulässig ist –, aber dem Experten! Denken Sie nur daran, Monsieur, dass alle meine Karten gefälscht, markiert, oft ungleich groß oder zumindest kunstvoll gestaltet sind. Wieder habe ich meine Signale und Telegraphen. Aber in diesem Fall wurde eine frische Packung verwendet, die ich gerade aus der Verpackung genommen hatte und die der Schlafwandler nicht studiert haben konnte. Es gibt noch einen anderen Punkt, an dem eine Täuschung unmöglich ist, nämlich die Handhabung der Karten: im einen Fall die völlige Schlichtheit der Darbietung, im anderen der verräterische Anschein von Anstrengung, den nichts ganz verbergen kann. Hinzu kommt seine völlige Blindheit, denn ich beharre auf der Unmöglichkeit – der absoluten Unmöglichkeit –, dass er etwas gesehen hat. *Und selbst wenn er sehen könnte, wie können wir die anderen Phänomene erklären?* Was meine eigenen „Second Sight"-Auftritte angeht, möchte ich Ihnen, ohne Ihnen jetzt mein Geheimnis verraten zu können, bedenken, dass ich Ihnen jeden Abend sorgfältig sage, dass ich nur einen Second Sight *verspreche*! Daher ist in meinem Fall ein erster Blick unabdingbar.

„Am folgenden Tag gab Robert Houdin mir (Alexis Didier) die folgende unterzeichnete Erklärung:

„Obwohl ich keineswegs geneigt bin, die Komplimente anzunehmen, die M. so freundlich ist, mir zu machen, und obwohl ich besonders darauf bedacht bin, dass meine Unterschrift meine Meinung, weder für noch gegen den Magnetismus, in irgendeiner Weise beeinträchtigen soll Dennoch kann ich nicht anders, als zu behaupten, dass die oben aufgezeichneten Vorfälle

ABSOLUT RICHTIG sind *und dass es mir umso unmöglicher erscheint, sie mit denen in Verbindung zu bringen, die Gegenstand meines Berufs und meiner Leistungen sind, je mehr ich darüber nachdenke*.

„'Robert Houdin.

„'4. Mai 1847.'"

Man sieht auf den ersten Blick, dass sich die Unterschrift in diesem Fall auf eine Mystifizierung durch Kartenhandhabung, Hellsehen, Vorhersagen usw. bezieht. Sein zweiter Brief wurde vierzehn Tage später geschrieben und lautet wie folgt:

„Monsieur (Alexis Didier), wie ich Ihnen mitgeteilt habe, wollte ich unbedingt eine zweite Sitzung abhalten. Diese Sitzung, die gestern in Marcillets Haus stattfand, erwies sich als noch außergewöhnlicher als die erste und hat bei mir keinen Zweifel an der Hellsichtigkeit von Alexis gelassen. Ich ging zu dieser Séance, fest entschlossen, das *Ecarté-Spiel*, das mich zuvor so sehr in Erstaunen versetzt hatte, aufmerksam im Auge zu behalten. Diesmal traf ich viel größere Vorsichtsmaßnahmen als bei der ersten Sitzung, denn aus Misstrauen zu mir selbst nahm ich einen Freund, dessen natürliche Unerschütterlichkeit es ihm ermöglichte, sich ein kühles Urteil zu bilden, und das mir half, mein Urteil zu festigen. Ich füge einen Bericht darüber bei, was passiert ist, und Sie werden sehen, dass Tricks niemals zu solchen Ergebnissen hätten führen können, wie ich sie gleich schildern werde.

„Ich mache ein Kartenspiel rückgängig, das ich in einer gekennzeichneten Verpackung mitgebracht hatte, um zu verhindern, dass ein anderes Kartenspiel an seine Stelle gesetzt wird. Ich mische und es ist mein Deal. Ich treffe jede Vorsichtsmaßnahme, die ein Mann kennt, der sich in allen Tricks seines Berufs auskennt. Es nützt alles nichts, Alexis hält mich auf und zeigt auf eine der Karten, die ich gerade vor ihm auf den Tisch gelegt habe, und sagt:

„'Ich habe den König.'

„'Aber du kannst es noch nicht wissen; Der Trumpf wurde nicht aufgedeckt.'

„'Du wirst sehen', antwortet er. 'Mach weiter.'

„Tatsächlich decke ich die Karo-Acht auf, und er war der Karo-König. Das Spiel wurde auf seltsame Weise fortgesetzt, denn er teilte mir die Karten mit, die ich ausspielen musste, obwohl meine Karten unter dem Tisch versteckt waren und ich sie dicht beieinander in den Händen hielt. Zu jedem meiner Hinweise spielte er eine seiner eigenen Karten aus, ohne sie aufzudecken, und es war immer die richtige Karte, die er gegen meine gespielt hatte. Ich verließ diese Séance im größtmöglichen Zustand des Erstaunens und war davon überzeugt, dass Zufall oder Beschwörung für so etwas Wunderbares völlig unmöglich gewesen sein könnten Ergebnisse. – Ihre usw.,

(Unterzeichnet) „Robert Houdin ,
„16. Mai 1847."

Houdin " (Seite 287) zu korrigieren . Die damalige Aufzeichnung und Informationsquelle wurde in Berlin, Deutschland, veröffentlicht. Es erweckte den Eindruck, dass sich die oben zitierten „Briefe" auf spiritistische Phänomene bezogen, aber da ich nun im Besitz einer echten, vollständigen Übersetzung dieser Dokumente bin, wie sie von der Society for Psychical Research veröffentlicht wurde, 128 bin ich der Meinung, dass Houdin dies getan hat Behandeln Sie das Thema Spiritualismus mit konservativer Besonnenheit und Unparteilichkeit, wie Professor Hoffmann feststellte.

Aber ich möchte sagen, dass ich meiner Meinung nach Robert Houdin trotz seines hervorragenden Rufs und seiner Erfolge, die in Larousses Enzyklopädie erwähnt werden, seinen Aussagen nicht zustimmen kann, weil er in seinen „Memoirs of a Magician" so viel falsch dargestellt hat. In „Die Entlarvung von Robert Houdin " habe ich ein ganzes Kapitel seiner Unkenntnis der Magie gewidmet und bei der Untersuchung habe ich herausgefunden, dass er als Ermittler der Behauptungen von Spiritualisten nicht kompetent war.

Es war für mich eine schockierende Überraschung, als ich herausfand, dass sich die Briefe, die sich angeblich auf spiritistische Séancen beziehen sollten und die so oft als solche zitiert wurden, nur auf seine Erfahrung mit Alexis, dem Hellseher, beziehen. Es muss selbst für den gelegentlichen Beobachter offensichtlich sein, dass sie keinerlei Bezug zum Spiritualismus haben, sondern sich nur auf Sitzungen mit einem Hellseher bei einem Spiel mit scharfem Kartenspiel beziehen. Da ich jetzt weiß, was das alles bedeutete, überrascht mich die Tatsache, dass er die Briefe geschrieben hat, nicht im Geringsten. Ich glaube, dass sich in diesem Raum viele Dinge zugetragen haben, die er nicht sehen konnte oder nicht wissen konnte, ob es eine Konföderation gab, denn sowohl Hellseher als auch Medien erhalten oft Informationen aus den unerwartetsten Quellen. Hellsehen stand wie der Spiritualismus nicht in der direkten Linie der professionellen Beobachtung von Robert Houdin . Was würden er oder einer seiner Mitbrüder, die damals als Adepten galten, sagen, wenn sie einer Séance einiger unserer heutigen Hellseher beiwohnen könnten, die vor der Öffentlichkeit auftreten und Funk, Funk, Induktionsspulen usw. nutzen? usw.? Was für eine wunderbare Menge an Briefen sie vielleicht schreiben würden, weil sie einfach nicht sagen konnten, wie die Wirkung zustande kam. Für jeden Zauberer ist es lächerlich zu sagen, dass die Arbeit, deren Zeuge er wird, nicht durch Beschwörung oder Taschenspielertricks vollbracht wird, nur weil er das Problem nicht lösen kann.

Was seine Qualifikationen zur Beurteilung der Arbeit eines Hellsehers betrifft, müssen wir nur auf seine eigene Erzählung über den Ursprung und die Entwicklung des zweiten Gesichts zurückkommen, wie er sie selbst verwendet hat. Dieser Bericht ist in der englischen Ausgabe seiner Memoiren zu finden:

„Meine beiden Kinder spielten eines Tages im Wohnzimmer ein Spiel, das sie zu ihrem eigenen Vergnügen erfunden hatten; Der Jüngere hatte seinem älteren Bruder die Augen verbunden und ihn dazu gebracht, die Gegenstände zu erraten, die er berührte, und als er später richtig geraten hatte , wechselten sie die Plätze. Dieses einfache Spiel brachte mich auf die komplizierteste Idee, die mir jemals in den Sinn kam. Von dieser Idee verfolgt, rannte ich los und schloss mich in meiner Werkstatt ein, und befand mich glücklicherweise in jenem glücklichen Zustand, in dem der Geist leicht den Kombinationen folgt, die die Fantasie erspürt. Ich legte meinen Kopf auf meine Hände und legte in meiner Aufregung die ersten Prinzipien des zweiten Blicks nieder."

Es ist schwer, diese Aussage mit der Wahrheit in Einklang zu bringen, wenn man bedenkt, dass Gedächtnistraining, wie er es beschreibt, lange vor seiner Zeit in Mode war und praktiziert wurde und nicht die Art und Weise ist, wie man das zweite Gesicht erlernt. Es konnte nicht von ihm entdeckt oder erfunden worden sein, es sei denn zufällig durch seinen völligen Mangel an Wissen über die Methoden des Sehers und Hellsehens, wie sie zu seiner Zeit oder in der Antike praktiziert wurden . Lassen Sie mich klar und hoffentlich ein für alle Mal die Wertlosigkeit seiner Briefe erklären, soweit sie sich auf Spiritualismus und Hellsehen beziehen.

An erster Stelle steht der Augenbindetest 130 , wie er von Alexis Didier erstellt wurde, um Houdin zu rätseln . Das Auflegen von Watte auf die Augen und das Abdecken mit einem Taschentuch wird heute von Amateuren für die billigste Art des sogenannten „Muskellesens" verwendet. Es gibt nicht die geringste Schwierigkeit, unter einem solchen Verband, manchmal auch darüber, zu sehen, und die Sichtweite kann leicht durch einen Test bestimmt werden. In Paris sah ich einen geheimnisvollen Künstler namens Benoval , dessen Augen mit Klebepapier zusammengeklebt waren, auf den Watte gelegt wurde und über der Watte ein Taschentuch lag, aber er tanzte ohne Schwierigkeiten um Flaschen und brennende Kerzen herum.

Houdin während einer anderen Séance mit Alexis hellseherisch gegeben wurde ; Houdin war zu dieser Zeit eine der bekanntesten Persönlichkeiten von Paris, eine öffentliche Person, und für Alexis war es die einfachste Sache der Welt, Informationen über ihn und seine Familie zu sammeln. Houdin war möglicherweise nicht mit der Subtilität dessen vertraut, was wir heute als „Fischen", „Zögern" oder „Zeit totschlagen" bezeichnen, um Informationen zu erhalten oder etwas aufzuschieben. Er war vielleicht verwirrt, aber sein Wissen über Spiritualismus und Hellsehen war seiner eigenen Aussage zufolge gleich Null.

Eine der Demonstrationen, die Alexis vorführte, um Houdin zu rätseln, war das Vorlesen aus einem Buch durch den Seher, mehrere Seiten vor der Seite, die von der Person, die das Buch zu diesem Zeitpunkt hielt, bestimmt wurde. Es scheint keine wirklich authentischen Details über die genaue Leistung dieses Mannes, Alexis, zu geben, daher muss zwangsläufig viel auf Vermutungen und die Kenntnis der orthodoxen Methoden zur Durchführung solcher Dinge überlassen werden. Die verfügbaren Informationen scheinen durch mehrere Hände gegangen zu sein und wurden aller Wahrscheinlichkeit nach erstmals durch eine spiritistische Veröffentlichung der Öffentlichkeit zugänglich gemacht. Der erwähnte besondere Effekt ist jedoch weder neu noch seltsam, sondern war schon immer ein Merkmal bei Akten des zweiten Blicks und bei Hellsehern. Das Lesen eines Buches aus dem Gedächtnis ist für Personen mit abnormalem Geisteszustand oder besonderer Ausbildung im korelativen Auswendiglernen durchaus möglich; ein sehr cleveres System mit überraschenden Möglichkeiten. Es sind viele Fälle bekannt, in denen Personen, nachdem sie ein Buch einmal gelesen hatten, jedes Wort wiederholen und sogar die Satzzeichen erkennen konnten. Die Fähigkeit, ganze Kapitel oder Teile davon zu rezitieren, kommt weitaus häufiger vor und ist für geschulte Köpfe, wie sie beispielsweise Mitglieder von Theateraktiengesellschaften besitzen, die oft gezwungen sind, sich gleichzeitig drei oder vier Stücke einzuprägen, und das auch nicht schwierig während der Fahrt. Um darauf vorbereitet zu sein, am Nachmittag eine Rolle und am selben Abend eine ganz andere zu spielen, müssen Stockschauspieler häufig kurzfristig eine wunderbare Einarbeitungsarbeit leisten . Es ist keine Ausnahme, sondern die Regel. Sie erhalten lange Teile mit fünfzig bis hundertfünfzig „Seiten", wobei jede Seite eine bis zehn Reden enthält. Die Rede der Pflegemutter in „Common Clay" umfasst mehr als drei Seiten, und die der Herzogin im ersten Akt von Oscar Wildes „Lady Wildmere's Fan" umfasst etwa vier Seiten. Die bekannte Schauspielerin, Miss Beatrice Moreland, erzählte mir, dass sie beide in einer

Stunde auswendig gelernt habe und fast buchstabengetreu sei. Die Regel des Schauspielers zum Auswendiglernen von Rollen besteht darin, zuerst zehn Seiten zu nehmen und, wenn sie sich eingeprägt haben, zehn weitere zu nehmen. Wenn solche Leistungen als Ergebnis von Training möglich sind, wie einfach muss es für einen abnormalen Geist sein, sich ein Buch zu merken?

Mir fällt eine phänomenale Gedächtnisleistung eines blinden Sklavenjungen namens „Blind Tom" ein. Er hörte zu, während ein Komponist eine Originalkomposition spielte. Sobald der Komponist fertig war, setzte sich Tom ans Klavier und reproduzierte das gesamte Stück mit der ganzen Feinheit des Komponisten in Bezug auf Schattierungen und Technik.

Ich glaube, es gibt einen Fall einer Erinnerungsaufführung zu Rousseaus Zeiten, bei der ein Dichter dem König ein Gedicht, eine lange Monodie, vorlas. Zum Abschluss sagte der König:

„Das ist eine ziemlich alte Geschichte, ich habe sie schon einmal gehört. Tatsächlich ist der Mann, der es mir erzählt hat, jetzt in meinem Palast; Ich werde nach ihm schicken und ihn es für dich aufsagen lassen."

Er sprach mit einem Diener, der den Raum verließ und wenige Minuten später mit dem Erinnerungsmann zurückkam, der in der Mitte des Raumes stand und das gesamte Gedicht vortrug. Es scheint, dass der König, um den Dichter zu mystifizieren, den Erinnerungsmann in einem Schrank versteckt hatte, wo er das Gedicht lesen hörte.

Inaudi, ein Franzose, hat sowohl in Amerika als auch in Europa Auftritte gegeben, bei denen er auf eine Tafel blickte, die mit von einem Komitee geschriebenen Zahlen bedeckt war, sich dann umdrehte und sofort jede Figur auf der Tafel und ihre Position richtig angab; addiert, subtrahiert und multipliziert sie blitzschnell, und das alles, ohne ein zweites Mal auf die Tafel zu schauen. Er erhebt keinen Anspruch auf übersinnliche oder hellseherische Fähigkeiten, sondern erklärt seine wunderbare Leistung lediglich als Ergebnis einer fotografischen Erinnerung.

Ich könnte solche Beispiele endlos wiederholen, aber ich glaube, ich habe genug gegeben, um meinen Anspruch auf Vorrang der Naturgesetze Gottes und ihrer wunderbaren , sogar unverständlichen Wirkung gegenüber jeder sogenannten übernatürlichen Begabung einer Klasse von Menschen zu untermauern, die durch alle bekannten Gesetze so völlig disqualifiziert ist der moralischen Soziologie, wie viele professionelle Medien von ihren glühendsten Befürwortern zugegeben werden.

Selbst ein so bedeutender Mystifizierer wie Robert Houdin kann sich irren, wenn es darum geht, die sogenannten Erscheinungsformen des professionellen Mediums zu ergründen. Wie ich in „Die Entlarvung von

Robert Houdin ", Seite 291, erklärt habe, macht er zwei eklatante Fehler bei dem Versuch, den Trick der Davenport Brothers zu erklären. Erstens behauptet er, dass „durch besondere Übung der Medien der Daumen flach in der Hand liegt, während das Ganze eine zylindrische Form annimmt, deren Durchmesser kaum größer ist als der des Handgelenks. " Zweitens erklärt er, dass die Davenport Brothers durch Übung oder Training die Fähigkeit besaßen, im Dunkeln zu sehen.

Mich von Fesseln aller Art zu befreien, von Seilen bis Zwangsjacken, ist seit über 35 Jahren mein Beruf, daher bin ich in der Lage, Houdins erster Aussage entschieden zu widersprechen. Ich habe Tausende von Personen getroffen, die behaupteten, dass sowohl der Seiltrick als auch der Handschellentrick dadurch erreicht würden, dass man die Hand zusammenfaltete oder das Handgelenk größer machte als die Hand, aber ich habe nie einen Mann oder eine Frau getroffen, die die Hand kleiner machen könnte als das Handgelenk. Ich bin sogar so weit gegangen, mir Eisenbänder anfertigen zu lassen, um meine Hände zusammenzudrücken, in der Hoffnung, sie irgendwann kleiner als meine Handgelenke zu machen, aber es hatte keinen Zweck. Selbst wenn die Daumen abgeschnitten würden, wäre es meiner Meinung nach unmöglich, ein Seil richtig um das Handgelenk zu binden. Darüber hinaus weiß ich, dass Houdin sich in Bezug auf die Davenports geirrt hat, aufgrund dessen, was Ira Erastus Davenport mir selbst erzählt hat.

Ebenso absurd ist die Gabe, im Dunkeln zu sehen, mit der Houdin die Davenports ausstattete. Professor Hoffmann verteidigt Houdin , indem er Fälle von Gefangenen anführt, die auf unbestimmte Zeit in einem Kerker eingesperrt waren und gelernt hatten, im Dunkeln zu sehen. Ira Erastus Davenport lachte über die Idee und Morelle , der mehrere Jahre lang in einem Kerker eingesperrt war, erzählte mir, dass all die Jahre, die er in der Dunkelheit verbracht hatte, sein Sehvermögen überhaupt nicht gewöhnen würden und dass er es tun würde, wenn er einen Artikel deutlich gesehen hätte Er war gezwungen, es nah an seine Augen zu halten, und selbst dann hätte er seine Fantasie anstrengen müssen.

Baggally , ein Ermittler und Mitglied der Society for Psychical Research, London, England, berichtet nachdrücklich, dass er glaubt, dass die Zancigs *echte Telepathen* sind , und mein Freund, Sir Arthur Conan Doyle, obwohl er sagt, dass Zancig mehrfach Beweise dafür geliefert hat arbeitet mit einem Code, hat jedoch schriftlich erklärt, dass er die Zancigs für echt hält. Ich möchte zu Protokoll geben, dass die Zancigs mich nie als etwas anderes als kluge, stille und aufmerksame Kodisten beeindruckt haben . Zancig hat gegenüber Mitgliedern der Society of American Magicians, der er angehört, freimütig zugegeben, dass sie keine Telepathisten, sondern, wie wir es nennen, „Künstler des zweiten Blicks" waren. Sie haben einfach einen wunderbaren Code, den die Öffentlichkeit nicht erkennen kann. Es ist interessant zu wissen, dass Zancig nach dem Tod von Frau Zancig einen Straßenbahnschaffner aus Philadelphia nahm und ihn einbrach, um die Tat durchzuführen. Dieser junge Mann kündigte bald darauf seinen Lehrerberuf, heiratete und begann, die Show zusammen mit seiner Frau aufzuführen. Dann nahm Zancig den jungen David Bamberg mit, einen intelligenten Sohn von Theodore Bamberg, einem unserer bekannten Zauberer. Der Junge erwies sich als außergewöhnlich klug, aber aufgrund unerwarteter Umstände verließ er das Land und ging ins Ausland. Zancig bat mich um eine Assistentin und ich stellte ihm eine Schauspielerin vor. Er sagte, er würde garantieren, ihr den Kodex innerhalb eines Monats beizubringen, aber in finanziellen Angelegenheiten konnten sie sich nie einigen. Zancig hat jetzt wieder geheiratet, dieses Mal eine Schullehrerin, und sie machen eine sehr kluge Vorstellung. Nebenbei möchte ich anmerken, dass ich 1906 oder 1907 Zancig engagiert habe, um meine Show zu begleiten. Ich hatte reichlich Gelegenheit, sein System und seine Codes zu beobachten. Sie sind schnell, sicher und schweigsam, und ich muss ihm Anerkennung dafür zollen, dass er sich in der von ihm gewählten Mysteriumsrichtung fachmännisch auskennt, aber ich habe sein persönliches Wort, das er vor einem Zeugen abgegeben hat, dass Telepathie dabei keine Rolle spielt.

Charles Morritt hat einen Code für das zweite Gesicht, der sehr einfach ist und jedem in dreißig Minuten beigebracht werden kann. Er hat mir das Geheimnis verraten. Er gab diesen Code einem Bankier, der ihn zusammen mit seiner Schwester durchführte, und Morritt konnte, obwohl er die Signale gelernt hatte, ihnen weder folgen noch sie erkennen, sobald sie anfingen, reibungslos zu funktionieren. Natürlich wusste er, was sie taten, konnte ihnen aber einfach nicht folgen.

Bezüglich der Möglichkeit, Codes und Hinweise vor anderen zu verwenden, ohne entdeckt zu werden, kann ich positiv sagen, dass dies nicht nur möglich, sondern auch einfach und praktisch ist. Ich hatte einen Foxterrier namens „Bobby", den ich darauf trainierte, Karten per Stichwort aufzunehmen. Am 31. Mai 1918 trat ich mit diesem Hund vor der Society of American Magicians auf und ich glaube nicht, dass es jemanden im Publikum gab, der mein stilles Zeichen bemerkte. Ich habe mit einer Reihe von Fachleuten darüber gesprochen, die praktisch dachten, dass Bobby meiner Rede zuhörte, während ich ihm die ganze Zeit stillschweigend Hinweise gab. Ich möchte den stillen Hinweis nicht preisgeben, da ich weiß, dass die großen Hundetrainer der Welt ihn verwenden und es ihnen gegenüber nicht fair wäre, ihn öffentlich zu machen. Ich konnte Bobby in jedem Raum oder sogar in einer Zeitungsredaktion sein stilles Zeichen geben, und die Zuschauer konnten mich die ganze Zeit genau beobachten, weil ich nie eine Bewegung machte, die sie sehen konnten, oder ein Geräusch machte, das sie hören konnten.

Es ist üblich, andere Tiere auf ähnliche Weise zu trainieren. Während einer meiner Touren in Deutschland sah ich ein Pferd namens „Kluge Hans", das buchstabieren, addieren, subtrahieren und Karten ausziehen konnte und mit seinen Füßen einmal für „Ja" und zweimal für „Nein" tippen konnte. Kluge Hans täuschte die Professoren lange Zeit, doch schließlich stellte sich heraus, dass er seine Hinweise vom Assistenten des Trainers erhielt. Es ist nicht allgemein bekannt, dass ein Pferd aufgrund der Position seiner Augen bis zu einem gewissen Grad nach hinten schauen kann, und die Ermittler haben den Assistenten nicht bemerkt, der direkt hinter dem Kopf des Pferdes stand.

Einst galt William Eglinton, ein englisches Medium, von Spiritualisten zweifellos als der mächtigste professionelle Hellseher nicht nur in England, sondern in einem größeren Teil Europas. Im Jahr 1876 hielt er die Palme als Nachfolger von Slade in Sachen Schieferschreibtricks. Er war ein starker Vertreter der Sache und wurde von der spiritistischen Presse in höchsten Tönen gepriesen und gelobt. Zusätzlich zu seinen Schieferschreibeffekten erzeugte er verschiedene Phänomene, wie die Bewegung von Artikeln, die Erzeugung von Geisterlichtern und die Materialisierung. Die Spiritualisten haben gesagt, dass „er so geschickt war, dass mehrere erfahrene Zauberer und viele Forscher nicht in der Lage waren, seine Methoden zu entdecken oder zu erklären." Das mag so gewesen sein. Vor einem halben Jahrhundert waren Zauberer nicht so sehr mit dem Spiritualismus vertraut wie heute, und außerdem muss man zugeben, dass auch Zauberer nicht vor Täuschung gefeit sind. Dennoch gab es Zauberer und Laienermittler, die voll qualifiziert waren, seine Betrügereien aufzudecken und aufzudecken.

Im Jahr 1876, während seiner Blütezeit als Medium, wurde er durch die Verkörperung eines Arabers entlarvt. Der wallende Bart und die Vorhänge dieses Arabers waren den englischen Spiritualisten sehr vertraut und als Beweis für die tatsächliche Materialisierung durften die Dargestellten Fragmente aus dem Bart und den Gewändern herausschneiden. Erzdiakon Colley, ein interessiertes Mitglied eines Kreises von Dargestellten, der Betrug vermutete, sicherte sich einige Ausschnitte und einige Tage später, als sich die Gelegenheit bot, „*fand er* in Eglintons Koffer einen falschen Bart und eine Menge Musselin, zu denen die abgetrennten Reliquien perfekt passten." Er wurde auch mehrmals entlarvt, aber das hinderte die spiritistische Zeitung „*Light*" nicht daran, im Oktober 1886 eine Fülle von Aussagen von mehr als hundert Beobachtern, darunter Personen mit hoher Kultur und hohem gesellschaftlichem Ansehen, zu veröffentlichen, um zu zeigen, dass der Die Phänomene bei seinen Séancen waren nicht auf eine absichtliche Handlung des Mediums zurückzuführen, sondern darauf, „die Existenz einer objektiven, intelligenten Kraft endgültig nachzuweisen, die außerhalb des Mediums wirken und den anerkannten Gesetzen der Materie zuwiderlaufen kann".

Die Veröffentlichung solcher Aussagen inspirierte Professor H. Carvill Lewis 131 dazu, Eglinton zu Untersuchungszwecken zu besuchen, und es wurden Vorkehrungen für seine erste Sitzung im November getroffen, nur einen Monat nach der extravaganten Aussage in *Light*. Professor Lewis war sich der Schwäche seines Gedächtnisses bewusst und machte sich während der Séance Notizen und schrieb seine Schlussfolgerungen und Schlussfolgerungen unmittelbar danach nieder. Er erkannte schon früh, dass eine genaue Prüfung nicht zu einer ausreichend gesunden Atmosphäre für die gewünschten Ergebnisse führte. Während seine Aufmerksamkeit auf das Medium konzentriert war, schien die „*objektive intelligente Kraft*" völlig wirkungslos zu sein, aber wann immer er seine Aufmerksamkeit vom Medium abwandte und offenbar in das Anfertigen von Notizen vertieft war, wurde die „*intelligente Kraft*" augenblicklich aktiv. Unter der Beobachtung von Professor Lewis scheiterte Eglinton zeitweise völlig und *weigerte sich manchmal einfach*, zu arbeiten, wenn die Umstände gegen ihn waren. Professor Lewis zitiert ihn mit der Behauptung, er habe Kellar zum Spiritualismus bekehrt, widerlegt diese Behauptung jedoch mit den folgenden Worten:

„Das ist bei weitem nicht der Fall, dass Herr Kellar, den ich persönlich kenne, in Amerika jeden Abend zwanzig Pfund für jeden anbietet, der spiritistische Phänomene hervorbringt, die er nicht durch Beschwörung nachahmen kann."

Tatsache ist, dass Kellar mit Eglinton in Kalkutta zusammensaß, um zu sehen, ob er seine Wirkungen auf natürliche Weise reproduzieren konnte. Sein Verstand war unvoreingenommen, und da er Eglintons Methode nicht erkannte, bemerkte er: „Wenn ich mich auf meine Sinne verlassen kann, ist das Schreiben keineswegs das Ergebnis von Tricks oder Taschenspielertricks." Beachten Sie jedoch die Einschränkung in seiner Bemerkung: „Wenn man sich auf meine Sinne verlassen kann." Offensichtlich hatte er damals Bedenken und muss das Problem bald darauf gelöst haben, denn zwei Jahre später erzeugte er, wie Professor Lewis sagte, den Effekt in Amerika und führte nicht lange danach vor der Seybert-Kommission sowohl die Slade- als auch die Eglinton-Tricks durch in Philadelphia zu seinem völligen Erstaunen.

Es war nicht verwunderlich, dass Kellar Eglintons Methode nicht sofort erkannte, und es ist auch nicht verwunderlich, dass er zugab, dass er verwirrt war. Kein Magier ist davor gefeit, getäuscht zu werden, und es ist keineswegs unter der Würde eines Magiers oder einer Herabwürdigung seines beruflichen Rufs, offen zuzugeben, dass er nicht immer Rechenschaft über das abgeben kann, was er zu sehen glaubt.

Ernst Basch aus der berühmten Familie Basch, der die wichtigsten Geräte für die Zauberer der Welt herstellte, erzählte mir, dass er Hunderte von drahtlosen Tischen hergestellt hatte, bevor drahtlose Geräte unter dem Namen „Der verzauberte Tisch" so bekannt wurden. Er war ein großer Erfinder und Erbauer von Illusionen mit einem wunderbaren Wissen, aber in all seiner Erfahrung und seinem Kontakt mit Medien hatte er nie etwas gesehen, das ihn an den Spiritualismus glauben ließe. Auch Francis J. Martinka , der mit Haselmeyer , dem Zauberer, um die Welt reiste und seit über vierzig Jahren in New York City magische Geräte verkauft, gilt nicht . Ich habe den folgenden Brief von ihm bezüglich der Geistkommunikation.

„146 East 54th Street,
New York City, 23. März 1921.
„Sehr geehrter Herr Houdini:

„Als Antwort auf Ihre Frage: Wenn ich an Spiritualismus oder die Möglichkeit der Rückkehr auf diese Erde nach dem Tod glaube, wie kann ich dann an so etwas wie Spiritualismus glauben, wenn ich doch seit mehr als zwei Jahrzehnten der führende magische Händler und Hersteller von... bin? Ich habe fast alle bekannten und Tausende unbekannter Tricks oder Geräte an die große Mehrheit der Zauberer und indirekt auch an bekannte Medien geliefert (ein Beispiel, an das Sie sich vielleicht erinnern, wegen des Aufruhrs, den es damals verursachte, als ich leuchtende Farbe verkaufte). an Hereward Carrington, genau zu der Zeit, als er Manager des berühmten Mediums E. Palladino war, das die Wissenschaftler der Welt verblüfft hatte), auch an alle Manager existierender Zauberer-Versorgungshäuser.

„Nein, ich muss ganz klar sagen, dass ich nicht an den Spiritualismus glaube, und es hat mir immer Spaß gemacht zu sehen, wie leicht es ist, die Menschen zu täuschen, die Trost für ihre Trauer suchen, oder diejenigen, die sich in Geheimnisse vertiefen, von denen sie nichts wissen.

„In den vierzig Jahren Erfahrung habe ich nie etwas gesehen, das mich davon überzeugen könnte, dass so etwas wie Spiritualismus existiert.

„Und um Ihnen zu zeigen, dass ich wünsche, dass mein Brief absolut authentisch ist, lassen Sie zwei Freunde als Zeugen unterschreiben.

"Grüße.
„Mit freundlichen Grüßen
(unterzeichnet) " Francis J. Martinka .

„Zeugen.
(Unterzeichnet) Jean A. Leroy,
133 3rd Ave.
(Unterzeichnet) Billy O'Connor,

Magicians' Club,
London. "

Ein anderer, der nach sechzig Jahren Studium nichts als „groben Betrug" im Spiritualismus findet, ist A. M. Wilson, M. D., aus Kansas City, Missouri, Herausgeber und Verleger von *The Sphinx*. Er schrieb mir wie folgt:

1007 Main St.,
Kansas City, Missouri

Mein lieber Houdini:—

Seit fast einundsechzig Jahren beobachte und erforsche ich Spiritualismus und Spiritismus, wie sie von Medien durch ihre sogenannte Kommunikation mit den Toten verbreitet werden. Bis zu diesem Zeitpunkt bin ich keinem Medium begegnet, weder berühmt noch unbekannt, das kein grober Betrug war, noch habe ich eine Manifestation gesehen, die keine Täuschung war und die nicht von irgendeinem erfahrenen Magier nachgeahmt werden konnte, und das ohne die von der Regierung geforderten Bedingungen und Einschränkungen Medien oder erklärt durch vollkommen natürliche mentale oder physische Methoden.

Sicherlich gibt es bestimmte mentale und psychische Phänomene, die einigen wenigen Menschen eigen sind, die ihre besondere Gabe nutzen, um Gläubige (und andere leichtgläubige Personen) mit dem Glauben zu täuschen, dass ihre Arbeit übernatürlich sei, aber selbst diese Phänomene können von jedem kompetenten Menschen analysiert und erklärt werden Psychologe.

Das erste, was mein Misstrauen und meinen Unglauben weckte und mich zum Nachdenken und Nachforschen brachte, war: Warum konnten die lieben Verstorbenen nicht direkt mit ihren Verwandten und Freunden kommunizieren? Warum reden oder rappen oder schreiben oder sich durch ein Medium materialisieren, von denen die meisten unwissende Männer und Frauen sind, wenn auch schlau und gerissen? Und wenn durch ein Medium, warum sollte das Medium einer Kontrolle bedürfen, insbesondere über einen alten Indianerhäuptling oder eine plappernde Indianerjungfrau? Warum überhaupt eine Kontrolle?

Zwar gibt es in der Branche ein paar gut ausgebildete, intelligente und raffinierte Medien, deren Vorteil sie zwar gefährlicher, aber nicht weniger betrügerisch macht als ihre ignoranteren Kollegen.

Ich wiederhole, dass ich seit meiner ersten Sitzung in Aurora, Indiana, im Februar 1863 bis zu diesem Datum im Jahr 1923 nie ein Medium getroffen habe, das nicht betrügerisch war, oder eine Manifestation irgendeiner Art oder Beschaffenheit gesehen habe, die nicht betrügerisch war. Mit anderen Worten handelte es sich um eine mehr oder weniger grobe oder geschickte magische Leistung eines geschickten Betrügers oder einer Trickbetrügerin.

(Unterzeichnet) A. M. Wilson, M. D.,
Herausgeber *von The Sphinx*.

KAPITEL XVI
SCHLUSSFOLGERUNG

ES war mein Wunsch, dem Leser mit diesem Buch meine Ansichten über den Spiritualismus zu vermitteln, die das Ergebnis von Studien und Untersuchungen sind, deren verblüffendes Merkmal die völlige Unfähigkeit des Durchschnittsmenschen ist, alles, was er oder sie gesehen hat, genau zu beschreiben . Viele Dargestellte, denen der Sinn für scharfsinnige Beobachtung fehlt, ziehen es vor, ihre Geschichten mit den Früchten ihrer fruchtbaren Fantasie zu garnieren und zu verschönern, indem sie jedes Mal, wenn über den Vorfall berichtet wird, ein ausgewähltes Stück hinzufügen und schließlich durch einen Trick des Gehirns wirklich glauben, was Sie sagen. Es ist daher offensichtlich, dass ein Medium durch geschickte Irreführung und geschickte Fehllenkung der Aufmerksamkeit scheinbare Wunder vollbringen kann. Der Dargestellte täuscht sich geradezu selbst und denkt tatsächlich, er habe seltsame Phantome gesehen oder die Stimme eines geliebten Menschen gehört.

Meines Wissens hat mich das, was ich bei Sitzungen gesehen habe, nie im Geringsten verblüfft. Alles, was ich gesehen habe, war lediglich eine Form der Mystifizierung. Das Geheimnis all dieser Darbietungen besteht darin, den Geist unvorbereitet zu erwischen und in dem Moment, nachdem er überrascht wurde, etwas anderes zu tun, das die Intelligenz mit dem Darsteller mitreißt, auch gegen den Willen des Zuschauers. Wenn es möglich ist, dies mit einem hochentwickelten Geist wie dem von Herrn Kellar zu tun, der in magischen Mysterien geschult ist, und wenn wissenschaftliche Männer von der Intelligenz eines Sir Oliver Lodge, Sir Arthur Conan Doyle, des verstorbenen William Crookes und William T. Stead, Man kann auf diese Weise glauben machen, wie viel einfacher es für gewöhnliche Menschen sein muss.

Ich kann die Intelligenz nicht akzeptieren oder auch nur begreifen, die die Schlussfolgerung rechtfertigt, die so oft als die Meinung kluger Männer, die den Spiritualismus unterstützen, gedruckt wird und die die Möglichkeit zugibt, dass ein Ergebnis durch natürliche Mittel erreicht wird, aber dennoch ihren aufrichtigen Glauben bekräftigt, dass die identische Leistung durch Ein professionelles Medium ist ausschließlich übernatürlichen Ursprungs und hat eine übernatürliche Führung, und ich kann auch nicht die Argumentation verstehen, die in Anerkennung des verrufenen Charakters bestimmter Praktiker oder Medien absichtlich die Täter bei der Begehung einer nachweislich nachweisbaren Straftat verteidigt. Ist es wahre Logik, Logik, die sowohl vor Gericht als auch im Clubraum Bestand haben würde, wenn man sagt, dass ein Medium, das in neunundneunzig von hundert Fällen beim Schummeln erwischt wurde, beim hundertsten Mal ehrlich war, weil es nicht erwischt wurde? Würde der Leser einem Diener vertrauen, der neunundneunzig Artikel gestohlen und dann seine Unschuld beteuert hat, als der hundertste Artikel fehlte?

Sir Conan Doyle fragt in aller Unschuld: „Ist es wirklich wissenschaftlich, dies zu leugnen und sich gleichzeitig einer Untersuchung zu verweigern?" Meine Antwort lautet ganz klar „Nein". Dennoch widersetzen sie sich strikt allen ehrlichen Ermittlungsbemühungen und rechtfertigen die Medien damit, dass sie ihre Arbeit verweigern, wenn die Bedingungen nicht so sind, wie sie es sich wünschen. Wenn jemand zum Zwecke der Untersuchung zu einer dunklen Séance eingeladen wird und feststellt, dass die Bedingungen so festgelegt sind, dass sie ihn daran hindern, zu genau nachzufragen, und ihn zwingen, sich mit dem bloßen Zuschauen zufrieden zu geben, hat er nur geringe Chancen, an die Fakten zu gelangen, und das sollte er auch tun Er wagt es, die „Regeln des Zirkels" zu missachten, und die Séance endet in einer Lücke. Dem Ermittler wird vorgeworfen, eine Atmosphäre der Ungläubigkeit geschaffen zu haben, die eine Manifestation verhindert.

Ich behaupte nicht, dass die Behauptungen des Spiritualismus durch solche Misserfolge widerlegt werden, aber ich sage, wenn jemand unter solchen Umständen es wagen würde, ordnungsgemäß und vernünftig zu ermitteln und ein Kreuzverhör durchzuführen, wie er es mit Sicherheit bei jeder anderen Form der Untersuchung tun würde, In der Wissenschaft oder in anderen Lebensbereichen würde der Spiritualismus nicht so großzügig akzeptiert werden. Zur Begründung sagt der Hellseher, dass Dunkelheit oder übermäßig schwaches Licht völlig legitim seien und dass eine konkrete Untersuchung zu *Verletzungen* oder sogar *zum Tod* des Mediums führen könne . Dass eine solche Angst töricht ist, wurde immer wieder durch das unerwartete Spiel eines Blitzlichts bewiesen. Sogar die glühenden Befürworter, die eine solche Absurdität betonen, haben nach eigenem Bekunden Blitzlichtaufnahmen gemacht oder gemacht, und es wurde nie ein einziger Schadens- oder Katastrophenfall gemeldet. Diese Notwendigkeit der Dunkelheit scheint nur die gröbste Erfindung des Mediums zu sein, um die Aufmerksamkeit der Dargestellten sogar bis zur Einschüchterung abzulenken. Eine solche Notwendigkeit kann kein logischer Grund dafür sein, unter Testbedingungen zu arbeiten, um ein wissenschaftliches Thema zu demonstrieren. Es kann nur als visionärer, spekulativer Aberglaube unterstützt werden; als Instrument zur Förderung halluzinatorischer Illusionen und als bewundernswerter Vorwand zur Deckung von Betrug.

Sir Arthur sagt:

„Wenn Sie ein Telegramm senden möchten, müssen Sie zu einem Telegraphenbüro gehen. Wenn Sie telefonieren möchten, müssen Sie zuerst den Hörer abheben und Ihre Nachricht entweder einem Telefonisten oder einem wartenden Automaten übermitteln."

Sehr gut, ich bin zum Operator zwischen dem Jenseits und dieser irdischen Sphäre gegangen, ich bin zum Telegraphenamt gegangen, das die Nachricht verschlüsselt empfängt, zum sogenannten *Medium* . Was wäre für mich schöner, als mit meiner geliebten Mutter sprechen zu können? Sicherlich gibt es auf dieser Welt keine Liebe wie die Liebe einer Mutter, keine geistige Nähe, kein anderes Herzklopfen, das gleich schlägt; Aber ich habe nichts von meiner gesegneten Mutter gehört, außer durch die Gebote der tiefsten Tiefen meines Herzens, durch die Gedanken, die mein Gehirn erfüllen, und durch die Erinnerung an ihre Lehren.

Würde mein Privatsekretär John William Sargent nicht zu mir zurückkommen und mir die Geheimnisse des Jenseits verraten, wenn es möglich wäre? Hat er mir nicht kurz vor seinem Tod gesagt, dass er zu mir kommen würde, wenn es eine Möglichkeit gäbe ? Er war mehr als nur ein Privatsekretär, er war mein Freund – treu, treu, aufopferungsvoll – er kannte mich dreißig Jahre lang. Er ist nicht zu mir zurückgekommen und würde es tun, wenn es möglich wäre.

Ich hatte Kompaktpackungen mit einem runden Dutzend. Jeder versprach mir treu, wiederzukommen, wenn es möglich wäre. Ich bin sogar so weit gegangen, Geheimcodes und Handgriffe zu erstellen. Sargent hatte ein bestimmtes Wort, das er mir wiederholen sollte; William Berol, der herausragende Geistesexperte, gab mir wenige Stunden vor seinem Tod den geheimen Händedruck und kam nicht wieder zu Bewusstsein, nachdem er mir stillschweigend erzählt hatte, dass er sich an unseren Vertrag erinnerte; Atlanta Hall, die Nichte von Präsident Pierce, einer Frau von neunzig Jahren, die Sitzungen mit den größten Medien hatte, die Boston besuchten, rief mich kurz vor ihrem Tod ab, ergriff meine Hand und gab mir den vereinbarten Griff, auf den sie sich festgelegt hatte gib mir durch ein Medium. Sie sind nie zu mir zurückgekommen! Beweist das etwas? Ich habe seit ihrem Tod an einer Reihe von Séancen teilgenommen, die Medien haben nach ihnen gerufen, und als ihre Geisterformen erscheinen sollten, konnte mir keiner von ihnen das richtige Signal geben. Hätte ich es erhalten? Ich wette, ich hätte es getan. Es gab eine Art Liebe zwischen jedem dieser verstorbenen Freunde und mir. Es ist unnötig, auf die Liebe einer Mutter und eines Sohnes hinzuweisen; die Liebe eines echten Freundes; die Liebe einer neunzigjährigen Frau zu einem Mann, der ihr am Herzen lag; die Liebe eines Philosophen zu einem Mann, der sein Lebensstudium respektiert – es waren alles Lieben, jede stark, jede bindend. Wenn diese Menschen mit all der Liebe, die sie in ihrem Herzen für mich trugen, und all der Liebe, die ich in meinem Herzen für sie habe, nicht zurückkehrten, was wäre dann mit denen, die mich nicht festhielten, die kein Interesse an mir hatten? Warum sollten sie zurückkommen und meine nicht?

Sir Arthur Conan Doyle hat den Spiritualisten wiederholt gesagt, dass ich irgendwann das Licht sehen und den Spiritualismus annehmen werde. Wenn die Erinnerung an einen geliebten Menschen, der in die Hände des Großen Mystifizierers gelangt ist , Spiritualismus bedeutet, dann glaube ich wirklich daran. Aber wenn der Spiritualismus auf den Tricks exponierter Medien, auf magischen Leistungen und auf Tricks beruhen soll, dann sage ich unbeirrbar, dass ich nicht glaube, und noch mehr: Ich werde nicht glauben. Ich habe oft gesagt, dass ich bereit bin zu glauben, glauben möchte und glauben werde, wenn die Spiritualisten irgendeinen stichhaltigen Beweis vorlegen können, aber bis sie es tun, muss ich weiterleben und auf der Grundlage aller Beweise glauben, die mir vorgelegt wurden und auf der Grundlage dessen, was ich mir vorlege haben erlebt, dass der Spiritualismus vor der ganzen Welt nicht zufriedenstellend bewiesen wurde und dass keiner der vorgelegten Beweise den harten Strahlen der Forschung standhalten konnte.

Es ist nicht unsere Aufgabe zu beweisen, dass die Medien unehrlich sind, es ist ihre Aufgabe zu beweisen, dass sie ehrlich *sind*. Sie haben eine Erklärung abgegeben, die schwerwiegendste Erklärung der letzten Zeit, denn sie wirkt sich auf das Wohlergehen und die geistige Einstellung aus und bedeutet eine völlige Revolution der jahrhundertealten Überzeugungen und Bräuche der Welt. Wenn am Spiritualismus etwas dran ist, dann sollte die Welt es wissen. Wenn daran nichts dran ist, wenn es, wie es scheint, auf einem schwachen Gerüst der Irreführung aufgebaut ist, dann muss auch das Universum erzählt werden. Es steht zu viel auf dem Spiel für eine oberflächliche Verabschiedung, für unbegründete Wahrheiten.

ANHANG

Eine
Aussage von Margaret Fox

„Wissen Sie, dass sich hinter der Schattenmaske des Spiritualismus etwas verbirgt, das die Öffentlichkeit kaum ahnen kann? Ich erkläre jetzt, was ich weiß, nicht weil ich tatsächlich daran beteiligt war, denn ich wäre nie an solchen promiskuitiven Gemeinheiten beteiligt gewesen, sondern weil ich, wie Sie sich vorstellen können, reichlich Gelegenheit hatte, es zu überprüfen. Unter dem Namen dieser schrecklichen, dieser schrecklichen Heuchelei – Spiritualismus – wird alles Ungebührliche, Schlechte und Unmoralische praktiziert. Sie gehen sogar so weit, das zu haben, was sie „spirituelle Kinder" nennen. Sie behaupten so etwas wie die unbefleckte Empfängnis! Könnte etwas gotteslästerlicher, ekelhafter, weniger trügerischer sein als das? In London ging ich verkleidet zu einer stillen Séance im Haus eines wohlhabenden Mannes und sah eine sogenannte Materialisierung. Der Effekt wurde mit Hilfe von Leuchtpapier erzeugt, dessen Glanz sich auf den Bediener spiegelte. Bei der so dargestellten Figur handelte es sich um eine praktisch nackte Frau, die in transparente Gaze gehüllt war und nur das Gesicht verdeckte. Dies war eine dieser Séancen, zu denen die privilegierten ungläubigen Freunde gläubiger Spiritualisten Zugang hatten. Aber es gibt auch andere Séancen, zu denen nur die bewährtesten und vertrauenswürdigsten Personen zugelassen sind und in denen schamlose Vorgänge stattfinden, die mit den geheimen Saturnalien der Römer konkurrieren. Ich könnte Ihnen diese Dinge nicht beschreiben, weil ich es nicht tun würde."

Aus „Der Todesstoß zum Spiritualismus" von Ruben Briggs Davenport. Seite 50.

B
Irvings Rede

Rede von Henry Irving vor seiner Nachahmung der Davenports am 25. Februar 1865 im Manchester Athenæum, Manchester, England.

„Meine Damen und Herren: – Indem ich Sie auf die bemerkenswerten Phänomene aufmerksam mache, die die Herren, die keine Brüder sind und die im Begriff sind, vor Ihnen zu erscheinen, erlebt haben, halte ich es nicht für notwendig, meine Beobachtungen zu ihren außergewöhnlichen Manifestationen darzulegen. Ich werde daher sofort ein langes Geschwätz beginnen, um Ihre Aufmerksamkeit abzulenken und Ihre intelligenten Köpfe mit Verwirrung zu füllen. Ich muss diesem aufgeklärten Publikum nicht sagen, dass die Manifestationen, deren Zeuge sie werden werden, von okkulten

Kräften hervorgerufen werden, deren Bedeutung ich nicht klar verstehe; Aber wir bringen Ihnen lediglich Fakten zur Kenntnis, aus denen Sie Ihre eigenen Schlussfolgerungen ziehen müssen. Über das frühe Leben dieser Herren könnten Kolumnen mit der uninteressantesten Beschreibung geschrieben werden; Ich werde ein oder zwei interessante Fakten im Zusammenhang mit diesen bemerkenswerten Männern erwähnen, für deren Wahrheit ich persönlich bürge. In jungen Jahren schwebte einer von ihnen, völlig unbekümmert für alle anderen, ständig und höchst unbewusst in den Armen seiner liebenswürdigen Amme in seinem friedlichen Zuhause umher, während er bei anderen Gelegenheiten häufig mit unsichtbaren Händen an die Schürze seiner Mutter gefesselt war Saiten. Besonderheiten ähnlicher Art wurden von seinem Begleiter gezeigt, dessen Bekanntschaft mit verschiedenen Geistern vor vielen Jahren begann und sich bis zum gegenwärtigen Zeitpunkt mit Vergnügen für ihn selbst und Nutzen für andere gesteigert hat. Diese Herren wurden nicht auf dem gesamten riesigen amerikanischen Kontinent gefeiert, sie haben die zivilisierte Welt nicht in Erstaunen versetzt, aber sie sind in verschiedenen Teilen dieses herrlichen Landes – dem Land Bacon – gereist und stehen kurz davor, in einer bestimmten Phase in Ihrer glorreichen Stadt zu erscheinen von Manchester. Viele wirklich vernünftige und intelligente Menschen scheinen zu glauben, dass das Erfordernis der Dunkelheit auf Betrug schließen lässt. So ist es. Aber ich werde versuchen, Sie davon zu überzeugen, dass dies nicht der Fall ist. Ist eine dunkle Kammer für den Prozess der Fotografie nicht unerlässlich? Und was würden wir ihm antworten, der sagen würde: „Ich glaube, Fotografie ist ein Humbug, machen Sie das alles im Licht und wir werden das Gegenteil glauben"? Wir wissen zwar, warum Dunkelheit für die Entstehung eines Sonnenbildes unerlässlich ist; und wenn Wissenschaftler diese Phänomene einer Analyse unterziehen, werden sie herausfinden, warum Dunkelheit für unsere Manifestationen wesentlich ist. Aber wir wollen nicht, dass sie es herausfinden, wir wollen, dass sie eine vernünftige Sicht auf das Geheimnis vermeiden. Wir möchten, dass sie von unserem Rätsel geblendet werden und mit bedingungslosem Glauben an den größten Humbug des 19. Jahrhunderts glauben."

C
Lord Adares Geschichte.

So erzählen spiritistische Chronisten diese Geschichte, aber Lord Dunraven gibt in einem Brief an den Herausgeber von *The Weekly Dispatch*, London, England, vom 21. März 1920, eine ganz andere Version des Ereignisses, und zwar aufgrund seines eigentlichen Wertes Als Widerlegung der lauten Behauptung der Spiritualisten gebe ich den gesamten Artikel einschließlich der Überschriften wieder :

„MEDIENEINTRAG DURCH FENSTER

„Was ich im Ashley House gesehen habe

„*Von Lord Dunraven.*

Home von Fenster zu Fenster beschrieben hat als eine der größten Täuschungen, die es in der gesamten spirituellen Bewegung gibt.

„Unter der Annahme, dass der Bericht im Wesentlichen zutreffend ist, halte ich es als einziger Überlebender der Anwesenden für meine Pflicht, aus Gerechtigkeit gegenüber den Toten die von mir damals aufgezeichneten Fakten zu erwähnen.

„Sie sind einem langen Brief entnommen, der den Abend an meinen Vater beschreibt, der sich sehr für das Thema interessierte. Ob mein Brief an die anderen Anwesenden weitergeleitet wurde, kann ich jetzt nicht mit Sicherheit sagen. Daran habe ich keinen Zweifel, denn es war für mich immer üblich, andere Anwesende zu bitten, die Richtigkeit aller von mir geführten Aufzeichnungen zu überprüfen.

„Das Datum war der 16. Dezember 1868. Die Anwesenden waren ich (damals Lord Adare), der verstorbene Lord Crawford (damals Master of Lindsay), ein Cousin von mir, Mr. Wynne (Charlie) und Mr. DD Home.

"IM DRITTEN STOCK

„Der Schauplatz war Ashley House (in Ashley-Ort). Soweit ich mich erinnere, bestand es aus zwei Räumen, die nach vorne zeigten – das heißt, mit Blick auf Ashley-Place –, einem Durchgang auf der Rückseite, der sich über die gesamte Länge der beiden Räume erstreckte, und einer Tür in jedem Raum, die ihn mit dem Durchgang verband. Der Ort wird im Brief an meinen Vater folgendermaßen beschrieben:

„'Vor jedem Fenster befindet sich ein kleiner Balkon oder Sims, 19 Zoll tief, begrenzt durch eine Steinbalustrade, 18 Zoll hoch. Die Balustraden der beiden Fenster sind 7 Fuß 4 Zoll voneinander entfernt, gemessen von den nächstgelegenen Punkten. Eine 4 Zoll breite Schnurbahn verläuft zwischen den Fenstern auf der Höhe der Unterseite der Balustrade und eine weitere 3 Zoll breite auf der Höhe der Oberseite. Zwischen dem Fenster, durch das Home hinausging, und dem, durch das er hereinkam, liegt ein Abstand von 15 cm in der Wand. Die Zimmer liegen im dritten Stock.

„Der folgende Bericht über den Vorfall ist dem Brief an meinen Vater entnommen:

„Er (Heimat) sagte dann zu uns: ‚Fürchtet euch nicht und verlasst auf keinen Fall eure Plätze;' und er ging hinaus auf den Gang.

„VON ZIMMER ZU ZIMMER

„Lindsay sagte plötzlich: ‚Oh mein Gott! Ich weiß, was er tun wird; es ist zu ängstlich.' Adare: „Was ist das?" Lindsay: „Das kann ich dir nicht sagen; es ist zu schrecklich! Adah sagt, dass ich es dir sagen muss; Er geht aus dem Fenster im Nebenzimmer und kommt durch dieses Fenster herein.'

„Wir hörten, wie Home ins Nebenzimmer ging, hörten, wie das Fenster hochgeworfen wurde, und plötzlich stand Home aufrecht vor unserem Fenster. Er öffnete das Fenster und ging ganz kühl hinein . „Ah", sagte er, „ diesmal warst du gut " und bezog sich damit darauf, dass wir still gesessen hatten und ihn nicht daran hindern wollten. Er setzte sich und lachte.

„Charlie: ‚Worüber lachst du?' Home: „Wir glauben, wenn ein Polizist vorbeigekommen wäre und nach oben geschaut hätte, wie sich ein Mann in der Luft an der Mauer immer wieder umhergedreht hätte, wäre er sehr erstaunt gewesen." „Adare, mach das Fenster im Nebenzimmer zu."

„Ich stand auf, schloss das Fenster und als ich zurückkam, bemerkte ich, dass das Fenster keinen Fuß hoch war und dass ich mir nicht vorstellen konnte, wie er es geschafft hatte, sich hindurchzuzwängen.

„Raus, mit dem Kopf voran

„Er stand auf und sagte ‚Komm und sieh'." Ich ging mit ihm; er sagte mir, ich solle das Fenster wie zuvor öffnen, ich tat es; er sagte mir, ich solle etwas Abstand halten; Dann ging er ziemlich schnell mit dem Kopf voran durch den offenen Raum, wobei sein Körper fast horizontal und scheinbar steif war. Er kam wieder herein, die Füße voran, und wir kehrten in den anderen Raum zurück.

„Es war so dunkel, dass ich nicht deutlich sehen konnte, wie er draußen gestützt wurde. Es schien, als würde er die Balustrade nicht ergreifen oder sich darauf ausruhen, sondern eher nach außen und innen geschwenkt werden."

„Das sind die Tatsachen, wie sie damals erzählt wurden. Ich gebe außer diesem keinen Kommentar ab. Streng genommen ist es falsch zu sagen, wie es meiner Meinung nach gesagt wurde, dass wir Mr. Home von einem Fenster zum anderen schweben *sahen* .

„Was die Frage betrifft, ob er es war oder nicht, geht es mir nur darum, die damals beobachteten Tatsachen darzulegen, nicht darum, daraus Schlussfolgerungen zu ziehen."

Angesichts dieser Veröffentlichung ist es ganz natürlich, zu schließen, dass Sir Arthur Conan Doyle zum Zeitpunkt ihres Erscheinens davon wusste, da er zu diesem Thema eine Kontroverse mit Herrn Joseph McCabe hatte; Daher ist es schwierig, diesen Gedanken mit der Tatsache in Einklang zu bringen, dass Sir Arthur einen Mann, den alle vorgelegten Beweise als Scharlatan gebrandmarkt haben, uneingeschränkt lobte und befürwortete.

D
Luther R. Marsh und die Huylers

Im Jahr 1903 fiel Luther R. Marsh erneut in die Hände von Scharlatanen, wie Herr Isaac K. Funk in seinem Buch „The Widow's Mite and Other Psychic Phenomena" erzählt. Ein Gericht hob die Abtretung mehrerer Versicherungspolicen auf, die Marsh an ein Medium namens Mrs. Huyler abgeschlossen hatte . Herr Funk erzählt die Geschichte wie folgt:

„An dem Tag, an dem Mr. Marsh die Policen übertrug, waren er (Huyler) und seine Frau in Mr. Marshs Zimmer gegangen, wo Mrs. Huyler behauptete, mit den Geistern in Verbindung zu stehen, und Mr. Marsh erzählte, dass es in Spiritland einen schrecklichen Aufruhr gegeben habe , weil er lehnte eine Übertragung der Policen ab. Sie erzählte ihm, dass seine spiritistische Frau Adelaide Neilson sich die Haare raufte, weinte und ihn mit Vorwürfen überschüttete. Seine Frau, Mrs. Marsh, verhielt sich genauso, und sein Schwiegervater „Sunset", Alvin Stewart, war äußerst wütend.

"Herr. Marsh war über diese Manifestation spiritistischen Unmuts beunruhigt und stimmte der Übertragung der Policen zu. Im letzten Moment zögerte er und behauptete, er halte es für besser, die Angelegenheit noch eine Weile hinauszuschieben, da sein Testament bereits fertig sei ; Aber Mrs. Huyler bestand darauf, dass er über den Weg zu einer Anwaltskanzlei ging, und das tat er auch.

„Während er weg war, gab Frau Huyler zu, dass die Trance eine ‚Fälschung' war und sagte, dass sie alles von dem ‚alten Narren' bekommen wollte, was sie konnte, bevor er starb.

"Herr. Marsh kehrte sofort ins Zimmer zurück und versicherte ihr, dass die Verlegung wie gewünscht durchgeführt worden sei. Sobald Huyler diese Aussage vorgelegt hatte , beendete Richter Marean das Verfahren.

„‚Dieser Mann ist ein Dieb und ein Betrüger', sagte er und wandte sich an Huyler , ‚und er spielte die Rolle eines Diebes, als er und seine Frau sich verschworen hatten, um diese Policen mit den Mitteln zu sichern, die er gerade erzählt hat.'"

E
Polizeiaufzeichnung von Ann O'Delia Diss Debar.

Editha Loleta , Jackson, alias The Swami – 5—3½ – blass.

Das Haar ist braun und wird grau. Blaue Augen. Beruf, Autorin.

Satz:

6 Monate, New York. 19.6.88. Betrug. Ann O'Delia Diss Debar.

2 Jahre, Genf. 25.3.93. Diebstahl. Vera P. Ava.

Aus New Orleans vertrieben. 7.5.99. Betrug, Susp. Person. Edith Jackson.

30 Tage, New Orleans. 16.5.99. Susp. Person. Edith Jackson.

7 Jahre Haft, Central Criminal Court, London. 16.12.01. Beihilfe zur Begehung einer Vergewaltigung. Editha Loleta Jackson.

F
Richter Edmonds

Richter Edmonds wurde 1799 in Hudson, New York, geboren, erhielt eine Hochschulausbildung und studierte Rechtswissenschaften. 1819 trat er in die Anwaltskanzlei von Präsident Van Buren ein. 1828 wurde er zum Recorder of Hudson ernannt und 1831 mit beispielloser Mehrheit in den Staatssenat gewählt. 1843 wurde er zum Inspektor des Staatsgefängnisses in Sing Sing ernannt und behielt diese Position bis 1845, als er zurücktrat, um Bezirksrichter des Ersten Gerichtsbezirks zu werden. Später wurde er zum Richter am Obersten Staatsgericht gewählt und schließlich 1851 Mitglied des Berufungsgerichts. Diese verschiedenen Ämter verschafften ihm Erfahrung in den unterschiedlichsten richterlichen Aufgaben; Er hatte eine hochentwickelte Mentalität und galt als der klügste Richter seiner Zeit.

1850 verlor er seine Frau, mit der er über dreißig Jahre zusammengelebt hatte. Er war von ihrem Tod sehr betroffen und beschäftigte sich mit Nachforschungen über die Art und die Umstände des Todes, wobei er häufig den größten Teil der Nacht damit verbrachte, über das Thema zu lesen und nachzudenken. Eines Mitternachts schien es ihm, als hörte er die Stimme seiner Frau, die einen Satz zu ihm sprach. Es war sein Untergang. Er begann wie erschossen und widmete von da an all seine Zeit, sein Geld und seine ganze Energie dem Spiritualismus. Sein Glaube ließ bis zum Ende nicht nach. Auf seinem Sterbebett behauptete er, von Geistformen umgeben zu sein und erklärte, dass er aufgrund des Eintritts in ihre Sphäre in einem fortgeschrittenen Zustand der spirituellen Entwicklung in der Lage sei, Botschaften und Beweise des Spiritualismus sofort zurückzusenden. Er starb am 5. April 1874 (genau an meinem Geburtsdatum). Ich bezweifle, dass die Geschichte des Spiritualismus auf einen Mann von größerer Brillanz hinweisen kann, der sein Leben ruinierte, indem er diesem Irrlicht nachging, um seinen Kummer zu lindern.

G
Doyle und der „Denver Express".

Das erinnert mich an ein Gespräch, das wir im Mai 1923 in Denver führten, als er mir gegenüber zugab, dass er häufig falsch zitiert und gezwungen wurde, Dinge zu sagen, an die er nie gedacht hatte.

Durch einen Streich des Schicksals wurde Sir Arthur zur gleichen Zeit, als ich dort auftrat, für einen Vortrag in Denver gebucht.

Lady Doyle, Sir Arthur, Mrs. Houdini und ich fuhren morgens mit dem Auto los, und als wir ins Hotel zurückkehrten, entschuldigte sich Sir Arthur. Ungefähr zwei Stunden später, auf dem Weg zum Orpheum Theatre, rannte Sir Arthur durch die Lobby des Hotels und sah sich aufgeregt nach jemandem um. Ich ging auf ihn zu und sagte: „Kann ich etwas für Sie tun?" Er legte seinen Arm um mich und sagte: „Houdini, in diesem Papier, das ich angeblich herausgegeben habe, steht eine Herausforderung von 5.000 US-Dollar." Ich möchte, dass du weißt, dass ich nie im Traum daran denken würde, dir so etwas anzutun, mehr als alle anderen."

Ich antwortete: „Sir Arthur, das ist nur ein weiterer Fall, in dem Sie falsch zitiert wurden. Zweifellos denken Sie, dass ich es glauben werde, denn ich weiß, dass Sie es geglaubt hätten, wenn die Umstände umgekehrt gewesen wären; Sie sehen daher, dass es am besten ist, die Sache zu untersuchen, bevor man irgendetwas als Tatsache anerkennt. Ich bin nicht einmal darüber verärgert – die Dinge passieren so. Erinnern Sie sich bitte an diesen Vorfall, wenn Sie das nächste Mal ein Interview lesen, das angeblich von mir stammt?" Sir Arthur reiste am nächsten Morgen nach Salt Lake City ab.

Ich ging in die Redaktion des *Denver Express*, traf Herrn Sydney B. Whipple, den geschäftsführenden Redakteur, und erzählte ihm, dass ich Sir Arthur am Abend zuvor getroffen hatte und dass er über die Herausforderung, die die Zeitung von ihm berichtete, sehr empört war. Ich sagte: „Sehen Sie, Mr. Whipple, Sir Arthur, Lady Doyle, Mrs. Houdini und ich waren gestern Nachmittag den ganzen Tag mit dem Auto unterwegs, und als Sir Arthur zurückkam, sah er die „Schreckensschlagzeile" mit dem Inhalt, den er angefochten hatte mich für 5.000 $! Whipple fragte: „Sie wollen damit sagen, dass Sir Arthur Conan Doyle bestreitet, Sie herausgefordert zu haben?" Ich antwortete: „Mit Nachdruck sagte er, dass es nicht wahr sei und dass er nie eine solche Aussage gemacht habe, und fügte hinzu, dass er an den Herausgeber geschrieben habe, um ihm mitzuteilen, was er von ihm halte, weil er das, was er gesagt habe, falsch dargestellt und falsch zitiert habe." Mr.

Whipple bat mich, einen Moment zu warten, bis er der Sache auf den Grund gegangen sei.

Whipple rief Herrn Sam Jackson herbei und sagte: „Was diese Herausforderung von Sir Arthur Conan Doyle betrifft, hat er Houdini während Ihres Interviews herausgefordert oder nicht?" Jackson antwortete: „Warum er es tatsächlich getan hat. Glauben Sie nicht, Mr. Whipple, dass ich mit einer Geschichte auftauchen würde, die nicht wahr ist? Sir Arthur machte seine Aussage eindeutig positiv und erklärte, dass er bereit sei, Houdini um 5.000 Dollar herauszufordern. Miss Jeanette Thornton war zu der Zeit dort, als sie Lady Doyle interviewte, und sie hörte das Gespräch mit. Rufen Sie sie bitte an und bitten Sie sie, meine Aussage zu bestätigen."

Miss Thornton kam herüber und antwortete auf eine Frage: „Mit Sicherheit habe ich gestern Sir Arthurs Herausforderung gehört. Ich hielt es für einen sehr interessanten Vorfall und schenkte ihm deshalb besondere Aufmerksamkeit. Ich bin überrascht, dass Sir Arthur nun bestreitet, es geschafft zu haben."

Whipple drehte sich zu mir um und sagte: „Da haben Sie es – Sie möchten noch weitere Beweise? Können wir irgendetwas tun, damit Sie dem widersprechen?" Möchten Sie, dass wir eine Erklärung abgeben?" Darauf antwortete ich: „Nein, lass es einfach sein, wir lassen es passieren."

Die folgenden Briefe, die ich von Herrn Whipple erhalten habe, sind selbsterklärend:

„DER ‚DENVER EXPRESS'
„DIE WAHRHEIT – SCHNELL.

„11. Mai 1923.

„Sehr geehrter Herr Houdini:—

„Ich füge einen Brief von Sir Arthur Conan Doyle bei, in dem er sich darüber beschwert, dass der Bericht über seine Anfechtung bezüglich medialer Erscheinungen in diesem Papier verstümmelt wurde.

„Ich muss auch sagen, dass unser Reporter, der mit Doyle gesprochen hat, darauf besteht, dass sein Bericht über das Gespräch absolut korrekt war und dass Doyle gesagt hat, was wir gedruckt haben.

„Mit freundlichen Grüßen
(unterzeichnet) " Sydney B. Whipple."

„DAS BROWN PALACE HOTEL
Denver, Colorado.

„9. Mai 1923.

„ Sir:—

„Der Bericht im *Denver Express* , dass ich angeboten habe, den Geist meiner Mutter für fünftausend Dollar zurückzubringen, um Mr. Houdini zu widerlegen, ist eine monströse Erfindung, und ich kann mir nicht vorstellen, wie Sie es wagen, so etwas zu drucken, was ist auf den ersten Blick so blasphemisch und absurd.

„Was tatsächlich geschah, war, dass Ihr Reporter sagte, mein Freund Mr. Houdini habe 5.000 Dollar gewettet, dass er alles tun könne, was jedes Medium tun könne, worauf ich antwortete: „Dazu müsste er mir meine Mutter zeigen." Das ist sicherlich sehr unterschiedlich.

„Mit freundlichen Grüßen
(unterzeichnet) „A. Conan Doyle."

H
Enthüllung von Frau Stewart

Es ist wichtig anzumerken, dass ich am 28. Dezember 1923 in St. Louis, Missouri, das Glück hatte, mit Richter Daniel G. Taylor Bekanntschaft zu machen, der der Abteilung Nr. 2 des Bezirksgerichts vorstand, zu der Josie K. Folsom-Stewart als Präsident, Charles W. Stewart als Sekretär und Phoebe S. Wolf als Schatzmeisterin beantragten die Gründung der „Society of Scientific and Religious Truthseekers ", die behaupteten, sie hätten sich durch eine Vereinbarung dazu angeschlossen Schreiben, als „Gesellschaft für religiöse und gegenseitige Verbesserungszwecke". „Die Satzung und der Gesellschaftsvertrag werden von rund vierzig Personen unterzeichnet." Wie in solchen Fällen üblich, ernannte Richter Taylor „J. Lionberger Davis, damals praktizierender Anwalt und jetzt Präsident der Security National Bank, zum Amicus Curiae, um die Angelegenheit zu untersuchen und zu berichten, ob die Charta erteilt werden sollte oder nicht." Das Ergebnis war ein Beweis für die Schuld betrügerischer Manifestationen der Medialität. Im Verlauf der Ermittlungen sagte Miss Martha Grossman, ein Mitglied der „Entwicklungsklasse" von Mrs. Folsom, aus, dass Mr. Stewart und Mrs. Folsom Treffen abhielten, an denen sie sechs Monate lang teilgenommen hatte Frau Folsom sagte, es sei von Spirits gemacht worden.

Frau Grossman sagte aus, dass es sich bei den von Frau Folsom behaupteten Geisterfotos lediglich um Übertragungen von Drucken im *Post-Dispatch handelte* , die für „Feigensirup" und „Lydia Pinkhams" Mixtur

Werbung machten. Es stellte sich auch heraus, dass Miss Alice C. Preston gestand, eine Konföderierte gewesen zu sein und in dieser Eigenschaft „Frau Folsom dabei unterstützte, die angeblichen übernatürlichen Demonstrationen physisch und auf natürliche Weise hervorzurufen". Ein Verweis auf diese Aussage ist in der vom Anwalt der Kläger unterzeichneten Beweisnotiz enthalten, die sich in den Gerichtsakten befindet.

Abschließend lehnte Richter Taylor den Antrag auf Gründung ab, der auf jeden Fall nur zum Zweck des Besitzes von Immobilien und nicht zur Verbreitung der Lehren einer Sekte hätte bewilligt werden können.

Der Richter gab zu, dass er selbst davon überzeugt war, dass Frau Folsom eine Betrügerin war; und dies ist dieselbe *Frau Stewart*, die 1923 vor dem Scientific American Committee of Investigation erschien, wobei sie bei ihrem Kartentrick entdeckt wurde.

Frau Folsom musste 1905 vor Gericht zugeben, dass sie die Autorin eines kleinen Buches mit dem Titel „ Non- Godism " war, von dem sich eine Kopie zusammen mit dokumentarischen Beweisen, die sich auf das oben genannte Gerichtsverfahren beziehen, jetzt in meinem Besitz befindet Besitz.

FUSSNOTEN

1 „Oh nein, Houdini, ich war noch nie in meinem Leben ernster."

2 Sir John Franklin war ein gefeierter Arktisforscher. 1845 wurde er zum Kommandeur einer von der britischen Admiralität ausgesandten Expedition zur Suche nach der Nordwestpassage ernannt. Die Expedition segelte am 18. Mai 1845 von Greenhithe aus und wurde zuletzt am 26. Juli 1845 am Eingang des Lancaster Sound abgehalten. 39 öffentliche und private Hilfsexpeditionen wurden aus England und Amerika auf die Suche nach dem vermissten Entdecker geschickt zwischen 1847 und 1857. McClintock fand 1859 Spuren der vermissten Expedition, was frühere Gerüchte über ihre völlige Zerstörung bestätigte.

3 *New York World*, 21. Oktober 1888.

4 Siehe Anhang A.

5 Könnte dies möglicherweise „als Antwort auf Gebete" geschehen sein, wie jetzt behauptet wird?

6 Sir Arthur Conan Doyle erklärt in seinem Buch „Our American Adventures":

„Das ursprüngliche Haus wurde von frommen Händen entfernt und, soweit ich weiß, in Lily Dale wieder aufgebaut. Es ist nicht allgemein bekannt, dass die Knochen des ermordeten Hausierers und seine Blechdose zum Zeitpunkt des Abrisses oder möglicherweise schon früher im Keller vergraben entdeckt wurden, wie es in den Originalakten hieß . Die Vergewaltigungen fanden 1848 statt, die Entdeckung 1903. Was sagen unsere Gegner dazu?"

Nach dem Geständnis von Margaret Fox sind Doyles Aussagen irreführend und widersprechen den Tatsachen.

7 Es gab drei Untersuchungen durch kompetente Ermittler. Eines in Buffalo durch Ärzte, eines in Philadelphia durch die Seybert- Kommission der University of Pennsylvania und eines in Boston durch ein Professorenkomitee der Harvard University. Jeder dieser drei Punkte hätte katastrophale Folgen für das Medium gehabt, wenn die von den Ermittlern geforderten Bedingungen und Anforderungen eingehalten

worden wären. In den Köpfen der Ermittler bestand ein begründeter Verdacht hinsichtlich der tatsächlichen Lösung des Problems, aber sie durften nicht zu Ende gehen, da die Medien jedes Mal abgesichert waren, wenn ein entscheidender Test vorgeschlagen wurde.

8 Beim Schreiben dieses Buches wurde ich gewarnt, mit meiner Aussage zum Geständnis von Margaret Fox vorsichtig zu sein. Mir ist auch völlig bewusst, dass Dr. Funk in seinem Buch „The Widow's Mite" schreibt:

„Margaret Fox gestand kurz vor ihrem Tod, dass sie und ihre Schwester die Öffentlichkeit getäuscht hatten. Diese unglückliche Frau war so tief gesunken, dass sie für fünf Dollar ihre eigene Mutter verleugnet und alles geschworen hätte. Zu diesem Zeitpunkt sollte ihrer eidesstattlichen Erklärung für oder gegen irgendetwas nicht das geringste Gewicht beigemessen werden."

Herr W. S. Davis, selbst ein praktizierendes Medium, der Margaret Fox Kane persönlich kannte, schrieb mir:

„Man könnte meinen, dass Margaret Fox betrunken war und in diesem Zustand dazu gebracht wurde, zu gestehen, dass sie eine Betrügerin war, aber als sie nüchtern wurde, widerrief sie ihr Geständnis. Das ist es, was wir denken würden, wenn wir einige Spiritualisten reden hören würden. *Sie war nüchtern, als sie ihr Geständnis ablegte; Sie war nüchtern, als sie im Theater auftrat und ihr Exposé gab. Tatsächlich war sie normalerweise nüchtern.* In den späteren Jahren ihres Lebens trank sie viel und oft zu viel, *aber normalerweise war sie nüchtern* . Einer ihrer Gründe für das Trinken war, dass ihr ihre Heuchelei immer unangenehmer geworden war. Das ständige Lügen ging ihr auf die Nerven, und als die späteren Jahre kamen, verfügte sie nicht mehr über die gleiche Lebenskraft wie in ihren jüngeren Jahren, um gegen die Zwänge ihres Gewissens anzukämpfen."

9 *New York World* , 22. Oktober 1888.

10 Aus Ruben Briggs Davenports „Der Todesstoß für den Spiritualismus".

11 *Ebenda.*

12 Diese Aussagen werden vollständig durch die in meiner Bibliothek archivierten Briefe untermauert, und ich betrachte

es nicht nur als Privileg, sondern auch als Pflicht, sie hier wahrheitsgetreu wiederzugeben.

13 Ira, der überlebende Bruder, war von dieser kleinen Tat so berührt, dass er mir das berühmte Davenport-Seil beibrachte, dessen Geheimnis so gut gehütet worden war, dass nicht einmal seine Söhne es kannten.

14 Auch der andere Bruder, William Henry Harrison Davenport, lernte in Paris die große Adah Isaacs Menken kennen, die „Bengal-Tiger" genannt wird, und obwohl nicht allgemein bekannt, wurde sie später seine Frau. Sie galt als eine der „Zehn Superfrauen der Welt". Sie wurde 1835 nur wenige Meilen von New Orleans, Louisiana, geboren. Nach dem Tod ihres Vaters begann sie ihre Bühnenkarriere und hatte sofort Erfolg. Sie hatte ihren ersten Auftritt in New York City am Nationaltheater im Jahr 1860. Sie war mehrmals verheiratet. Ihre erste Ehe war mit John C. Heenan, dem Preiskämpfer, besser bekannt als „Benicia Boy". Sie war die erste Frau, die die Mazeppa in Strumpfhosen machte, und spielte diese Rolle sowohl in Amerika als auch in Europa. Während ihres Aufenthalts in London wurde sie zum literarischen und professionellen Star der Stunde und ihr Hotel war der Treffpunkt für Männer wie Charles Dickens, Swinburne, Alexander Dumas, Charles Reade, Watts Phillips, John Oxenford, den Herzog von Hamilton und viele andere. Sie schrieb einen Gedichtband mit dem Titel „Infelicity", den sie Charles Dickens widmete. Sie hatte eine Vorliebe dafür, sich mit vielen ihrer Bewunderer fotografieren zu lassen, und es gibt ein seltenes Foto von ihr und Swinburne, das er mit aller Kraft zu unterdrücken versuchte. Ein weiteres berühmtes Bild handelt von Dumas und der schönen Dame.

15 Sie heirateten im März 1866 in London.

16 Lange nach Iras Tod erzählte mir seine einzige Tochter Zellie, eine bekannte Schauspielerin, dass sie und ihre Mutter, während ihr Vater und ich so in die Diskussion und das Experimentieren mit dem Seiltrick vertieft waren, vorsichtig hinter die Vorhänge schlüpften und uns durch das Schlafzimmer beobachteten Fenster.

17 Ira erzählte mir, dass sie zunächst ungebunden in einer Ecke des Raumes arbeiteten und einen Vorhang hatten, um ihre Methoden zu verbergen. Bei einer ihrer Séancen wurden sie gefragt, ob die Geister wirken würden, wenn die Brüder sich

binden ließen. Dies führte dazu, dass sie verschiedene Seilmethoden ausprobierten und nach und nach die auf der ganzen Welt verwendete Methode entwickelten, die Ira mir beibrachte und lächelnd sagte, nachdem er es getan hatte: „Houdini, wir haben angefangen, du beendest es."

18 Ich hatte die Ehre, maßgeblich an der Eröffnung und Leitung von Dean Kellars Abschiedsveranstaltung im Hippodrome in New York City beteiligt zu sein, und er wählte mich zu seinem letzten Assistenten. Als Teil der Aufführung präsentierte er einige Tischtipps, die er das „Davenport Cabinet and Rope Mystery" nannte. Nach der Aufführung ging er zum Rampenlicht und sagte:

„Meine Damen und Herren, ich bin heute Abend mit meinen Auftritten fertig. Da ich den Schrank und den Tisch nicht mehr brauchen werde, schenke ich sie öffentlich meinem lieben Freund Houdini."

In diesem Schrank, der dem von den Davenport Brothers verwendeten Schrank nachempfunden ist, sind die Bänke in einer Nut eingepasst, so dass sie im Falle einer besonders starken Blockierung herausgezogen werden können, so dass genügend Spielraum zum Läuten der Glocken und anderen Aktivitäten besteht eine Reihe anderer Dinge, ohne die Hände auf die übliche Weise loszulassen. Dies ist eine Art Verbesserung bei Mystery-Schränken.

19 Sie rieben Vaseline in ihre Hände und Handgelenke, um ihre Bewegungen zu erleichtern. Das allgemein verwendete Seil ähnelte der Schärpenschnur von Silver Lake.

20 Es wurde manchmal behauptet, dass die Davenports nach dem Ende ihrer Demonstrationen die Zeitungen umdrehten und sie bemerkten. Das, was Ira sagte, war eine bewusste Lüge, da sie während der gesamten Aufführung nie ihren Platz verließen.

21 Bei einer ihrer Sitzungen fesselte ein Mann die Brüder so fest, dass sie einen verzweifelten Kampf um ihre Freilassung führen mussten . Am nächsten Abend versuchte der Mann einen schwierigeren Test, indem er ihnen einfach die Seile über den ganzen Körper legte, aber die Davenports arbeiteten so langsam, geschickt und mit so unerschöpflicher Geduld, dass sie ihren Ruf retteten.

22 Er zögerte auch nicht, mir zu erzählen, dass er bei einer Séance manchmal bis zu zehn Verbündete zum Schutz einsetzte.

23 Um für den Notfall gerüstet zu sein, trug William Fay immer ein Stück Seil in seiner Mandoline und prahlte vor seinen Partnern:

„Ich werde die Seile nicht zerkauen wie ihr, ich werde abschneiden."

24 Der ursprüngliche Schrank der Davenports aus Vogelaugenahorn wurde vor vielen Jahren in Kuba für dreißig Pfund verpfändet und befindet sich noch immer dort.

25 Um der Öffentlichkeit zu beweisen, dass sie ihre Hände nicht benutzten, wurden Testbedingungen auferlegt, indem die Hände beider Brüder mit Mehl gefüllt und dann auf dem Rücken zusammengebunden wurden. Fast jede Publikation, die eine Enthüllung über die Davenport Brothers verfasst hat, behauptet mit Freude, dass der Trick dadurch vollbracht wurde, dass man ihnen Mehl in die Taschen steckte, aus dem sie nach Abschluss der Kundgebungen eine frische Handvoll holten, und so tat, als hätten sie die ganze Zeit die Hände geballt. Es wird behauptet, dass ein Komiteemitglied sie einmal mit Schnupftabak füllte, anstatt ihnen Mehl in die Hände zu geben, und nachdem die Kundgebungen durchgeführt worden waren, hatten sie die Hände voll Mehl. Ira sagte mir, dass dies eine absichtliche Lüge sei, da sie das Mehl in ihren Händen nicht loswerden müssten, da sie alle Tricks mit geballten Händen und dem freien Daumen ausführen könnten.

26 Der Levitationsakt, der dazu beigetragen hat, die Reihen der Spiritualisten zu vergrößern und der Wissenschaftler und Laien gleichermaßen verwirrte, war eine der einfachsten Täuschungen, die jemals von listigen Medien an der arglosen Masse ausgeübt wurden. Ein reformiertes Medium in Bristol, England, erzählte mir, dass er versuchen würde, sich von seinen Fesseln zu befreien, und es gelang ihm durch geschickte Manipulation, eine Person hochzuheben, die auf einem Stuhl in der Nähe saß. Obwohl der Dargestellte nur wenige Zentimeter vom Boden angehoben worden war, glaubte er in gutem Glauben, dass sein Kopf tatsächlich die Decke berührt hatte; dieser Eindruck entstand dadurch, dass das Medium seine Hand sanft über den Kopf des Dargestellten strich.

27 Was die Täuschung des Klangs betrifft. Schallwellen werden ebenso wie Lichtwellen durch das Eingreifen eines geeigneten Mediums abgelenkt und unter bestimmten Bedingungen ist es schwierig, ihre Quelle zu lokalisieren. Stuart Cumberland

erzählte mir einen interessanten Test, um zu beweisen, dass eine Person mit verbundenen Augen nicht in der Lage ist, Schall bis zu seiner Quelle zurückzuverfolgen. Es ist überaus einfach; einfach zwei Münzen über den Kopf der Person mit verbundenen Augen klicken.

28 Dies bezieht sich auf unsere geplante Weltreise. Als ich Ira Davenport im Jahr 1909 zum ersten Mal kennenlernte, stellte ich fest, dass er sehr daran interessiert war, wieder in die Unterhaltungsbranche einzusteigen, und wir machten uns daran, gemeinsam eine Weltreise zu planen. Durch die Kombination seines Rufs und meines Wissens und meiner Erfahrung hätten wir die Welt in Aufruhr versetzen können. Keinesfalls hätten wir jedoch den Anspruch erhoben, dass es sich bei unserem Auftritt um Spiritualismus handelte, sondern nur um eine Mystery-Unterhaltung.

29 Der Beginn des Aufstands in Liverpool kann indirekt Ferguson zugeschrieben werden. Er protestierte gegen die Art und Weise, wie die Jungen gesichert worden waren, und ohne auf Anweisungen oder ein Wort der Brüder zu warten , zückte er ein Messer und durchtrennte die Seile. Ira sagte mir, dass es schade sei, dass Ferguson das getan habe, denn sie hätten sie nie sichern können, also hätten sie keine Manifestationen hervorbringen können.

30 Ira erzählte mir, dass John Hughes, Fenian-Chef, ihm während der Unruhen in Liverpool fünfhundert Iren angeboten habe, um jeden englischen Mob aufzuräumen.

31 Ira erzählte mir, dass er glaubte, dass ihr Erfolg die Beliebtheit des Theaters, in dem Irving spielte, so stark beeinträchtigte, dass die Stars gezwungen waren, auf verschiedene Maßnahmen zurückzugreifen, um den sinkenden Einnahmen an der Abendkasse entgegenzuwirken.

    Siehe Anhang B für Irvings Rede.

32 Der Leser sollte diesen Mann Jacobs nicht mit *Jacoby verwechseln* , dem deutschen Fluchtkünstler, einem Seilspezialisten, der eine Reihe von Seiltricks erfunden hat, die es immer noch wert sind, vorgestellt zu werden.

33 Er schrieb mir am 5. Juli 1911 einen Brief und erwartete mich zum Zeitpunkt seines Todes am 8. Juli. Ich sollte New York nach Erhalt seines Briefes verlassen, aber seine Tochter Zelie teilte mir telegrafisch mit, dass er verstorben sei.

34 Als Sir Arthur Conan Doyle 1920 in Australien auftrat, traf er Bendigo Rymer , den Enkel von J. S. Rymer , der Home großzügig bewirtet hatte. Bendigo zeigte Sir Arthur eine Reihe von Briefen seines Großvaters, die schlüssig bewiesen, dass Home sich schuldig gemacht hatte, die Freundschaft des Mannes ausgenutzt zu haben. Rymer hatte Home in England bewirtet und ihn mit seinem Sohn nach Rom geschickt, um Kunst zu studieren. Aus Rom schrieb der junge Rymer seinem Vater, dass er ihn völlig ignorierte, sobald er es geschafft hatte, sich in die Gesellschaft einzumischen , obwohl er als Gastgeber für Homes Kosten aufkam. Schließlich lief Home weg und lebte mit einer adligen Engländerin zusammen, wobei er Rymer gänzlich mied.

Sir Arthur sagt in seinem Buch „The Wanderings of a Spiritualist" in Bezug auf Home: „Wochenlang lebte er in ihrer Villa, obwohl sein Gesundheitszustand darauf hindeutet, dass es sich eher um einen Patienten als um einen Liebhaber handelte." In seiner Einleitung zu Madame Homes Buch verzeiht Sir Arthur Homes unhöfliches Vorgehen voll und ganz und verteidigt nachdrücklich seine niederträchtige Undankbarkeit.

35 Home, der Spiritualist, hält Lesungen in Boston. Hat er seinen Spiritualismus aus Abscheu aufgegeben, als er feststellte, dass Menschen, die sich bei seinen Manifestationen anstrengten, die Davenports geschluckt haben? Wir sind froh darüber, dass er endlich einen ehrlichen Beruf angenommen hat, und wir hoffen, dass seine Rivalen bald dazu aufsteigen, eine Kreuzung zu fegen oder etwas ähnliches Respektables zu tun . – *London Fun* , 1864.

36 „Incidents in My Life", London, 1863 – „ Lights and Shadows of Spiritualism", 1877.

37 Es erübrigt sich für mich, die vielen von Home begangenen Betrugsbeweise zu wiederholen, aber wenn der Leser interessiert ist , wird er viele solcher Fälle finden, über die Herr Frank Podmore in „Modern Spiritualism", London, 1902, und „Newer Spiritualism" berichtet „, London, 1910. Herr Podmore war selbst Spiritualist und Mitglied der Society of Psychical Research und würde sich natürlich so gut wie möglich für Home einsetzen.

38 Siehe Anhang F.

39 Sie lebte nur etwa vier Jahre.

40 In seiner Einleitung zur Ausgabe von „D. „D. Home's Life and Work" von Madame Home erklärt Doyle, dass er dem Studenten das Buch empfiehlt und sagt:

„Ganz besonders ist die zweite Serie dem Studenten von Home zu empfehlen, weil darin alle Dokumente zu finden sind, die sich mit der Klage zwischen Home und Lyon befassen und schlüssig zeigen, wie ehrenhaft die Handlung von Home war."

Möchte er, dass wir daraus schließen, dass es Home war, der die Klage gegen Mrs. Lyon eingereicht hat, und nicht das Gegenteil?

Wünscht er, dass verstanden wird, dass er mit seiner Belobigung eines Scharlatans *aufrichtig ist?*

In der gesamten Einleitung verteidigt er Home und scheint die Geschichte des Mannes absichtlich zu verdrehen.

41 Es ist interessant festzustellen, dass Sir William Crookes, der herausragende Wissenschaftler, der die Geschichte und den Charakter von Home, wie sie im Lyoner Prozess enthüllt wurden, gekannt haben muss, sich erlaubt haben sollte, in die Maschen von D. D. Home zu geraten.

42 Unter der Annahme, dass das Komitee im Raum den Tisch nicht sehen konnte oder ihn verlassen durfte, hätte Home am einfachsten folgende Methode anwenden können: Zuerst tatsächlich aus dem Fenster steigen oder so tun, als ob; dann geh zurück und krieche lautlos auf allen Vieren durch die Tür ins Nebenzimmer und rüttele am Fenster; und schließlich kehren Sie mutig in das erste Zimmer zurück und schließen Sie die Tür mit einem Knall.

Es besteht die Möglichkeit, dass ein Mann von Homes Kühnheit mit seinen Levitationskünsten darauf zurückgegriffen hat, sich von einem Fenster zum anderen zu schwingen, was für einen Akrobaten mit einem ordnungsgemäß platzierten Draht nichts bedeutet.

Die Idee, dass Home sein Körpergewicht verliert und mit dem Kopf voran aus dem Fenster schwebt, ist lediglich eine Andeutung von ihm, eine List, die immer noch von Medien genutzt wird.

43 Siehe Anhang C für Lord Adares Geschichte.

44 Über die Todesursache gibt es zahlreiche Versionen. Frau. Blavatsky, der sich speziell mit den Todesfällen prominenter Medien befasste, schrieb: „Dieser Calvin des Spiritualismus litt jahrelang an einer schrecklichen Wirbelsäulenerkrankung, die er sich durch den Verkehr mit den ‚Geistern' zugezogen hatte, und starb völlig ruiniert." – „ Schlüssel zur Theosophie", 1890.

45 Tischheben war eine starke Karte für sie.

46 „Sie wurde in einer untergeordneten Position in eine Familie aufgenommen, die sich spiritistischen Praktiken widmete. Als sie eines Tages bei einer Séance dazu berufen wurde, den Kreis zu bilden, ereigneten sich bestimmte neue und überraschende Erscheinungen, und sie wurde als Medium bezeichnet. Es scheint also , dass die Spiritualisten sie tatsächlich in die Angelegenheit gedrängt haben, und sie hat die Gelegenheit sofort genutzt." – Proceedings, Society for Psychical Research, November 1909, S. 311, 312.

47 Robert Owen, Prof. Hare, Prof. Challis, Prof. Zollner , Prof. Weber und Lombroso waren alle kurz vor dem Ende ihres Lebens, als sie sich dem Spiritualismus zuwandten . – Siehe „Spiritualismus" von Joseph McCabe, Seite 207.

48 Eine andere geschickte Methode, eine Hand freizugeben, wenn der Dargestellte glaubt, Beweise dafür zu haben, dass die beiden Hände des Mediums beschäftigt sind, besteht darin, dass das Medium ununterbrochen in die Hände klatscht und dabei die Hände in die Nähe des Gesichts oder auf andere Weise bewegt Legen Sie den freigelegten Teil des Körpers auf und ersetzen Sie einfach das Klatschen einer Hand gegen die andere durch das Klatschen einer Hand gegen den Körper. Im Dunkeln ist der Effekt derselbe und der Dargestellte glaubt, dass beide Hände des Mediums eifrig klatschen.

49 Im Dunkeln nicht schwer zu bewerkstelligen.

50 Herr Baggally hatte den Ruf eines Zauberkünstlers und ich denke, er hat viel dazu beigetragen, Medien zu entlarven. Er glaubt auch an Telepathie und hat kürzlich ein Buch zu diesem Thema veröffentlicht: „Telepathy, Genuine and Fraudulent", Chicago, 1918.

51 Die „Menschenklammer" ist eine der einfachsten und doch wirksamsten und rätselhaftesten Methoden der

Tischschwebetechnik. Das Medium und seine Probanden legen ihre Fingerspitzen leicht auf die Tischplatte. Das Medium bewegt den Tisch sanft hin und her, bis sie ihn in die richtige Position gebracht hat, um ihren Fuß oder den Saum ihres Kleides unter eines der Beine zu platzieren. Wenn sie ihre Position perfektioniert hat, drückt sie mit der Hand über das Tischbein, das auf ihrem Fuß ruht. Von da an ist es nur noch eine Frage, den Fuß auf die gewünschte Höhe des Tisches anzuheben. Wenn sie möchte, dass der Tisch in eine große Höhe schwebt, gibt sie ihm einen Tritt nach oben und zieht dann ihren Fuß zurück, und der Tisch hebt und senkt sich gemäß den Gesetzen der Schwerkraft.

52 Einmal während der Testreihe in New York City nutzte ein Mann aus Philadelphia, Herr Edgar Scott, der im Hintergrund stand, die Dunkelheit aus, kroch über den Boden zum Schrank und versuchte, Eusapias Fuß zu packen Während sie es für Trickzwecke benutzte, bekam Eusapia gerade einen Anfall von Schreien, als seine Hand ihren Fuß berührte. Die Professoren Jastrow und Miller waren Zeugen dieser Tatsache.

53 Palladino wollte einen eigenen Dolmetscher, auch einen persönlichen Freund, aber dieses Hindernis wurde umgangen. Auch ihr Geschäftsführer, Herr Hereward Carrington, war bei diesem besonderen Anlass nicht anwesend.

54 Die vollständigen Einzelheiten dieser Seance wurden im *Journal of the American Society for Psychical Research*, Abschnitt „B", August 1910, veröffentlicht.

55 In einem Interview mit Walter Littlefield, einem bekannten Journalisten, enthüllte Palladino drei Methoden, mit denen sie die Substitution in Bezug auf die Hände am Tisch anwenden konnte, vier in Bezug auf die Fußsubstitution, ein halbes Dutzend Methoden der Tischlevitation und mehrere Arten von Sie erzeugte Schläge, zwei Arten, mit denen sie die Illusion eines Luftstroms erzeugte, der von ihrer Stirn kam. Sie sagte ihm, dass es sie nicht ärgerte, wenn sie dabei erwischt wurde, wie sie Tricks ausführte, und dass sie auch deren Verwendung nicht leugnete, wenn sie erwischt wurde. Sie sagte zu ihm: *„Alle Medien machen Tricks – alle."* Sie sagte ihm auch, dass sie eine gute Katholikin sei, zur Messe gegangen sei, ihre Beichte abgelegt habe und dass sie es hasse, wenn Menschen über „übernatürliche" oder „übernatürliche" Phänomene reden würden.

Der berühmte „Luftstrom aus der Stirn", den Mr. Littlefield erwähnt, war einfach ihr Atem, der mit Gewalt geblasen und von ihrer Unterlippe abgelenkt wurde.

56 Aus sicherer Quelle weiß ich, dass Eusapia ihre Beine in den Schoß ihrer männlichen Begleiter warf! Dass sie ihren Kopf auf ihre Schultern legte und verschiedene andere Dinge tat, die darauf abzielten, Männer zu verwirren und durcheinander zu bringen, was alles mit der Theorie der „Hysterie" erklärt wurde. In ihren jüngeren Jahren war Eusapia eine dralle Frau, und es ist nicht verwunderlich, dass viele alte Wissenschaftler von einem solchen Verhalten völlig verblüfft waren.

57 Siehe Anhang D.

58 Eine vollständige Akte des Verfahrens liegt mir in meiner Akte vor.

59 Um zu beweisen, dass Betrug und Trickserei die Werkzeuge waren, mit denen die Unvorsichtigen ausgetrickst wurden, wurden Zauberer aufgefordert, als Beweismittel zu erscheinen, und am 27. Mai 1888 gab Alexander Hermann eine öffentliche Demonstration an der Musikakademie in New York City zum Zweck der Vervielfältigung der von Diss Debar produzierten Phänomene und als Unterstützung für den New York Press Club Fund.

Zu den Zuhörern gehörten viele prominente Persönlichkeiten und Persönlichkeiten, darunter Oberst Cockerell ; Edward S. Stokes vom Hoffman House; Joseph Howard; Bezirksstaatsanwaltsstipendiaten; Ex-Richter Donohue; Rechtsanwalt Newcombe; Richter Hilton; *Luther R. Marsh* ; und „Dr." Lawrence, einer der Attachés des Diss Debar Temple.

Professor Hermann las Geisterbotschaften, kippte den Tisch, führte Kabinettsitzungen durch, führte eine leichte Séance durch und produzierte Gruselbilder, die er mit einer dunklen Séance aus *gespenstischer* Musik und Materialisierungen abschloss.

60 *New York Times*, 21. April 1888.

61 *New York World*, 18. Juni 1888.

62 Als die Londoner Presse nach der Verhaftung von Laura und Theodore Jackson voller sensationeller Geschichten war, erkannte Carl Hertz, als er eines Morgens seine Zeitung in die

Hand nahm, zu seinem Erstaunen die Frau, die junge Mädchen dazu gelockt hatte, sich ihrer unmoralischen Sekte anzuschließen, als Ann O ' Delia Diss Debar, mit der er beim Marsh-Prozess Schwerter gemessen hatte. Er nahm sofort Kontakt mit Scotland Yard auf und übermittelte ihm alle Informationen, die er über die Verbindung von Diss Debar mit Betrugsaktivitäten hatte.

63 „Miss Croisdale , eines der Opfer, sagte aus, dass sie mit einem um sie gebundenen Seil in die ‚Theokratische Einheit' eingeweiht worden sei, die Sekte, deren Anführer die Jacksons angeblich seien; Sie sei mit einer Lampe, Wasser und einer Säge an ihr vorbeigegangen, sagte sie : Jackson habe ihr gesagt, dass er der wiedergeborene Christus sei. Miss Croisdale beschrieb dann den Eid, in dem sie schwor, dass sie niemandem erlauben würde, sie zu hypnotisieren, und dass sie alle Geheimnisse bewahren würde, unter der Strafe, „mich einem tödlichen und feindseligen Willensstrom zu unterwerfen, der vom Oberbefehlshaber des Ordens in Gang gesetzt wurde". , mit dem ich ohne sichtbare Waffen getötet oder gelähmt würde, als wäre ich vom Blitz getroffen worden.' Mrs. Jackson (oder Diss Debar) schien die Drohung sofort wahr machen zu wollen. Miss Croisdale sagte weiter aus, dass Theodore sie in Gegenwart seiner Frau empört hatte. Jackson erklärte, er sei körperlich unfähig und verlangte eine ärztliche Untersuchung, um seine Aussage zu beweisen." – Versand der *London Times* in der *New York Sun* , 11. Oktober 1901.

64 *Chicago Daily Tribune* , 14. August 1906.

65 *New York Sun* , 11. Oktober 1901.

66 Wenn sie noch lebt, ist sie jetzt (1924) fünfundsiebzig Jahre alt.

67 Siehe Anhang E für Polizeiakten.

68 Wenn der Leser Lust hat, das Thema nachzuschlagen, verweise ich ihn auf Podmores „Modern Spiritualism", Bd. II, Seiten 204 und 221; auch zur Geschichte von Dr. Slade im selben Band; zum Protokoll der American S. P. R., Bd. II, Teil I, Seiten 17, 36–59; zu Abbots Buch „Behind the Scenes with Mediums", Seiten 114 bis 192; zu „Revelations of a Spirit Medium", Seite 121–157; zu „Bottom Facts", Seiten 143–159; zum Bericht der Seybert -Kommission; „Spirit Slate Writing" von Wm. E. Robinson und Zeitungsbeiträge ohne Zahl.

69 Laut „The Medium and Daybreak" vom 6. Oktober 1876 „ *entdeckte* " Slade das Phänomen des Schieferschreibens, als er im Privathaus von Mr. Gardiner Knapp in New Albany, Indiana, wo Slade zu Besuch war, experimentierte.

70 Als er nach dem Schwamm griff, der absichtlich in der Mitte des Tisches platziert worden war , hielt er die Schiefertafel knapp unter Sichtweite und drehte mit der Hand nach dem Schwamm die Schiefertafel herum, die leere Seite nach oben, und tat so, als würde er den Satz abwischen, den er hatte „lesen" – obwohl er tatsächlich etwas ganz anderes geschrieben hatte.

71 In Bezug auf unfreiwilliges und unbewusstes Klopfen und Klopfen am Tisch: Manche Leute rappen und klopfen auf den Tisch in allen Sitzungen des Tischklopfens und Klopfens. Ich habe an Séancen teilgenommen, bei denen ich jemanden dabei erwischt habe, wie er höflich schummelte, um die Monotonie zu lindern, und die einmal begonnene Zumutung muss aufrechterhalten werden.

72 1845 von Andrew Jackson Davis geprägt und bedeutet das Jenseits. Wird jetzt häufig von Sir Arthur Conan Doyle verwendet.

73 Siehe Anhang F.

74 Damals gab es noch keine Trockenplatten und mit den alten „nassen" Platten war es durchaus möglich, eine Platte zu belichten, zu entwickeln, sie dann erneut vorzubereiten und ein zweites Mal zu belichten. Als dies erledigt war, erschienen beide Bilder im Druck. Eine solche Platte könnte unter strengsten Testbedingungen ohne Nachweis eingesetzt werden.

75 Wenn Sir Arthur Conan Doyle von der Geisterfotografie spricht, führt er als positiven Beweis meist an, dass seine Feenfotografien echt seien. Nach Angaben des *London Star* vom 20. Dezember 1921 gab es diesbezüglich viele interessante Entwicklungen:

„Die Herren. Price and Sons, die bekannte Firma für Kerzenherstellung, teilt uns mit, dass die Feen auf diesem Foto eine exakte Reproduktion eines berühmten Plakats sind, mit dem sie seit Jahren für ihre Nachtlichter werben.

,,'Ich gebe zu, dass diese Feen Flügel haben, während unsere Feen keine Flügel haben', sagte ein Vertreter der Firma zu einem *Star-* Reporter, ,aber mit dieser Ausnahme stimmen die Figuren Zeile für Zeile mit unserer eigenen Zeichnung überein.'"

76 Zum Nutzen des Lesers möchte ich sagen, dass DeVega ein erfahrener magischer Entertainer ist; hat eine Reihe von Taschenspielertricks erfunden; trug eine Reihe interessanter Artikel zu magischen Veröffentlichungen bei; ist ein talentierter Künstler und ein kluger Fotograf. Ich hatte das große Glück, einen Mann seiner Fähigkeiten für die Ermittlungen gewinnen zu können.

77 Am 5. März 1923 stürzte Harry F. Young, bekannt als „The Human Fly", zehn Stockwerke von der Fensterbank des Hotel Martinqiue in New York City. Er erlag, bevor er das Krankenhaus erreichte.

Für diejenigen, die es nicht wissen: „A Human Fly" ist ein Akrobat, dessen Spezialität darin besteht, hohe Gebäude zu erklimmen, indem er sich einfach an die Öffnungen oder Spalten der Außenarchitektur eines solchen Gebäudes klammert, um eine versammelte Menschenmenge zu erbauen für die er eine Tellerkollekte oder ein Gehalt erhält oder speziell für Werbezwecke engagiert wird. Es ist kein sehr lukrativer Beruf und birgt viele Gefahren.

78 Am 14. April 1922 nahm Sir Arthur laut seinem Buch „Our American Adventure" in New York City an einer Séance teil, die von einem jungen Italiener namens Pecoraro gehalten wurde. Während der Séance wurde der Name Palladino genannt und ihm wurde gesagt, dass das berühmte Medium anwesend sei. Eine Stimme aus dem Kabinett, angeblich Palladinos, sagte: „Ich, der ich früher die Geister zurückgerufen habe, komme jetzt selbst als Geist zurück", worauf Sir Arthur antwortete: „Palladino, wir senden Ihnen unsere Liebe und unsere beste Ermutigung." " Die Kraft wurde jedoch durch „das absurde und abscheuliche Tanzen auf dem Tisch" gebrochen und es gab keine physische Manifestation. Dies zeigt Sir Arthurs Willen, sogar Palladino zu entschuldigen, der mehrfach als betrügerisches Medium entlarvt wurde.

79 *ALLE* Spiritualisten sagen das.

80 Dr. A. T. Schofield schrieb im *Daily Sketch* vom 9. Februar 1920, dass nach Schätzungen eines berühmten Geistesspezialisten Tausende von Menschen durch Spiritualismus in die Anstalt getrieben wurden. Eine wirklich erbärmliche Bilanz.

81 Brief von Sir Arthur an S. H. (vom 2. April 1920): „Ich habe sehr schlüssige Beweise erhalten, seit meine beiden Bücher geschrieben wurden. Sechsmal habe ich persönlich mit meinem Sohn gesprochen, zweimal mit meinem Bruder und einmal mit meinem Neffen, alle zweifelsfrei in ihrer eigenen Stimme und über private Angelegenheiten, also gibt es für mich keine, und das schon seit langem nicht mehr zweifeln. Ich *weiß*, dass es wahr ist, aber wir können diese Gewissheit nicht anderen mitteilen. Es wird kommen – oder auch nicht, je nachdem, wie weit wir dafür arbeiten. Es ist das alte Axiom: ‚Suche und du wirst finden.'"

82 Bericht über den Prozess vor Mr. Justice Darling – *Morning Post*, 16. Juli 1920.

83 Ich berufe mich auf das positive Wort von Stuart Cumberland, der bei einer der Séancen des „Maskierten Mediums" dabei war, und er gab mir genaue Angaben und positive Fakten über die Lesung der Initialen im Ring, die Sir Arthur Conan Doyle vorgelegt hatte das „maskierte Medium", von dem er sagte, dass es bemerkenswerte Kräfte besitze. Stuart Cumberland hat mir mehrere Möglichkeiten aufgezeigt, wie dieses Kunststück vollbracht werden könnte. Unter ihnen wurden die Blackboxen heimlich im Dunkeln ausgetauscht und dann zurückgebracht. Es ist leicht, einen Karton zur Inspektion vorzulegen und dennoch falsche Fächer darin zu haben, sodass der Inhalt herausfallen kann. Erst nachdem Sir Arthur unzählige Male von den Methoden erzählt worden war, verurteilte er sie als Betrug.

84 Nach Angaben der *New Orleans Times-Picayune* vom 9. März 1923 wurde Clarence Thomson, selbsternannter Missionar, Präsident und Mitglied des Vorstands der International Psychical Association, mit einer Geldstrafe von 25 US-Dollar belegt und zu 30 Tagen Gefängnis verurteilt. Er gab zu, dass er wegen der Durchführung von Séancen in Chicago und Kansas City verhaftet worden war, sagte jedoch, er sei ehrenhaft entlassen worden.

85 Andere Künstler vollbringen dieses Kunststück. Ich habe es dreißig Jahre lang regelmäßig ausgeführt, ohne jegliche übernatürliche Kräfte.

86 Siehe Davenport- Kapitel.

87 Diese Artikel wurden syndiziert, *New York American* , 3. September 1922.

88 *Morning Post* , 16. Juli 1920.

89 Siehe Anhang G.

90 Dies war Lady Doyle nicht bekannt. Wenn es der Geist meiner lieben Mutter gewesen wäre, der eine Botschaft übermittelt hätte, hätte sie, da sie wusste, dass ihr Geburtstag mein heiligster Feiertag war, sicherlich einen Kommentar dazu abgegeben.

91 Bisher ist es allen verschiedenen Untersuchungssitzungen, die unter der Schirmherrschaft des Scientific American durchgeführt wurden, nicht gelungen, die Existenz übernatürlicher Kräfte oder Kräfte zu beweisen, die man logischerweise als übersinnlich bezeichnen könnte.

Valentine, das Wilkesbarre -Medium, erwies sich als Fehlschlag. Rev. (?) Jessie K. Stewart das Gleiche. Frau Elizabeth Allen Tomson aus Chicago war ein völliges Fiasko, da sie nicht den Mut hatte, eine Sitzung unter anderen als den von ihr vorgeschriebenen Bedingungen und an einem Ort durchzuführen. Und schließlich hat der junge Italiener, Nino Pecoraro, nichts erreicht, was über die Möglichkeiten menschlicher Anstrengung hinausging, und ist dabei völlig gescheitert, als er sicher gefesselt war, wie sich herausstellte, als ich persönlich die Fesselung vornahm. Siehe auch Anhang H.

Und aus den bisherigen Ergebnissen der Sitzungsreihe mit diesem „Medium" lässt sich mit Sicherheit vorhersagen, dass die endgültige Analyse ihn in die gleiche Kategorie wie alle anderen bisher einordnen wird.

92 Spiritualistischen Veröffentlichungen zufolge hat die Dialectical Society nie einen vollständigen Bericht erstellt. Die „Berichte" der Unterausschüsse wurden nur von spiritistischen Zeitungen veröffentlicht, die von Autoren in Büchern verwendet wurden, aber solche *Berichte* basierten auf „Hörensagen" von Spiritisten . Sie erzählten den Komitees ihre Geistergeschichten und man glaubte ihnen. Es gab nie

einen einstimmigen Bericht oder eine einstimmige Schlussfolgerung. Die nicht-spirituellen (?) Mitglieder der Dialektischen Gesellschaft weigerten sich, irgendetwas mit der Untersuchung zu tun zu haben. Die große Mehrheit des Komitees waren vollwertige Spiritualisten, und die wenigen, die sie angeblich überzeugt hatten, waren einfach leichtgläubig.

93 Sir Arthur Conan Doyle scheint zu glauben, dass alle Zeitungen der Welt gegen ihn sind. Nach seiner Australien-Tournee beschuldigte er die australischen Zeitungen, sich zu weigern, die Wahrheit über seine Seancen zu veröffentlichen. In seinem Buch „An American Adventure" schreibt er über amerikanische Zeitungen: „Die Herausgeber scheinen die Intelligenz des Publikums sehr gering einzuschätzen und zu glauben, dass es nur durch vulgäre, schreiende Schlagzeilen angezogen werden kann."

„Die amerikanischen Zeitungen haben auch eine seltsame Art und Weise, die ganze Bedeutung eines Artikels in ein paar Schlagzeilen zu komprimieren, die oft umgangssprachlich sind."

Sogar in Kanada behauptet Sir Arthur, von den Zeitungen schlecht ausgenutzt worden zu sein. In „Our American Adventure" schreibt er: „Es gab einige ziemlich erbitterte Angriffe in den Zeitungen von Toronto, einschließlich des einzigen Leitartikels im *Evening Telegram*, der so engstirnig und illiberal war, dass ich nicht glaube, dass die provinziellste Zeitung in Großbritannien das hätte sein können." daran schuld.

„Es ging darum, dass britische Dozenten Geld aus der Stadt holten, dass sie das Geld nicht wert waren und dass sie entmutigt werden sollten.

„,Poking Them in the Eye' war der würdevolle Titel.

„Dem Autor schien nicht in den Sinn zu kommen, dass eine komische Oper oder eine Schlafzimmerkomödie der Stadt gleichermaßen das Geld entzogen, sondern dass der Hauptzweck von Vorträgen, ob man nun mit dem Thema einverstanden war oder nicht, darin bestand, sie zu halten die Öffentlichkeit hautnah mit den großen aktuellen Fragen der Menschheit in Kontakt zu bringen. Ich muss sagen, dass keine andere Zeitung aus Toronto so tief in die Tiefe ging wie das *Evening Telegram*, aber die allgemeine Atmosphäre war die am wenigsten angenehme, die ich auf meinen Reisen durch Amerika erlebt hatte."

94 In einem Artikel in *Truth* vom April 1923 mit dem Titel „The New Revelation" von Rev. P. J. Cormican , S. J., fragt er:

„Sagt der zum Ritter geschlagene Prophet der Neuoffenbarung (Sir Arthur Conan Doyle) die ganze Wahrheit über den Spiritismus? Wir denken nicht. Er sagt nichts über die bösen physischen, intellektuellen und moralischen Folgen für diejenigen, die sich im Spiritismus versuchen. Er schildert die Sache einseitig. Er sagt nichts darüber, was der Spiritismus getan hat und immer noch tut, um unsere Irrenanstalten auf der ganzen Welt zu füllen. Allein in England gibt es über dreißigtausend Wahnsinnige, die durch diese moderne Nekromantie den Verstand verloren haben. Doyle erwähnt nicht einmal die unzähligen Fälle von Wahnsinn und Selbstmord, von Blasphemie und Obszönität, von Lügen und Täuschung, von zerrütteten Familien und verletzter Treue, die alle durch den Spiritismus verursacht wurden. Anzunehmen, dass ein Gott der Wahrheit und Heiligkeit aus solchen Quellen und mit solchen Konsequenzen eine neue Botschaft verbreitet, ist schlicht und einfach Gotteslästerung. Darüber hinaus ist die Behauptung, dass diese Neuoffenbarung ein veraltetes Glaubensbekenntnis ersetzen soll, sowohl unbegründet als auch absurd. Das Christentum wird bis zum Anbruch des Untergangs bestehen bleiben, wenn betitelte Propheten aufhören werden, den Atlantik auf der Suche nach amerikanischen Schekeln zu überqueren."

95 Frau Feilding ist Frau. Tomchik , das von Professor Ochorowiz untersuchte polnische Medium , ist das bekannteste Medium, das Dinge ohne physischen Kontakt „schwebt".

96 Meines Wissens umfasste die Suche zu keinem Zeitpunkt die Öffnungen ihres Körpers.

97 Bei diesem Trick verschlucke ich (wenn man seinen Augen vertrauen kann) zwischen fünfzig und hundertfünfzig Nadeln und zehn bis dreißig Meter Faden; Dann, nach ein paar Sekunden, ziehe ich die eingefädelten Nadeln hoch. Die Länge des Threads richtet sich nach der Größe meines Publikums. Zum Beispiel habe ich im Hippodrom in New York 110 Fuß Faden und zweihundert Nadeln verwendet; im Berliner Wintergarten hundert Fuß Faden und hundert Nadeln. In den

normalen großen Theatern verwende ich etwa 24 Meter Faden und hundert Nadeln, aber für normale Zwecke genügen 90 Meter Faden und 75 Nadeln.

Bisher wurde dieser Trick nie richtig erklärt, aber das beweist nicht, dass ich über ungewöhnliche Kräfte verfüge . Dieses Nadelrätsel wurde von sehr vielen Ärzten und Chirurgen untersucht und in Boston im Keith's Theatre bei einer Sonderaufführung vor über tausend Ärzten präsentiert, die es nicht erklären konnten. Daran ist jedoch nichts Ungewöhnliches. Es ist nichts weiter als eine kluge und natürliche Mystifizierung.

98 Das heißt, er hat einen geheimen Komplizen. Einer, der Dinge tut, um „unbekannt" weiterzuhelfen. Einer, der im „Klick" ist.

99 Nach meiner letzten Séance mit Mlle. Eva Mr. Feilding entdeckte durch Zufall, dass ich ein Buch zu diesem Thema schreibe. Er bat mich, kein Wort über die Séancen zu sagen oder etwas zu veröffentlichen, bis die Society for Psychical Research einen vollständigen Bericht veröffentlicht hatte. Nachdem dies geschehen ist, hindert mich nichts mehr daran, meine Erfahrungen niederzuschreiben.

100 Die Ergebnisse seiner Untersuchungen werden in drei Büchern veröffentlicht: „Reality of Psychic Phenomena", „Psychic Structures at Goligher Circle" und „Experimente in Psychical Science".

101 Es wäre schwer, mich davon zu überzeugen, dass die vielen von Baron Schrenck-Notzing fotografierten und beschriebenen Dinge unter strengen Testbedingungen präsentiert werden könnten.

102 Dr. Troup, Professor für Psychologie; Dr. Stormer, Professor für Mathematik; Dr. Scheldrup , Professor für Physik; Monrad _ Krhn , Professor für Neurologie; Dr. (med.) Leegaard und Herr John Dammann , ein bekannter Experte für Zaubertricks.

103 Guzek wurde wie vorhergesagt in Paris entlarvt, und zwar früher als erwartet.

104 Eine der größten in Amerika geborenen Frauen. – H. H.

105 Diese Geisterbotschaft stammt aus Doyles Buch „The Case for Spirit Photography", englische Ausgabe.

106 Dies und Briefe von Tyndall und Lewes, aus „Report on Spiritualism" von J. Burns, S. 229, 230, 265.

107 „Spiritismus, eine populäre Geschichte" von Joseph McCabe.

108 „Master Workers", McCabe.

109 Florence Cook wurde wiederholt entlarvt.

110 Das „Galvanometer" ist ein Instrument zur Kontrolle des Mediums. Es handelt sich um ein elektrisches Gerät, das mit einem Zifferblatt und zwei Griffen ausgestattet ist und so konstruiert ist, dass, wenn das Medium einen der Griffe loslässt, der Kontakt unterbrochen wird und das Zifferblatt nicht registriert wird. Um die Dargestellte zu täuschen, legte das Medium einfach einen der Griffe auf die nackte Haut unter ihrem Knie und hielt ihn dort mit ihrem Bein fest, um den Schaltkreis intakt zu halten und eine Hand frei zu lassen, um „Geister" zu erzeugen.

111 Ein ehrlicher Wissenschaftler träumt nicht davon, dass sein Selbstvertrauen missbraucht wird und dass die milde Unschuld, das „Zögern" nach Atem oder die fast ohnmächtigen Szenen nur Tarnungen sind, um Fehlbeobachtungen zu unterstützen, damit das Medium seinem Beruf erfolgreich nachgehen kann.

112 Die Kursivschrift stammt von mir.

113 Der Leser wird gut daran tun, Tukes „Einfluss des Geistes auf den Körper" (oder ein ähnliches Werk) zu lesen und er wird eine Erklärung dafür finden, was Trauer auf einen sensiblen Geist auswirkt.

114 Vielleicht ja, würde aber vor keinem Billigkeitsgericht als Beweismittel akzeptiert werden.

115 Er hat mir persönlich dasselbe wiederholt.

116 Alkohol ist keine Entschuldigung für ein Verbrechen.

117 Die große Mehrheit der kontinentalen Safes wird mit Schlüsseln geöffnet und nicht mit Zahlenschlössern wie in Amerika.

118 Ich glaube fest an die Funktionsweise des Unterbewusstseins.

119 *The Spirit Messenger* und The *Star of Truth* wurden 1852 von R. P. Ambler aus Springfield, Massachusetts, veröffentlicht. Sie wurden „ *von Geistern herausgegeben und komponiert* ". Der Geist

des Sechsten Kreises übernahm die volle Verantwortung für den *Geisterboten*, und nicht einmal der Herausgeber durfte auch nur im Geringsten diktieren. Es gab Erläuterungen der Geister zu „Hoffnung, Leben, Wahrheit, Initiation, Ehebeziehungen, Übel der Gesellschaft und Schicksal der Rasse". *The Northwestern Orient*, 1852 von C. H. White veröffentlicht, enthielt Mitteilungen von John Adams, Edgar Allan Poe, John Wesley, John Whitefield, Thomas Paine *und anderen*. Es enthielt auch mehrere Gedichte der Geister. Kopien sind in meiner Bibliothek hinterlegt.

120 „Als William in Trance war, versuchte sein Vater, ihn durch Ohrfeigen, Zwicken und andere Grausamkeiten aus der Fassung zu bringen und versuchte schließlich, ihm kochendes Wasser über den Rücken zu gießen. Da ihm dies nicht gelang, nahm er ein glühendes Stück Holz vom Herd und legte es auf den Kopf des jungen Mannes, doch William schlief weiter, und nur die Narben erinnerten ihn an die tiefe Sorge seiner Eltern um sein Wohlergehen und seine Sicherheit." – „Eddy Brothers" von Henry S. Olcott.

121 Ich gab eine Pseudo-Séance für Sophie Irene Loeb und ließ zwei Schiefertafeln vom Zirkel begutachten und beschriften. Ich fragte, ob sich die Geister manifestieren würden, und als die Schiefertafeln geöffnet wurden, kam eine Nachricht mit einem Codewort. Miss Loeb war verblüfft, denn die von Jack London unterzeichnete Nachricht enthielt ein Wort, von dem sie behauptete, niemand auf der ganzen Welt wisse es. Ich tat es durch einen Trick, aber sie erklärte, wenn sie nicht gewusst hätte, dass ich ein Zauberer sei, hätte sie ohne weiteres geglaubt, dass ich über übersinnliche Kräfte verfüge.

122 Ein Mann namens Rider, beruflich bekannt als „Kodarz", entlarvte Bailey 1916 in Neuseeland.

123 Ohne jeden Vorbehalt sagt sie, sie habe die meisten Medien untersucht und ihnen eine hundertprozentig saubere Rechnung gegeben. Sie schreibt, dass Eglinton tatsächlich den Geist von Grimwaldi, dem großen Clown, verkörperte. Eglinton wurde bei vier verschiedenen Gelegenheiten entdeckt und soweit ich erfahren konnte, wurde fast jedes Medium, das sie in ihren Büchern erwähnt, irgendwann einmal entdeckt und entlarvt.

124 Siehe Anhang F.

125 Maskelyne, Kellar und Hoffmann waren allesamt drei Zauberer, die ihre Meinung änderten.

126 Jedes vorbereitete Glücksspielgerät oder Spiel, wie etwa elektrisch gesteuerte Stahlwürfel; Roulette; Zeiger und Pfeil drehendes Kunststück; vorbereitete Karten, entweder markiert, konkav oder konvex geschnitten, was dem Dealer jederzeit einen Vorteil verschafft. Zahnspangenspiele umfassen alles vom Put-and-Take bis hin zum Wechseln einer schwarzen Tasche auf einem unschuldig aussehenden Chiffonnier. Obwohl die Spiele scheinbar dem Gesetz des Zufalls unterliegen, werden sie heimlich vom Spieler oder seinem Verbündeten kontrolliert, und zwar auf so subtile Weise, dass es für den armen Betrüger, der auf das Ergebnis setzt, unmöglich ist, es zu bemerken.

127 Bekannt als Angeln.

128 *Society for Psychical Research Proceedings*, Bd. XIV, S. 380, 381.

129 „Second Sight" wurde am 1. Dezember 1784 von Pinetti, dem berühmten italienischen Zauberer, im Haymarket Theatre, London, England, aufgeführt.

130 Ein Mädchen namens Shireen hält heute eine ähnliche Séance ab und kann mit einem Gewehr ins Schwarze treffen.

131 Eine ausführliche Darstellung der klugen Arbeit von Professor Lewis findet sich in *Proceedings of the Society for Psychical Research*, Bd. IV, S. 338–352.